초등부터 중고등 경제까지 한 권으로 완성!

전인구 선생님의
어린이 경제 개념 대백과

글·기획 전인구 | 구성 남은영 | 그림 박종호

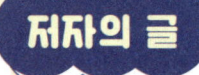

경제 공부는 앞으로의 인생에 큰 도움이 됩니다.

경제는 여러분 가까이에 있어요.

우리가 직접 농사를 짓지도 않아도 맛있는 밥을 먹을 수 있는 것은 농부가 돈을 벌기 위해 벼농사를 지었기 때문이에요. 마찬가지로 누군가 돈을 벌기 위해 만든 옷과 가방을 우리가 돈 주고 사서 쓰고 있지요. 사람들이 만족할 만한 서비스와 제품을 팔아 돈을 버는 사람들 덕분에 우리는 불편함이 없이 생활할 수 있어요. 이렇게 돈을 벌고, 돈을 쓰는 과정을 우리는 경제라고 부릅니다. 돈을 잘 벌고 잘 쓰려면 돈이 무엇인지 알아야겠죠? 우리는 그것을 경제 공부라고 합니다.

어떤 직업을 가져야할까?

여러분이 어른이 돼서 어떤 직업을 가질지 결정하기 전에 경제를 먼저 공부했으면 좋겠어요. 우선 내가 좋아하는 것이 무엇인지, 내가 잘하는 것이 무엇인지 살펴보세요. 여러분 한 명 한 명은 모두 남보다 뛰어난 무언가를 하나씩 가지고 있어요. 그것을 활용하면 더 좋은 제품과 서비스를 제공할 수 있겠죠? 우리는 이것을 경쟁력이 있다고 말해요.

돈을 벌려면 경쟁을 해야 해요. 경쟁자보다 더 좋은 제품을 만들기 위한 고민과 노력의 결과로 여러분은 성취감과 자부심을 느낄 수 있어요. 그래서 경제에서 경쟁을 빼놓을 수가 없습니다. 이 경쟁에서 이기기 위해 여럿이 일하기도 해요. 각자 잘하는 일을 맡으면 혼자일 때보다 더 좋은 물건이나 서비스를 경쟁력 있게 만들 수 있어요.

경제의 발전을 위해 공평한 사회를 만드는 국가

어떤 사람은 부잣집에서 태어나고 어떤 사람은 가난한 집에서 태어나요. 만약 내가 가난한 집에서 태어났다면 부자가 될 기회는 없을까요? 가난한 사람도 노력하면 돈을 많이 벌 수 있는 기회를 얻을 수 있어요. 반대로 부자도 노력하지 않으면 가난해질 수 있어요. 이렇게 되지 않는 사회라면 가난한 사람들은 일하지 않으려고 할 것이고, 부자도 일하지 않겠죠? 그럼 더 나은 물건과 서비스를 제공하려는 사람이 줄어 경제적으로 발전하기 어려울 거예요.

그래서 국가에서는 돈을 많이 버는 사람은 세금을 더 많이 내게 하고, 돈을 적게 버는 사람은 세금을 더 적게 내도록 해요. 그 세금은 어디로 갈까요? 의무 교육을 하고 무료로 급식을 제공하고, 경제적으로 어려운 사람들을 돕기도 하지요.

경제 공부는 외우는 게 아니라 생각을 바꾸는 거예요.

우리는 모두 부자가 되고 싶어 해요. 하지만 모두가 부자가 될 수는 없어요. 그럼, 어떻게 해야 부자가 될 수 있을까요? 부자가 되려면 경제를 공부해야 해요. 경제를 이해하지 못하면 돈을 모으기도 어렵고, 가지고 있는 돈도 잃을 수 있어요.

하지만 경제 공부가 어렵다고 생각한 친구들이 많은 것 같아 이렇게 책을 썼어요. 책을 보다가 모르는 단어들이 있을지도 몰라요. 하지만 설명을 보면서 '아, 이런 거구나' 하고 뜻만 이해하면 돼요. 경제 공부는 외우는 게 아니라 여러분의 생각을 바꾸는 것이니까요.

여러분을 올바른 경제 마인드를 가진 경제 똑똑이로 바꾸는 것이 선생님의 목표예요. 이제 경제 공부를 통해서 같이 세상을 풍요롭게 만들어 볼까요?

전인구

차례

PART 1 시장과 경제

1장 시장의 탄생 ······ 12
시장 탄생의 조건 • 14 시장의 발달 • 16 화폐의 발전 • 18
시장 경제 체제와 계획 경제 체제 • 20
보이지 않는 손 • 22 시장 경쟁과 분업 • 24

🎤 **톡톡 경제 인터뷰** 어린이 경제 교육은 왜 필요할까? ··· 26

2장 시장이 하는 일 ······ 28
완전 경쟁 시장과 독점적 경쟁 시장 • 30 생산자 잉여와 소비자 잉여 • 32
자원의 효율적 배분 • 34 생산 • 36 생산성 • 38 거래 비용 • 40

🎤 **톡톡 경제 인터뷰** 가정에서 쉽게 할 수 있는 경제 교육은 무엇일까? ··· 42

3장 수요와 공급 ······ 44
재화 • 46 수요 • 48 공급 • 50 가격 • 52 가격 통제 • 56

🎤 **톡톡 경제 인터뷰** 저축을 해야 하는 까닭은 무엇일까? ··· 58

4장 시장의 실패 ······ 60
정보 비대칭 • 62 거품 경제 • 64 거대 독점 기업과 독점 금지법 • 66
보이지 않는 손 vs 보이는 손 • 70

🎤 **톡톡 경제 인터뷰** 용돈 기입장을 꾸준히 쓰는 방법은 무엇일까? ··· 72

흥미진진 퀴즈타임 ······· 74

PART 2 기업과 무역

1장 기업 ········ 80
기업의 목적 • 82 회사의 종류 • 84 주식 • 86
생산 요소 시장 • 88 기업과 노동조합 • 90 기업 경쟁 • 92

🎤 **톡톡 경제 인터뷰** 어른들은 어떻게 돈을 벌까? … 94

2장 경영과 창조적 파괴 ········ 96
기업 경영 • 98 기회비용 • 100 조직 관리 • 102
마케팅과 브랜드 • 104 창조적 파괴 • 106 혁신을 위한 실패 • 108

🎤 **톡톡 경제 인터뷰** 경제와 창의성은 무슨 관계가 있을까? … 110

3장 국제 무역 ········ 112
무역 • 114 절대 우위와 비교 우위 • 118 보호 무역과 자유 무역 • 120
무역 마찰과 자유 무역 협정 • 122 환율 • 124

🎤 **톡톡 경제 인터뷰** 무역과 저축은 어떤 관계가 있을까? … 126

4장 ESG 경영 ········ 128
기업의 사회적 책임과 공유 가치 창출 • 130 ESG 경영 • 132
환경 경영 • 134 사회적 책임 경영 • 136 기업 지배 구조 • 138

🎤 **톡톡 경제 인터뷰** ESG를 실천하는 기업의 물건을 사면 무엇이 좋을까? … 140

흥미진진 퀴즈타임 ········ 142

PART 3
정부와 세금

1장 정부의 경제 활동 ·················· 148
사회 보장 • 150   사회 간접 자본 • 154
공정 경쟁 • 156   실업 • 158   소득 분배와 소득 재분배 • 160

🎤 톡톡 경제 인터뷰 **정부는 무슨 일을 할까?** … 162

2장 정부의 세금 ·················· 164
세금 • 166   국세와 지방세 • 168   세금을 부과하는 방법 • 170
비례세, 누진세, 역진세 • 172   채권 • 174   세금에 대한 다른 생각 • 176

🎤 톡톡 경제 인터뷰 **국민들은 세금을 왜 내야 할까?** … 178

3장 정부의 경제 정책 ·················· 180
인플레이션과 디플레이션 • 182   재정 정책 • 184   통화 정책 • 186
환율 제도 • 188   국가 파산 • 190

🎤 톡톡 경제 인터뷰 **정부의 경제 정책은 왜 중요할까?** … 192

4장 경제 성장과 사회 지표 ·················· 194
경제 성장 • 196   국민 소득 • 200   사회 지표 • 202
경제학파 • 204   행동 경제학 • 206

🎤 톡톡 경제 인터뷰 **경제 성장과 행복 지수는 어떤 관계가 있을까?** … 208

흥미진진 퀴즈타임 ·········· 210

PART 4
금융과 투자

1장 금융의 이해 — 216
금융 • 218　신용 • 220　은행의 탄생 • 222
금융 기관의 종류 • 224　인터넷 은행 • 226　인터넷 결제 • 228

톡톡 경제 인터뷰 신용 관리는 왜 중요할까? … 230

2장 디지털 금융 — 232
핀테크 • 234　블록체인 • 236　가상 화폐 • 238
디파이와 엔에프티 • 242

톡톡 경제 인터뷰 신용을 어떻게 관리하면 좋을까? … 244

3장 투자의 기초 — 246
저축 • 248　투자 • 250　투자의 종류 • 252
투자 원칙 • 256　투자의 위험 • 258

톡톡 경제 인터뷰 투자는 왜 중요할까? … 260

4장 현명한 자산 관리 — 262
자산 관리 • 264　자산 관리의 원칙 • 266　분산 투자 • 268
재무 위험 관리 • 270　주식 투자 • 272

톡톡 경제 인터뷰 자산 관리를 왜 해야 할까? … 276

흥미진진 퀴즈타임 ……… 278

PART 5
과학 기술과 함께 발전하는 경제

1장 산업 혁명 ·········· 284
산업 혁명의 시작 • 286   2차 산업 혁명 • 288
3차 산업 혁명 • 290   4차 산업 혁명 • 292   완전히 새로운 미래 • 294

🎤 톡톡 경제 인터뷰 **사물 인터넷의 정확한 뜻은 무엇일까?** ⋯ 296

2장 공유 경제와 플랫폼 ·········· 298
공유 경제 • 300   플랫폼 경제 • 302   플랫폼의 독점 • 304
긱 경제 • 306   프로토콜 경제 • 308

🎤 톡톡 경제 인터뷰 **디지털 플랫폼의 독점은 왜 문제일까?** ⋯ 310

3장 정보 통신 기술의 발전 ·········· 312
인공 지능의 발전 • 314   자율 주행 자동차 • 316   스마트 시티 • 320

🎤 톡톡 경제 인터뷰 **앞으로 사라지게 될 직업은 무엇일까?** ⋯ 322

4장 메타버스 ·········· 324
가상 세계 탄생 • 326   페이스북과 메타 • 328
메타버스와 웹3.0 • 330

🎤 톡톡 경제 인터뷰 **메타버스에서는 무엇을 할 수 있을까?** ⋯ 334

흥미진진 퀴즈타임 ⋯⋯ 336

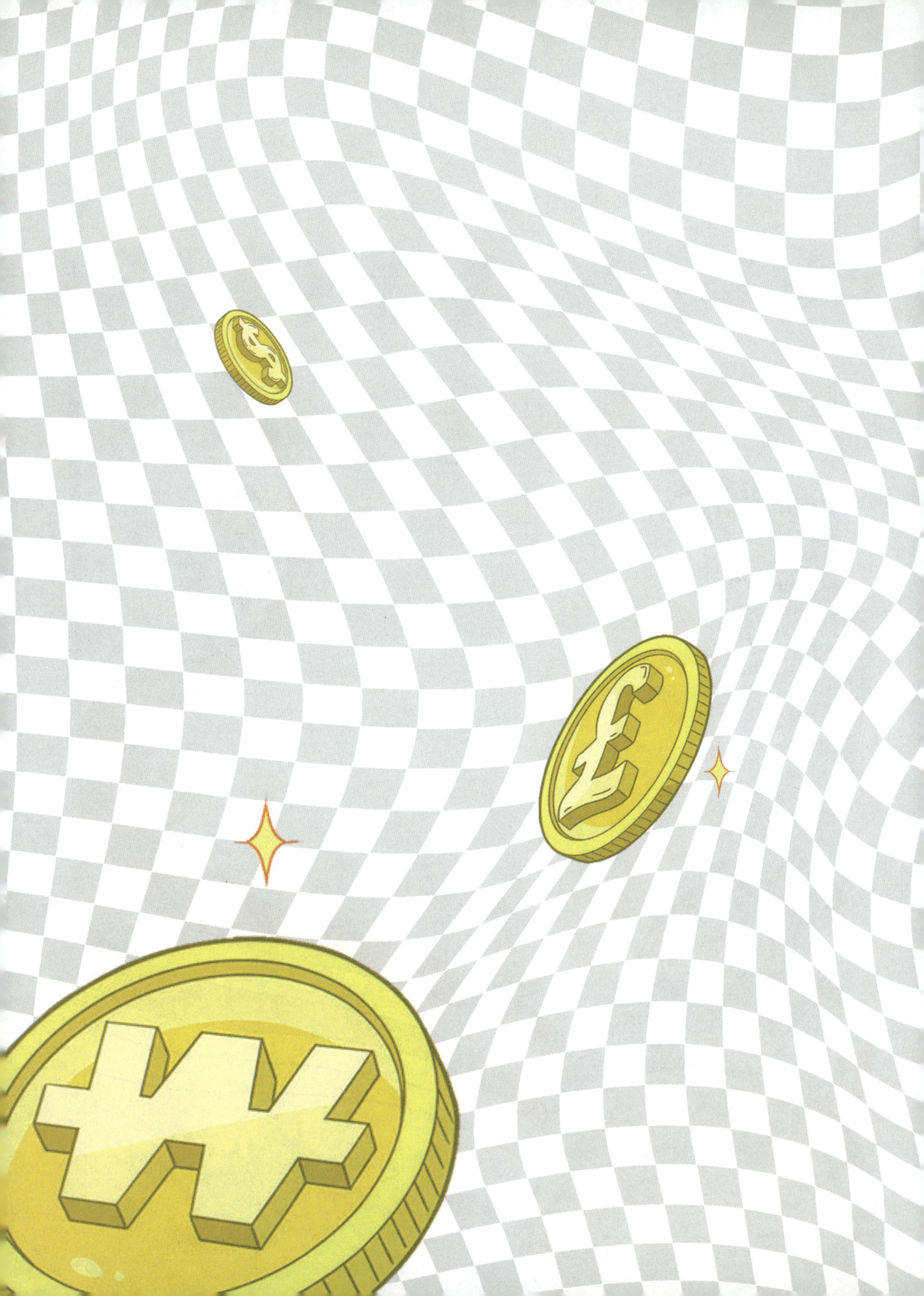

시장은 재화와 서비스 등을 사고파는 곳이에요.
시장과 화폐는 왜, 언제, 어떻게 생겨났을까요?
그리고 보이지 않는 손이 시장을 어떻게 움직이는지 알아보아요.

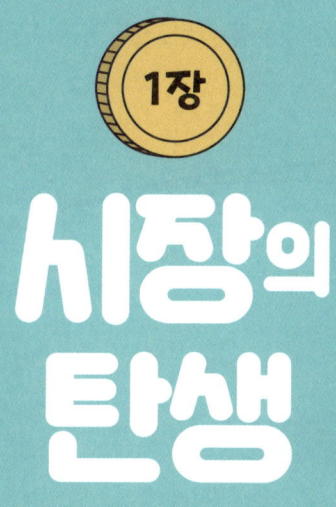

시장의 탄생

시장 탄생의 조건 | 시장의 발달 | 화폐의 발전 |
시장 경제 체제와 계획 경제 체제 | 보이지 않는 손 | 시장 경쟁과 분업

시장 탄생의 조건

시장은 물건을 사고팔면서 거래를 하는 곳으로, 거래는 돈을 내고 원하는 것을 사는 행위를 말해요. 꼭 물건만이 아니라, 몸이 아플 때 병원에서 돈을 내고 의사의 진료를 받는 것도, 콘서트 입장권을 사서 좋아하는 음악가의 연주를 듣는 것도 모두 거래에 해당한답니다.

집과 가까운 곳에 시장이 있어서 편리해.

시장이 생기는 조건

시장이 생기려면 몇 가지 조건이 필요해요.

첫 번째로 **개인 재산이 있어야** 해요. 그런데 원시 시대에는 개인 재산이 따로 없었어요. 모두가 다 같이 일해서 내 것, 네 것 없이 나눠서 생활했기 때문이죠. 농사를 짓기 시작한 후에야 모두가 나눠 쓰고도 남는 잉여 생산물이 생겼어요. 이 잉여 생산물이 다른 사람과 사고팔 수 있는 개인 자산이 되었죠.

두 번째는 **화폐가 생겨야** 해요. 처음에는 필요한 물건끼리 바꾸는 물물 교환이 이루어졌고, 나중에는 곡식이나 가죽 같은 물품을 화폐로 사용했어요. 화폐가 생겨야 물건의 가치가 정해지고 가격이 만들어질 수 있어요.

그리고 마지막으로 **사고팔 사람들이 충분히 모여 있어야** 해요. 그래야 물건을 파는 사람들끼리, 물건을 사는 사람들끼리 경쟁할 수 있어요. 그래서 시장은 교통이 편리하고 사람들이 찾기 쉬운 곳에 만들어졌지요.

개인 재산 인정
상인과 손님의 형성
시장 발생
화폐의 탄생

 세계 최초의 시장

기록으로 남아 있는 세계에서 가장 오래된 시장은 바빌론에 있었어요. 바빌론은 바빌로니아 제국의 수도로, 수천 년 전에 이미 시장이 있었다고 해요. 바빌로니아 제국은 아주 힘센 나라였어요. 강력한 군사력으로 넓은 영토를 정복하고, 엄청나게 많은 물건을 빼앗았어요. 바빌론은 각 지역에서 몰려든 물건들로 넘쳐났지요. 사람들은 물건을 사고팔기 위해 넓은 공터로 모여들었어요. 자연스럽게 시장이 생긴 거예요. 바빌론 사람들은 은을 화폐처럼 사용했어요. 거래에 대한 내용이 담긴 점토판도 많이 남아있답니다.

시장에 가면 내가 원하는 것을 살 수 있어!

 우리 역사 속 최초의 시장

우리 역사에 기록된 최초의 시장은 490년에 신라 경주에 세워진 '경시'예요. 김부식이 쓴 『삼국사기』에 '처음으로 서울에 시장을 열어 사방의 물화를 통하게 하였다'라고 기록되어 있어요. 경시에서는 옷감, 생선, 고기 등이 거래됐어요. 신라가 삼국을 통일한 이후에는 시장이 더 많아지고 거래가 활발해졌지요. 주로 쌀을 '패미'라고 이름 붙여 돈 대신 사용했다고 해요.

시장의 발달

물건을 사는 사람들은 시장에서 더 좋은 물건이나 서비스를 고르기 위해 서로 비교해 보고 거래해요. 물건이나 서비스를 파는 사람도 가격을 내리거나 올려 더 많은 돈을 벌려고 경쟁하죠. 그래서 시장은 파는 사람과 사는 사람 모두에게 이득을 줘요.

상설 시장

상설 시장은 **매일 매일 같은 곳에서 열리는 시장**이에요. 예전에는 상설 시장이 많지 않았어요. 물건을 가지고 이 마을 저 마을로 돌아다니는 오일장이 상설 시장보다 더 많았죠. 현재는 전통 시장, 슈퍼마켓, 백화점, 대형 마트 등 매일 같은 자리에서 여는 상설 시장들이 많아졌어요.
오랫동안 같은 자리를 지켜 온 전통 시장들은 대형 마트 등에 맞서 다양한 먹을거리와 행사로 손님들을 끌어모으고 있답니다.

정기 시장

옛날에는 시장이 많지 않았어요. 그래서 날짜와 장소를 정해서 각자가 가지고 나온 물건들을 거래하기 시작했어요. 이렇게 정해진 기간에 열리는 시장을 정기 시장이라고 해요. **삼 일마다 열리는 삼일장, 오 일마다 열리는 오일장** 등이 있어요. 지금까지 열리고 있는 유명한 오일장으로는 성남 모란장, 정선 오일장, 제주민속 오일장 등이 있어요.

제주도 오일장에는 생선이 많네.

슈퍼마켓

슈퍼마켓은 1930년대 미국에 처음 생겼어요. 당시 미국은 경제 대공황 때문에 경제가 몹시 어려웠어요. 경제가 어려우니 기업은 문을 닫고 직원들은 일자리를 잃었어요. 실업자들은 물건을 살 수 없었고, 기업은 물건을 팔 수 없어서 망하는 악순환이 계속됐어요. 이때 '킹 컬런'이라는 세계 최초의 슈퍼마켓이 문을 열었어요. 킹 컬런은 공장에서 대량으로 물건을 사와서 싸게 팔았기 때문에 장사가 잘됐지요. 우리나라에 처음 등장한 슈퍼마켓은 1968년 서울에 문을 연 '뉴서울슈퍼마케트'예요. 그때부터 슈퍼마켓은 새로운 생활용품 판매처로 자리 잡았답니다.

홈쇼핑

라디오와 텔레비전이 발명되면서 예전에는 상상하지도 못했던 시장이 생겨났어요. 1977년, 미국 플로리다주의 한 라디오 방송국은 광고비를 내지 못하는 광고주에게서 돈 대신 전동 병따개를 받았어요. 방송국 사장은 방송을 통해 전동 병따개를 팔아 보기로 했지요. 백 개가 넘던 전동 병따개는 라디오 방송을 통해 순식간에 모두 팔려 나갔어요. 바로 홈쇼핑이 탄생한 순간이에요. 직접 시장에 가서 물건을 고를 필요 없이 집 안에서 편안하게 거래할 수 있는 시장이 생긴 거죠. 그 후 번호만으로 결제가 가능한 신용 카드의 편리함이 더해져 홈쇼핑 시장은 폭발적으로 성장했어요.

전자 상거래

전자 상거래는 인터넷 등 전자 매체를 이용해 상품을 거래하는 거예요. 1990년대 들어 많은 사람이 인터넷을 사용하면서 전자 상거래가 시작됐어요. 1994년에는 미국에 '아마존'이라는 인터넷 서점이 문을 열었어요. 처음에는 주로 책을 팔았지만 지금은 아주 다양한 상품을 팔고 있어요. 우리나라에는 1996년에 '인터파크'라는 인터넷 쇼핑몰이 처음 생겨났어요. 인터넷을 통한 전자 상거래 시장은 점점 커지고 있으며 기업들도 전자 상거래에 힘을 기울이고 있어요.

화폐의 발전

'돈'이라고 하면 당연히 동전이나 지폐를 떠올릴 거예요. 하지만 처음부터 동전과 지폐가 있었던 것은 아니에요. 물물 교환을 하던 사람들이 언제 처음 화폐를 만들었고, 화폐는 어떤 모습으로 발전했는지 알아보아요.

돌 화폐 / 흑요석 / 개오지 껍데기

물물 교환

원시 시대 사람들은 원하는 물건이 있으면 자신이 가진 물건과 직접 바꿨어요. 그러다가 생활에 꼭 필요한 쌀, 옷감, 소금, 가축을 화폐처럼 쓰기 시작했지요. 차츰 가치가 일정하고 보관과 운반이 쉬운 고래 이빨, 조개껍데기, 돌, 금, 은 등을 화폐로 썼어요. 이런 화폐를 '물품 화폐'라고 불러요.

금속 화폐

지금으로부터 3,600년 전, 튀르키예 지역에 있던 리디아 왕국에서 금과 은을 혼합한 엘렉트럼(호박금)으로 동전을 만들었어요. 이 동전이 역사 기록에 나타난 최초의 화폐예요. 그 뒤 그리스와 로마에서 동전을 만들었고, 곧이어 유럽 전체로 퍼졌어요. 동양에서는 중국에서 동전을 처음 만들었어요.

리디아 엘렉트럼 동전 / 그리스 은화

> 시대별 화폐의 모습이 다양하구나!

송나라 교자

지폐

동전보다 훨씬 쓰기 편한 지폐는 중국 송나라에서 처음 만들었어요. 이 지폐의 이름은 '교자'였어요. 유럽은 그로부터 400년이 더 흐른 17세기에 이르러서야 지폐를 사용했어요.

신용 카드

상품이나 서비스를 이용한 값을 은행이 보증하여 일정 기간 뒤에 지급할 수 있도록 하는 카드예요. 신용 카드가 있으면 현금이 없어도 물건을 사거나 서비스를 이용할 수 있어요. 최초의 대중적인 신용 카드는 미국의 맥너마라가 1950년에 만든 '다이너스 클럽'이에요.

디지털 화폐

컴퓨터에 데이터로 저장되어 있는 화폐예요. 디지털 화폐에는 전자 화폐, 가상 화폐 등이 있어요. 전자 화폐는 스마트폰 같은 전자 기기나 전자 칩 등에 데이터로 저장되어 있으며, 대표적인 전자 화폐는 교통 카드예요. 가상 화폐는 컴퓨터에 데이터로만 존재하는 화폐로, 비트코인이 가장 유명해요.

우리나라 최초의 화폐, 건원중보

우리 조상들은 생활하는 데 가장 중요한 쌀이나 베를 화폐 대신 썼어요. 누구나 밥을 먹어야 하고 옷을 입으니, 원하는 물건이 있을 때 쌀과 베를 가져가면 거래가 이루어졌지요. 하지만 쌀과 베는 화폐로 쓰기에 불편했어요.

우리나라 최초의 동전은 996년에 만들어진 '건원중보'예요. 그 뒤 삼한통보, 해동통보, 해동중보 등 다양한 동전이 만들어졌어요. 하지만 동전은 널리 쓰이지 못했어요. 상업이 발달하지 않아서 물물 교환을 더 많이 했기 때문이에요.

시장 경제 체제와 계획 경제 체제

한 사회의 경제 제도를 경제 체제라고 해요. 시장 경제 체제와 계획 경제 체제가 가장 대표적인 경제 체제예요. 시장 경제 체제는 자본주의 경제 체제, 계획 경제 체제는 사회주의 경제 체제라고도 해요. 지금 세계 여러 나라는 두 체제의 장점을 골라 경제 문제를 해결하려고 노력해요.

 시장 경제 체제

상품의 생산과 소비를 둘러싼 경제 문제를 시장에 맡겨 놓으면 가장 잘 해결된다는 경제 체제예요. 개인이 자유롭게 경제 활동을 하면 경쟁을 통해 경제가 발전한다는 것이지요. 시장 경제의 장점은 개인이 자기 이익을 위해서 최선을 다하면 사회 전체에 도움이 된다는 거예요. 즉, 내가 돈을 잘 벌기 위해서 소비자가 가장 원하는 제품을 생산하고, 많이 팔기 위해 가격 경쟁을 하면 가장 효율적인 자원 배분과 소비가 이루어져 모두가 잘살게 된다는 거예요.

하지만 현실에서는 지나친 경쟁으로 여러 문제가 발생하기도 하죠. 시장 경제 체제는 우리나라, 미국, 영국, 프랑스 등 많은 나라에서 시행하고 있어요.

 ## 계획 경제 체제

시장에 경제를 맡겨 놓으면 여러 가지 문제가 발생하기 때문에 **정부가 경제 계획을 세워 실행해야 한다는 경제 체제**예요. 시장 경제 체제는 부자와 가난한 사람이 생기는 것은 당연하며, 부자는 많은 돈을 벌면서 사회에 이익을 준다고 생각해요. 하지만 계획 경제 체제는 부자와 가난한 사람 사이의 불평등이 사회 갈등을 일으키고 결국 경제를 망친다고 생각해요. 그래서 무엇을 얼마나 생산할지, 누구에게 얼마나 나누어 줄지 등을 정부가 계획하면 경제 발전뿐만 아니라 소득 불평등까지 해결할 수 있다고 생각합니다. 하지

만 계획 경제 체제는 남보다 열심히 일해도 그만큼 돈을 더 벌지 못하기 때문에 일할 의욕을 잃어버린다는 문제점이 있어요. 계획 경제 체제는 북한을 비롯한 몇몇 나라에서 시행하고 있어요.

 ## 혼합 경제 체제

현재 완벽한 시장 경제 체제나 계획 경제 체제를 시행하는 나라는 없어요. 시장 경제 체제 국가에서도 경제 개발 계획을 세워서 실행하고, 계획 경제 체제 국가에서도 남몰래 거래가 이루어지는 암시장 하나쯤은 존재하기 마련이지요. 가장 철저한 계획 경제 체제 국가로 알려진 북한도 일부 지역에서는 자유로운 거래가 이루어진다고 해요.

시장 경제 체제를 대표하는 국가인 미국에서 1930년대 대공황이 벌어져 생필품 가격이 치솟고 사람들은 일자리를 구하지 못해 실업률이 높아진 적이 있어요. 결국 미국 정부는 계획 경제 체제 국가처럼 경제에 적극적으로 개입할 수밖에 없었어요. 이렇게 **필요할 때는 국가가 경제에 개입하는 것이 '혼합 경제 체제'**예요.

시장을 조종하는 보이지 않는 손

영국의 경제학자 애덤 스미스는 어느 날 아침, 누구도 하지 못했던 생각을 떠올렸어요.

아침 식탁에서 빵을 먹을 수 있는 이유는 누군가가 자신을 도와줘서가 아니라 빵집 주인의 이기심 때문이라는 것을 깨달은 거죠.

내가 이 빵을 먹을 수 있는 것은 빵집 주인의 이기심 때문이야.

돈을 많이 벌어 부자가 되려는 빵집 주인의 욕심 덕분에
내가 빵을 먹는 즐거움을 누릴 수 있게 됐다는 거예요.

애덤 스미스는 빵을 파는 사람과 빵을 사는 사람 사이에는 '보이지 않는 손'이 있어서 적당한 가격이 만들어진다고 했어요.

비싸게 팔아야지.

싸게 사야지.

빵을 사려는 사람보다 빵이 더 많으면 빵집 주인은 가격을 내릴 것이고, 그 반대라면 가격을 올릴 것이기 때문이에요.

많이 남았으니 싸게 팔아야지.

얼마 남지 않았으니 조금 비싸더라도 사야지.

『국부론』을 쓴, 애덤 스미스

영국의 경제학자 애덤 스미스는 산업 혁명 초창기인 1776년에 『국부론』을 출판했어요. 그는 긴 노동 시간에 허덕이면서도 생활하기에는 턱없이 부족한 임금을 받는 노동자들을 보면서 국가가 부자가 되면 노동자도 잘 살 수 있게 될 거라고 생각했어요. 그래서 어떻게 하면 부자 국가를 만들 수 있을 지를 고민했지요.

애덤 스미스는 『국부론』에서 국가 경제는 시장의 자율적 기능에 맡기면 가장 번영을 누릴 수 있다고 했어요. 그렇다면 인간은 다른 사람을 배려하지 않고 끝없이 이기적인 욕심만 부려도 되는 걸까요? 애덤 스미스는 다른 사람의 불행을 보고 가슴 아파하는 것은 인간이 가진 기본적인 본성이라고 말하면서 도덕성을 잃어버리고 탐욕을 부리면 안 된다고 주장했어요. 즉, 더불어 잘사는 사회 속에서의 자유로운 시장 경제를 추구한 것이랍니다.

시장 경쟁과 분업

🔍 시장 경쟁과 보이지 않는 손

자신의 이익을 최대한 크게 만들려고 하는 것은 인간의 본성이에요. 애덤 스미스는 이런 인간의 본성 때문에 경쟁이 생긴다고 보았어요. 예를 들어, 문방구에서 슬러시를 파는데, 더 많은 학생에게 팔아서 돈을 더 많이 버는 가장 쉬운 방법은 가격을 내리는 거예요. 즉, 옆 문방구에서 1,000원에 판다면 우리 문방구에서는 800원에 팔면 돼요. 그 밖에 다른 곳에서 팔지 않는 색다른 맛의 슬러시를 파는 방법도 있고요. 이처럼 **사람의 이기심 때문에 시장 경쟁이 발생하고, 모두에게 좋은 결과**가 나타난다고 했어요. 애덤 스미스는 이를 '**보이지 않는 손**'이라고 불렀답니다.

분업

분업은 **일을 나누어서 한다**는 뜻이에요. 그러니까 물건을 만들 때 일을 빠르고 효율적으로 하기 위해서 각각의 일을 나누어 맡아 하는 것을 말해요. 예를 들어, 옷을 만들 때도 혼자서 모든 일을 하지 않고 디자인하는 사람, 재단하는 사람, 바느질하는 사람, 포장하는 사람이 각자의 일을 나누어 맡아서 하는 것이에요. 원래 사람은 원시 시대부터 부락을 이루어 살면서 일을 나누어 했어요. 대개 힘이 센 남성은 사냥으로 먹을거리를 구했고, 여성은 집안일을 하며 아이를 돌봤죠. 세월이 흐르면서 사람들이 하는 일이 많아졌고 각자 잘하는 일이 생기면서 다양한 직업이 생겼어요.

그렇다고 분업이 장점만 있는 것은 아니에요. 노동자들이 하루 종일 한 가지 일만 하다 보니 지루해질 수 있고, 직업병이 생길 수도 있어요. 또, 어느 한 사람이 실수하면 전체적으로 문제가 생겨서 불량품을 만들어 낼 가능성도 있지요. 그리고 자기가 맡은 일만 하다 보면 동료들 사이에 협동심이 떨어질 수 있답니다.

어린이 경제 교육은 왜 필요할까?

경백이

경제는 우리 생활과 아주 밀접한 관련이 있습니다. 그래서 경제 교육은 우리에게 꼭 필요합니다. 어린이 경제 교육의 선구자인 전인구 선생님과 함께 경제 교육의 중요성에 대해 알아보겠습니다. 전인구 선생님, 반갑습니다.

경제왕, 전인구

어린이 여러분, 반갑습니다. 전인구입니다.

경백이

선생님, 어린이 경제 교육은 왜 중요합니까?

경제왕, 전인구

세상을 살아가면서 경제를 모르면 안전벨트도 하지 않고 운전을 하는 것과 비슷하기 때문입니다. 경제 교육을 받으면 부자가 될 수 없을지 몰라도 가난하게 살지 않을 수는 있습니다.

경백이

그렇다면 어린이들이 경제를 쉽게 이해할 수 있는 방법이 있습니까?

경제왕, 전인구

제가 학생들을 가르칠 때 집안일을 도와드리거나 공병을 모아 파는 등의 방법으로 만 원을 벌고, 그 과정을 써 보는 방학 숙제를 내준 적이 있습니다. 이름하여 '만 원의 행복 프로젝트'였는데, 여러분도 한번 해 보시기 바랍니다.

경백이

저도 '심부름 카드'를 만들어서 돈을 벌어 본 적이 있는데, 용돈으로 받은 돈보다 훨씬 소중했습니다. 그렇다면 어린이들이 경제 교육을 통해 무엇을 배울 수 있을까요?

경제왕, 전인구

우선 '만 원의 행복 프로젝트'나 '심부름 카드' 같은 활동을 통해 노동의 가치를 배울 수 있습니다. 또한, 자신의 노동을 통해 번 돈을 소비하면서 슬기로운 소비 습관을 기를 수 있습니다. 이뿐만 아닙니다. 무엇보다도 경제 교육을 통해 합리적인 사고를 기를 수 있습니다.

경백이

합리적인 사고를 기를 수 있다고요?

경제왕, 전인구

네, 그렇습니다. 저는 경제 교육을 할 때 여러 명을 한 모둠으로 묶습니다. 모둠의 구성원들이 공동의 목표를 수행하기 위해서는 힘을 하나로 합쳐야 합니다. 그러기 위해서는 '왜?'라는 질문과 함께 '어떻게 해야 될까?'라는 추측을 해야 하고 가장 좋은 결과를 만들기 위해 선택을 해야 합니다. 그 과정을 통해 합리적인 사고를 기를 수 있습니다. 경제 교육을 통해 인내하는 습관을 기를 수 있다는 것도 또 하나의 좋은 점입니다.

경백이

인내하는 습관도 배울 수 있다고요?

경제왕, 전인구

학교에서 어린이들을 가르칠 때, 좋은 일을 한 어린이들에게 칭찬 점수를 준 적이 있습니다. 칭찬 점수에 따라 마음에 드는 자리에 앉거나 선물을 받을 수 있었는데, 칭찬 점수가 많으면 더 좋은 보상을 받을 수 있도록 했습니다. 그러자 더 큰 보상을 받기 위해 칭찬 점수를 모으는 어린이들이 많아졌습니다. 이렇듯 경제 교육으로 얻을 수 있는 것은 아주 많습니다.

경백이

아! 선생님 말씀을 들으니 어린이들이 경제 교육을 꼭 받아야 하는 이유를 알 수 있었습니다. 고맙습니다.

경제 교육을 통해 노동의 가치를 배울 수 있을 뿐만 아니라 합리적인 소비와 인내하는 습관을 기를 수 있습니다.

시장은 자원을 효율적으로 배분하고, 생산성을 높이고,
거래 비용을 줄여 주어요. 자원의 희소성에 따라 가격이 결정되는
시장의 역할과 기능에 대해 알아보아요.

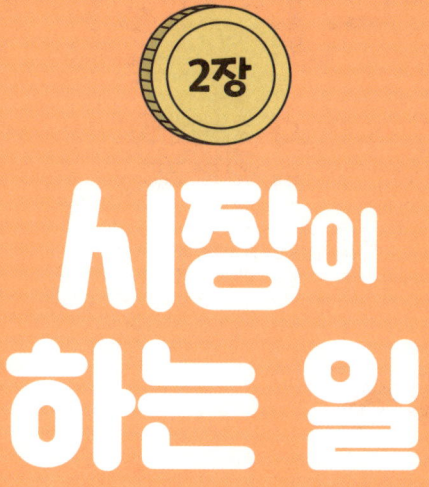

2장
시장이 하는 일

완전 경쟁 시장과 독점적 경쟁 시장 | 생산자 잉여와 소비자 잉여 | 자원의 효율적 배분 | 생산 | 생산성 | 거래 비용

완전 경쟁 시장과 독점적 경쟁 시장

시장에는 생산자, 공급자, 수요자가 있어요. 생산자는 물건을 만드는 사람, 공급자는 상인, 수요자는 소비자예요. 시장의 종류는 완전 경쟁 시장, 독점적 경쟁 시장, 독과점 시장 등이 있지요.

 ## 완전 경쟁 시장

만약 모든 치킨 가게가 같은 맛의 치킨을 팔고, 품질이나 양 등 모든 조건이 같다면 어떻게 될까요? 우선 주문하는 사람은 어디에서 치킨을 주문할지 고민할 필요가 없을 거예요. 가격이 가장 싼 곳에서 사면 되니까요. 가격이 비싼 가게는 금방 망하게 될 거예요. 결국 어떤 치킨 가게도 치킨 가격을 마음대로 정할 수 없게 됩니다. 이런 시장을 '완전 경쟁 시장'이라고 불러요.

완전 경쟁 시장은 공급자와 수요자가 많고, 상품의 질이 같고, 소비자가 상품에 대한 정보를 모두 알고 있어야 해요. 이 시장에서는 주어진 자원을 이용해 상품을 가장 싸게 생산할 수 있는 사람들이 상품을 시장에 가장 싸게 공급하고, 소비자들은 가격을 기준으로 상품을 살지 말지 쉽게 결정을 내릴 수 있어요. 하지만 현실에서는 이런 시장은 없어요.

 ## 독점적 경쟁 시장

만약 모든 치킨 가게가 품질과 가격이 같으면 원하는 만큼 돈을 많이 벌기가 어려워요. 그래서 다른 치킨 가게보다 더 맛있는 치킨을 내놓고 가격을 올려서 돈을 더 많이 벌려고 노력해요. 이렇게 생산자, 판매자, 수요자가 있는 시장에서 더 좋은 상품을 만들어 경쟁에서 이겨서 이익을 크게 얻으려고 하는 시장을 '독점적 경쟁 시장'이라고 불러요. 독점적 경쟁 시장에서는 같은 품질의 재화나 서비스라도 다양한 가격이 존재할 수 있어요. 이미지, 포장, 홍보 등에서 차이가 있으니까요. 우리가 쉽게 찾아볼 수 있는 시장 형태예요.

 ## 독과점 시장

독과점은 '독점'과 '과점'을 합친 말이에요. 독과점 기업은 마음대로 이윤을 정할 수 있기 때문에 경제에 안 좋은 영향을 미칠 때가 많아요. 그래서 대부분의 자본주의 국가에서는 독과점을 규제하고 있어요.

독점 어떤 상품의 공급을 하나의 기업이 독차지하고 있는 상태예요.
보통 한 기업이 전체 시장의 50퍼센트를 차지한다면 독점이에요.

과점 경쟁자가 있기는 하지만 아주 조금 있는 경우를 말해요.
보통 셋 이하의 회사가 전체 시장의 75퍼센트 이상을 차지하는 경우를 말해요.

생산자 잉여와 소비자 잉여

잉여는 쓰고 남은 것이라는 뜻이에요. 생산자 잉여는 생산자가 얻은 심리적 이익을 계산할 때, 소비자 잉여는 소비자가 얻은 심리적 이익을 계산할 때 쓰는 말이에요.

생산자 잉여

아울북소년단의 포토카드를 만들어서 판매하는 생산자의 입장에서 생각해 볼까요? 생산자는 아울북소년단의 포토카드를 제작하는 데 포토카드 한 장당 최종 생산 비용이 1만 원이 들었고, 포토카드 한 장당 판매 가격을 3만 원으로 정했어요. 이때 **판매하는 가격에서 생산하는 데 들어간 비용을 뺀 것이 생산자 잉여**예요. 즉 '30,000원 - 10,000원 = 20,000원'이 생산자 잉여가 됩니다.

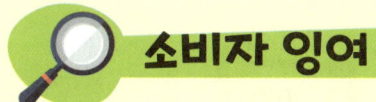 **소비자 잉여**

'소비자 잉여'는 **소비자가 그 물건 없이 지내기보다는 그 정도의 돈을 지불해서라도 사야겠다고 생각하는 가격과 실제로 시장에서 구매한 가격의 차액**을 말해요. 예를 들어, 아울북소년단의 포토카드를 사고 싶어 하는 소비자의 입장에서 생각해 볼까요?

아울북소년단의 포토카드가 3만 원이라고 해 봐요. 아울북소년단의 팬들 중에는 포토카드가 5만 원이어도 기꺼이 사려고 하는 팬도 있어요. 만약 5만 원에 사려고 했던 팬이 3만 원에 샀다면 소비자 잉여는 얼마일까요? '50,000원 - 30,000원 = 20,000원'이 바로 소비자 잉여예요. 그러니까 10만 원이어도 아울북소년단의 포토카드를 사겠다고 생각했던 팬의 소비자 잉여는 7만 원이고, 4만 원에 사려고 했던 팬의 소비자 잉여는 1만 원이에요. 그래서 아울북소년단의 포토카드가 아무리 비싸더라도 사겠다고 마음먹은 팬일수록 만족감이 커지고 소비자 잉여도 많아집니다.

자원의 효율적 배분

살아가는 데 모든 게 풍족하다고 느끼는 사람은 얼마나 될까요? 실제로 사람이 살아가는 데 꼭 필요한 것들이 부족할 수도 있고, 먹고사는 데는 문제가 없지만 갖고 싶은 것을 갖지 못해 부족하다고 느끼는 사람도 있어요. 이런 문제는 자원의 희소성 때문에 일어나요.

 자원의 희소성

사람의 물질적 욕구보다 그 충족 수단이 부족한 상태를 '자원의 희소성'이라고 해요. 즉, **사람들이 원하는 만큼의 재화나 서비스를 생산하기에 자원이 부족한 것**을 일컫는 말이죠. **자원의 희소성 때문에 가격이 비싸지기도** 하는데, 이때 두 가지 조건이 있어요. 첫째, 사람들에게 필요하거나 가치 있는 재화 또는 서비스여야 해요. 둘째, 사람들이 원하는 욕구보다 그 양이 부족해야 해요.

예를 들어, 수십 년 전에는 우리나라에서 바나나의 가격은 매우 비쌌어요. 우리나라에서 재배할 수 없는 열대 과일이었기 때문이에요. 한마디로 바나나는 자원의 희소성이 있었던 거예요. 하지만 운반 과정이 발달하면서 우리나라가 바나나를 많이 수입할 수 있게 되자, 자원의 희소성이 사라져 바나나의 가격이 싸졌어요.

자원을 효율적으로 배분하려면

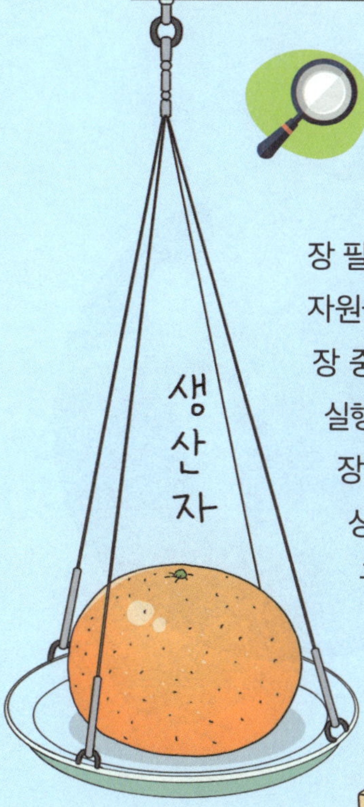

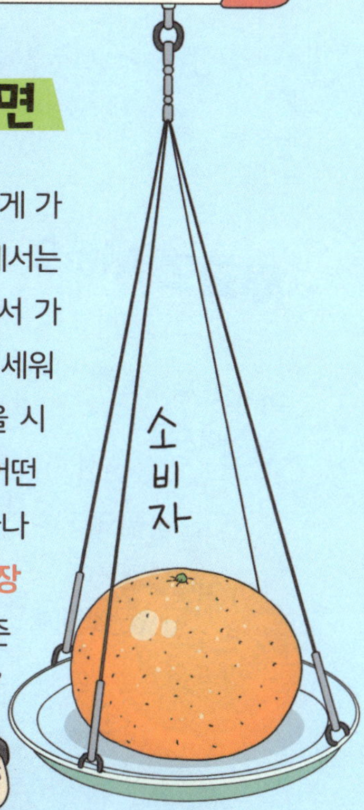

경제가 발전하려면 한정된 자원을 각 용도에 맞게 가장 필요한 곳에 나눌 수 있어야 해요. 계획 경제 체제에서는 자원을 어떻게 나눌지를 정부가 정해요. 국가 경제에서 가장 중요하게 생각하는 산업을 중심으로 배분 계획을 세워 실행하지요. 하지만 시장 경제 체제에서는 이 역할을 시장이 맡아요. 시장에서 거래되는 가격을 기준으로 어떤 상품을 얼마나 만들어 공급할지, 어떤 상품을 얼마나 구입할지를 결정하죠. 이와 같은 과정을 통해 **시장은 필요한 사람에게 자원을 나누어** 준답니다. 이것을 '자원의 효율적 배분'이라고 해요.

희귀한 것과 자원의 희소성

'희귀하다'는 말은 양이 적어서 귀하다는 뜻이고, '희소하다'는 말은 양이 아주 적다는 뜻이에요. 예를 들어, 지구에서 가장 큰 동물로 알려진 대왕고래는 현재 멸종 위기에 처할 정도로 희귀해요. 하지만 희소성이 있다고 말하지는 않아요. 경제학에서 희소성은 '사람들이 얼마나 가지고 싶어 하는가'라는 기준에 따르기 때문이에요. 대왕고래를 키우고 싶어 하는 사람이 없다면 희귀하지만 희소하지는 않은 거예요. 몸길이가 24~26미터이고, 몸무게가 약 125톤이나 나가는 대왕고래를 집에서 키울 수 있는 사람은 아마도 없을 거예요.

생산

사람이 사는 데 필요한 여러 재화나 서비스가 정말 많아요. 이런 재화나 서비스를 만들어 내는 것을 생산이라고 해요. 생산을 하려면 자원을 이용해야 해요.

재화와 서비스

재화는 사람이 바라는 바를 충족시켜 주는 모든 물건이에요. 농산물뿐만 아니라 컴퓨터, 텔레비전, 자전거 같은 것이지요.

서비스는 남을 위해 돕거나 여러 가지 심부름을 해 주는 것을 말해요. 미용사가 머리카락을 자르는 것, 선생님이 학생들을 가르치는 것, 택배 기사가 물건을 배달하는 것, 슈퍼마켓에서 물건을 파는 것 등이에요.

노동

사람이 세상을 살아가기 위해서는 먹을 것, 입을 것 등 필요한 것이 많아요. 이렇게 **필요한 것을 얻기 위해 일하는 것을 '노동'**이라고 해요. 노동을 통해 무언가를 만들어 내는 활동을 '생산 활동'이라고 하지요. 사람은 생산 활동으로 소득을 얻고, 그 소득을 통해서 재화를 사거나 서비스를 받아야 생활할 수 있어요. 그리고 노동을 통해서 자신의 능력을 발휘하고 보람을 느낄 수도 있지요. 몸으로 무언가를 만드는 일뿐만 아니라 새로운 생각을 떠올리는 일처럼 시간이 들어가는 모든 일을 말해요.

생산의 3요소

생산을 하는 데는 많은 것이 필요해요. 물건을 생산하고 보관할 토지, 노동할 사람, 생산 시설을 설치하거나 도구를 이용하는 비용 등이 필요하지요. 이처럼 **토지, 노동, 자본을 '생산의 3요소'** 라고 해요.

그중 생산 활동에 필요한 비용을 '자본'이라고 해요. 생산 시설을 설치하고, 상품을 운송하고, 상품을 사고파는 데 모두 돈이 들지요. 생산 과정에 자본을 제공하면 '이자'라는 대가를 받을 수 있어요.

토지, 노동, 자본을 이용하여 생산 활동을 하고 있어!

생산성

생산자들은 적은 노력과 적은 돈으로 상품을 만들어 많은 이익을 얻기를 원해요. 이것을 지표로 나타낸 것을 '생산성'이라고 해요. 한마디로 얼마나 적은 돈으로 얼마나 이익을 남길 수 있는 상품을 만들어 냈는가를 따지는 것이지요.

 생산성을 높이려는 노력

원시 시대에는 남들보다 더 잘산다고 해 봤자 말린 고기가 좀 더 있거나, 돌도끼와 부싯돌 같은 생활용품을 더 많이 가진 정도였어요. 열매를 모으거나 사냥을 하는 것으로는 크게 생산성을 높이기 힘들었어요. 그래서 다른 사람들의 생활 수준과 다르게 큰 부자가 되는 경우는 거의 없었어요. 생산성이 낮았기 때문이에요. 하지만 지금은 원시 시대와 비교할 수 없을 정도로 생산성이 커졌기 때문에 작은 국가의 1년 예산보다 많은 재산을 가진 부자도 있어요.

오늘날에는 모든 기업이 생산성을 높이려고 노력해요. 그래서 **재료를 더 싸게 구입하고, 짧은 시간에 많은 상품을 만들기 위해 기술을 개발**하고 있어요.

 ## 경영과 기술

산업에서 중요하게 여기는 분야로 경영과 기술을 들 수 있어요. **경영은 기업이나 사업을 관리하고 효율적으로 운영하는 거예요.** 예전에는 자본을 투자한 사람이 기업의 사장이 되어 운영하는 것이 당연했지만, 오늘날에는 자본을 투자한 사장 혼자서 이끌어 나갈 수 없을 만큼 기업이 커지는 경우가 많아요. 그래서 사장 혼자서 경영과 자본, 인력 관리 등을 할 수 없는 거대 기업은 전문 경영인을 고용해서 소유와 경영을 분리해요.

오늘날에는 기술도 생산 요소에 포함될 정도로 중요해요. **기술이란 어떤 물건을 만들거나 어떤 일을 하는 데 필요한 체계적인 지식**을 뜻해요. **생산성을 높이기 위해서는 기술의 발전이 무엇보다 중요**하지요. 그래서 요즘은 기술을 더욱 중요하게 여기고 있어요.

거래 비용

거래 비용은 각종 거래를 하는 데 들어가는 비용을 말해요. 거래 전에 필요한 협상이나 정보의 수집과 처리, 계약이 지켜지는지를 감시하는 데 드는 비용 등도 거래 비용에 속해요.

시장과 거래 비용

거래는 주로 시장에서 이루어져요. 시장에서 거래하면 거래 비용이 적게 들어요. 판매자와 소비자가 모여 있기 때문에 거래할 사람을 따로 찾아다닐 필요가 없기 때문이에요. 또, 시장에서 거래되는 물건은 이미 가격표가 붙어 있어서 흥정을 좀 더 하더라도 판매자와 소비자가 합의하기가 훨씬 쉬워요.

전자 상거래가 이루어지는 과정

 ## 전자 상거래와 거래 비용

생산자는 거래 비용을 줄여서 이익을 많이 남기려고 해요. 거래 비용을 줄이는 가장 좋은 방법은 유통 과정을 줄이는 거예요. 지금은 전자 상거래가 발달하면서 유통 단계를 줄이고 이를 통해 더 싼값에 상품을 공급하고 있어요.

전자 상거래의 유통 단계

농장에서 토마토를 온라인 과일 가게에 올려요.

소비자는 온라인 과일 가게에 들어가 토마토를 사요.

농장에서 택배 회사를 통해 토마토를 소비자에게 전해요.

산지 직송

전자 상거래를 통해 거래하면 매장을 사용할 때 내야 하는 임대료나 매장을 운영하는 데 필요한 관리비 같은 비용이 들지 않아요. 그리고 유통 수수료도 훨씬 적어요. 거래하는 데 들어가는 비용인 '거래 비용'을 절약할 수 있는 거예요. 그래서 전자 상거래가 갈수록 늘어나고 있답니다.

 ## 인터넷 직거래

생산자와 소비자가 직접 거래하게 되면 거래 비용을 줄일 수 있어 생산자와 소비자 모두에게 이득이 돼요. 최근에는 인터넷이 발달하면서 신선함이 중요한 농수산물이 인터넷 직거래로 활발하게 거래되고 있어요. 지금은 스마트폰 애플리케이션을 통해서 중고 물건을 살 사람과 팔 사람이 직접 거래하는 경우도 많아요.

생산자와 소비자가 직접 거래하니 편리해.

경제왕, 전인구 선생님과 함께하는 톡톡 경제 인터뷰

가정에서 쉽게 할 수 있는 경제 교육은 무엇일까?

경백이

어린이 여러분, 안녕하세요? 경제왕, 전인구 선생님을 모시고 가정에서도 쉽게 할 수 있는 경제 교육에는 무엇이 있는지 알아보겠습니다. 선생님, 가정에서 할 수 있는 쉬운 경제 교육 방법을 알려 주시기 바랍니다.

경제왕, 전인구

보드게임 등을 통해서 경제를 재미있게 접근하는 것도 좋습니다. 예를 들어, 시간과 돈의 관계를 다루는 부루마블 등은 경제 개념을 이해하는 데 도움을 줍니다. 보드게임은 창의력, 문제 해결력, 사고력, 협동심을 키워 줄 수 있을 뿐만 아니라 가족과 대화하는 시간을 늘릴 수 있는 장점도 있지요. 또한, 경제와 관련된 동화책을 부모님과 함께 읽는 것도 좋습니다.

경백이

어린이들이 경제를 쉽게 이해할 수 있는 동화책은 무엇이 있을까요?

경제왕, 전인구

가장 유명한 동화는 『개미와 베짱이』예요. 누구나 다 잘 알고 있는 이야기지요. 우리가 부지런한 사람을 보고는 '개미 같다'고 하고, 게으른 사람을 보고는 '베짱이 같다'고 하잖아요. 『개미와 베짱이』를 통해 근면 성실한 노동에 대한 이야기와 저축의 중요성에 관한 이야기를 할 수 있습니다. 또한 『베니스 상인』, 『황금알을 낳는 거위』, 『허생전』, 『탈무드』 등을 읽으며 절약, 저축, 이자, 신용, 무역 등 경제 개념에 대한 이야기를 나눌 수 있습니다.

경백이

신문을 읽는 것도 경제를 공부하는데 도움이 되나요?

경제왕, 전인구

신문 읽기는 경제 교육에 꼭 필요합니다. 경제를 이해하려면 세상 소식을 잘 알아야 하기 때문입니다. 그날 일어난 일 중에서 하나를 골라서 기사 제목과 함께 내용을 간단하게 요약하는 연습을 하면 경제를 이해하는 능력이 커집니다. 저는 이것을 '1분 헤드라인 뉴스'라고 하는데, 부모님께 '1분 헤드라인 뉴스'를 들려드릴 때마다 용돈을 받을 수 있다면 더욱 좋겠죠.

경백이

집 밖에서도 경제 교육을 할 수 있는 방법은 무엇이 있을까요?

경제왕, 전인구

부모님과 가까운 슈퍼마켓에 가서 물건값을 비교해 보고 물가가 어떻게 변했는지 알아보는 연습을 하면 경제 공부에 많은 도움이 됩니다.

 경백이

와우, 슈퍼마켓에서도 경제 공부를 할 수 있네요.

경제왕, 전인구

슈퍼마켓에서 할 수 있는 경제 공부는 더 있습니다. 과자는 어디에 진열되어 있는지, 고기를 파는 곳 옆에 상추를 파는 야채 코너가 있는 까닭은 무엇인지, 계산대 앞에 있는 상품은 무엇인지 등에 대해서 부모님과 이야기를 나눠 보세요. 그리고 인터넷에서 그 이유를 찾아보는 것도 좋습니다.

 경백이

오늘은 가정에서도 할 수 있는 경제 교육에 대해서 알아보았습니다. 가정에서도 경제를 배울 수 있는 것들이 아주 많다는 것을 알 수 있었습니다. 고맙습니다.

부모님과 함께 보드게임을 하고, 동화책과 신문을 읽으면서 경제를 배울 수 있습니다. 슈퍼마켓이나 시장에 가서 물건값을 비교해 보고, 상품 진열 상태를 살펴보면서 경제를 공부해 보아요.

시장에서 가격을 정할 때는
수요와 수요량, 공급과 공급량이 가장 중요해요.
수요와 공급과 가격에 대해 알아보아요.

수요와 공급

3장

재화 | 수요 | 공급 | 가격 | 가격 통제

재화

재화는 사람이 원하는 모든 물건으로, 경제재와 자유재로 나눌 수 있어요. 재화를 얻는 데에 비용이 필요한 것을 경제재라고 하며, 비용이 필요하지 않은 것을 자유재라고 해요.

자유재

살아가는 데 꼭 필요하지만, 시장에서 팔지 않는 재화도 있어요. 자연에서 무한대로 얻을 수 있기 때문이죠. 이런 재화를 '자유재'라고 불러요. 공기, 바람, 햇빛 등이 자유재예요.

경제재

가격이 매겨져 있어서 시장에서 사야 하는 재화는 '경제재'라고 해요. 집, 책, 아이스크림, 가방, 신발 등이 이에 속해요. 경제재는 시간에 따라 바뀌기도 해요. 예를 들어, 물은 예전에는 누구나 우물에서 길어다 마실 수 있었어요. 하지만 지금은 수돗물과 생수 모두 돈을 내야만 해요. 자유재가 경제재가 된 거지요.

소비재

살아가는 데 필요해서 시장에서 직접 사다 쓰는 재화를 '소비재'라고 불러요. 식료품, 의류, 가구 등이 이에 속해요. 종이컵이나 나무젓가락처럼 한두 번 사용하고 버리는 일회용 소비재가 있는가 하면, 침대나 냉장고처럼 오래 사용하는 내구 소비재도 있어요.

일회용 소비재 / 내구 소비재

생산재

소비재를 만드는 데 필요한 재화를 '생산재'라고 해요. 그러니까 생산을 할 때 쓰는 재화지요. 침대를 만드는 공장에 있는 대형 목공 기계나 자동차를 조립하는 로봇 팔, 치킨 가게의 오븐 등을 소비재를 생산하는 데 쓰인다고 해서 생산재라고 불러요.

보완재

식빵과 잼, 식빵과 버터처럼 서로 함께하면 만족감이 커지는 재화를 '보완재'라고 해요. 보완은 부족한 것을 보충하여 완전하게 만든다는 뜻이에요. 예를 들어, 빵의 판매량이 늘어나면 잼이나 버터의 판매량도 덩달아 늘어나지요. 바늘과 실, 컴퓨터와 컴퓨터 운영 프로그램, 자동차와 타이어, 야구공과 야구 글러브 등도 마찬가지예요.

대체재

한 재화의 가격이 오르면 다른 한 재화의 수요량이 늘어나는 경우, 두 재화를 '대체재'라고 해요. '대체'라는 말은 다른 것으로 대신한다는 뜻이에요. 예를 들어, 식빵 가격이 오르면 식빵의 판매량이 줄어들고 밥을 해 먹기 위해 쌀의 판매량이 늘어나지요. 소고기와 돼지고기, 콜라와 사이다, 버터와 마가린, 커피와 홍차 등도 마찬가지예요.

공공재와 민간재

공원, 가로등, 다리, 도로 등 세금을 이용해서 만든 재화를 '공공재'라고 해요. 시장에서 거래되는 대부분의 재화는 '민간재'라고 하지요.

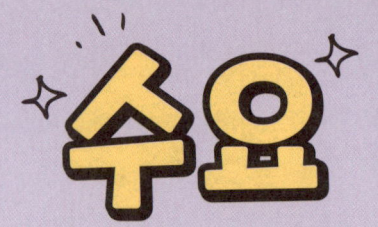

수요

사람들이 물건을 사고 싶어 하는 정도를 수요라고 해요. 수요량은 일정한 가격에서 사람들이 사고자 하는 물건의 양이에요.

🔍 수요의 법칙

사람들은 가능한 한 물건을 싸게 사고 싶어 해요. 예를 들어, 품질이 같은 게임기를 여러 게임기 가게에서 팔고 있다고 해 봐요. 여러분은 어떤 가게에서 게임기를 사겠어요? 당연히 가격이 싼 가게에서 게임기를 사려고 할 거예요.

가격이 싼 게임기는 사려는 사람이 많고, 비싼 게임기는 사려는 사람이 적어요. 가격이 쌀수록 더 많은 사람이 구매할 만하다고 생각하기 때문이죠. 각각의 가격으로 게임기를 사려고 하는 사람들의 수를 '수요량'이라고 해요.

왼쪽 그래프처럼 **가격이 비쌀수록 수요량은 줄어들고, 가격이 쌀수록 수요량은 늘어나요. 이것을 '수요의 법칙'**이라고 해요.

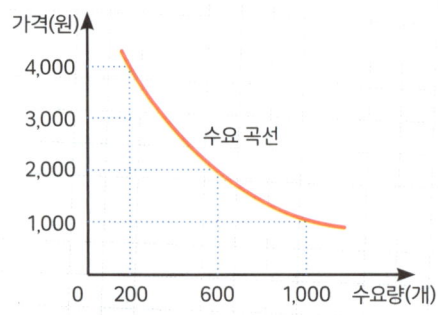

수요의 가격 탄력성

수요의 가격 탄력성이 적은 재화

사람들은 쌀값이 오르더라도 웬만하면 하루에 먹는 밥의 양을 줄이지는 않아요. 반대로 쌀값이 내려간다고 해서 밥의 양을 늘리지도 않고요. 이에 비해 반지나 귀고리 같은 장신구는 어떨까요? 가격이 올라가고 내려가는 데 따라 수요량이 크게 변해요. 쌀처럼 가격이 바뀌어도 수요량의 변화가 적은 것을 수요의 가격 탄력성이 적다고 해요. 이에 비해 귀금속, 장신구처럼 가격이 바뀜에 따라 수요량의 변화가 큰 것을 수요의 가격 탄력성이 크다고 해요. 한마디로 **살아가는 데 반드시 필요한 상품일수록 수요의 가격 탄력성은 적고, 그렇지 않을수록 수요의 가격 탄력성이 큰** 거예요.

수요의 가격 탄력성이 큰 재화

베블런 효과

가격이 오르면 수요가 줄어드는 것은 당연해요. 하지만 가격이 오르는 데 수요가 늘어나는 상품들이 있어요. 미국의 경제학자 베블런은 이런 현상에 대해 비싼 물건을 가지고 있으면 자신의 재력을 과시하기 좋기 때문에 가격이 비쌀수록 더 매력을 느낀다고 설명했어요. 그래서 **허영심이나 과시욕 때문에 가격이 비쌀수록 사고 싶어 하는 사람들이 많아지는 현상**을 '베블런 효과'라고 불러요.

공급이란 생산자가 재화와 서비스를 생산하고자 하는 욕구예요. 공급량은 공급자가 시장에서 판매하고자 하는 재화나 서비스의 수량을 말해요.

공급자는 상품을 팔 때 이윤을 많이 남기고 싶어 해요. 예를 들어, 떡볶이를 판다고 생각해 봐요. 여러분은 떡볶이 가격이 오르면 이윤이 많기 때문에 떡볶이를 더 많이 팔려고 할 거예요. 하지만 반대로 떡볶이 가격이 떨어지면 이윤이 적기 때문에 굳이 떡볶이를 많이 팔려고 노력하지 않을 거예요.

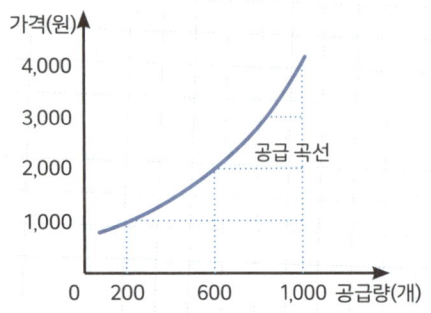

떡볶이를 많이 팔려면 떡볶이의 공급을 늘릴 것이고, 떡볶이를 조금 팔려면 떡볶이의 공급을 줄일 거예요. 이처럼 팔고자 하는 떡볶이의 양을 '공급량'이라고 해요. 공급량은 생산자가 결정하지요.

왼쪽 그래프처럼 시장에서 물건의 가격이 오르면 공급량은 늘어나고, 가격이 내리면 공급량은 줄어들어요. **가격에 따라 공급량이 변하는 것을 '공급의 법칙'**이라고 해요.

공급의 가격 탄력성

가격이 변하는 것에 따라서 공급량이 변하는 정도를 '공급의 가격 탄력성'이라고 해요. 예를 들어, 3,000원이던 떡볶이 1인분이 5,000원으로 오르면 공급자는 짧은 시간 안에 떡볶이를 더 많이 만들 수 있어요. 떡볶이나 빵처럼 짧은 시간 안에 공급할 수 있는 것을 '공급의 가격 탄력성이 크다'고 해요. 하지만 수박의 가격이 올랐다고 해서 생산자가 짧은 시간 안에 수박을 더 많이 생산할 수 없어요. 이렇게 가격이 올라도 바로 공급량을 늘릴 수 없는 것을 '공급의 가격 탄력성이 적다'라고 합니다.

공급의 가격 탄력성이 큰 재화

공급의 가격 탄력성이 적은 재화

한정 판매의 비밀은?

가격을 올려도 공급량을 늘리지 않는 상품들이 있어요. **일정한 개수만 만들어서 비싸게 파는 물건들이지요. 이런 판매 방식을 한정 판매**라고 해요. 이런 물건을 사기 위해서 사람들은 가게 문이 열리기 전에 오랜 시간 문 앞에서 기다리다가 문이 열리면 마구 뛰어가서 그 물건이 모두 팔리기 전에 사려고 노력해요. 이런 물건을 구매했다는 것만으로도 큰 만족을 느끼기 때문에 가격이 아무리 비싸도 구매를 해요. 그래서 공급자들은 일부러 공급량을 늘리지 않는 거죠. 오히려 공급량을 늘려서 누구나 가질 수 있다면 수요량은 줄어들 거예요.

하루에 100개만 팝니다.

사람들이 시장에서 물건을 사고팔 때는 그 물건의 가격만큼 돈을 주고받아요. 이처럼 가격은 물건이 지니고 있는 가치를 돈으로 나타낸 것이에요.

가격 결정 과정

가격을 결정하는 가장 중요한 요인은 수요와 공급이에요. 만약 상품의 질이 같다면 수요와 공급에 따라 가격이 결정돼요. 생산자가 상품을 많이 생산해 수요보다 공급이 많으면 '초과 공급'이라고 하고, 상품을 사려는 수요자가 시장에 나온 상품보다 많으면 '초과 수요'라고 해요.

만약 시장에 배추가 많이 공급되면 공급자는 가격을 내리고, 시장에 배추가 모자라면 공급자는 가격을 올려요. 그러니까 수요보다 공급이 많으면 가격은 내려가고, 수요보다 공급이 적으면 가격은 올라가지요. 시장에서 한동안 이렇게 배추 가격이 오르내리다 보면 **수요와 공급이 균형을 이루는 지점**에 도달해서 가격이 결정돼요. 이 가격을 '균형 가격'이라고 해요.

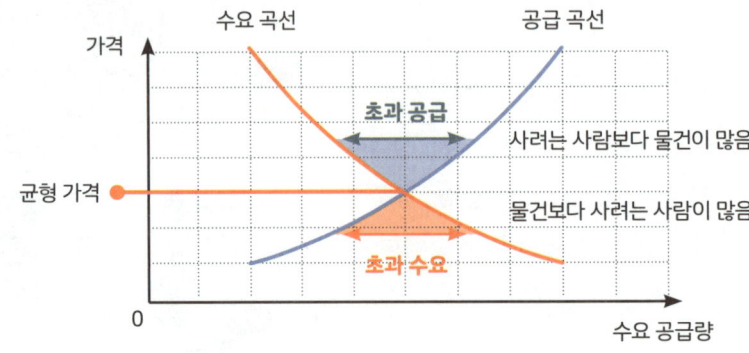

가격 결정에 영향을 미치는 다른 요인

수요와 공급 말고도 가격을 결정할 때 영향을 미치는 요인들이 몇 가지 더 있어요. 다음은 농산물의 가격 결정에 영향을 미치는 여러 요인들이에요.

❶ 생산 비용

비룟값, 인건비, 교통비 등이 오르면 배춧값이 올라요.

❷ 날씨

비가 많이 와서 배추가 많이 상하면 공급이 줄어들고 가격이 올라요.

❸ 수출

김치 수출이 늘어나면 배춧값이 올라요.

❹ 사회 분위기

김장을 하는 집이 줄어들면 배추의 수요가 줄어들고, 가격이 내려요.

배추는 날씨의 영향을 가장 많이 받을 뿐만 아니라, 사회 분위기에 따라 김치의 수요가 늘거나 줄기 때문에 일정한 가격을 유지하기가 어려워요.

기업에서 가격을 정하는 방법

기업에서 **물건의 가격을 정할 때 여러 비용을 계산**해요. 예를 들어, 공장에서 옷을 만들려면 먼저 옷감이나 지퍼 같은 재료를 사는 데 비용이 발생해요. 이것을 '재료비'라고 해요. 또, 공장에서 옷을 만드는 사람들에게는 일한 만큼 임금을 줘야 해요. 이것을 '인건비'라고 해요. 옷을 만들면 공장부터 시장까지 물건을 옮기는 '운송비'가 들어가고, '광고비'와 '홍보비'도 들어가지요. 여기에 기업의 이윤을 더해 옷의 가격이 정해져요.

유통 과정과 가격

가격을 결정하는 데는 수요와 공급이 가장 큰 영향을 미치지만, 유통 과정도 큰 영향을 미쳐요. **유통 과정이란, 상품이 생산자로부터 소비자까지 도달하는 과정**을 말해요. 공장에서 도매상과 소매상을 거쳐 소비자에게 도달하기도 하고, 공장에서 대형 마트를 거쳐 소비자에게 도달하기도 해요. 유통 과정에는 운송비, 물건을 보관하는 비용인 보관비가 포함돼요. 또, 도매업자나 소매업자도 이익을 남겨야 하므로 그들의 이익금이 물건값에 포함돼요. 그래서 유통될 때 중간에 거치는 단계가 많으면 많을수록 물건값이 비싸져요. 결국 **유통 과정이 많아질수록 생산자는 물건을 싼 가격에 팔게 되고, 소비자는 비싼 가격에 사게 되는 것**이랍니다.

 가격과 임금

사람들이 일을 하고 받는 **임금도 시장에서 파는 물건값처럼 수요와 공급에 따라 결정**돼요. 일자리는 많은데 일하는 사람이 적으면 임금은 올라가고, 일할 사람은 많은데 일자리가 적으면 임금은 내려가는 거예요. 예를 들어, 여러 팀에서 데려가려고 경쟁하는 최고 야구선수의 임금은 올라가요. 이에 비해 일자리를 구하는 사람들이 기업에서 필요로 하는 사람보다 훨씬 많으면 임금은 내려가요. 하지만 임금은 수요와 공급에 의해서만 결정되지 않아요. **일의 종류와 일하는 시간, 노동자의 능력, 근무 환경, 기업의 능력**에 따라 결정되기도 해요.

시간과 돈

시간은 누구에게나 똑같지만 시간의 가치는 사람마다 달라요. 어떤 사람은 1시간을 10분처럼 쓰고, 어떤 사람은 10분을 1시간처럼 쓰지요. 요즘에는 시간을 아껴 주는 직업도 있어요. 원하는 시간에 원하는 장소까지 물건이나 서류를 배달해 주는 택배 기사가 시간을 아껴 주는 대표적인 직업이에요. 그 밖에 반조리 식품, 패스트푸드 등은 음식을 하거나 음식을 먹는 시간을 줄여 주어서 바쁜 사람들의 시간을 아껴 주어요. 시간과 돈을 맞바꾸는 것이지요.

가격 통제

시장 가격이 끝도 없이 오르거나 내린다면 문제가 되겠죠? 시장 가격을 통제하는 방법에는 상한선을 정하는 최고 가격 제도와 하한선을 정하는 최저 가격 제도, 두 가지가 있어요.

최고 가격 제도

상한선을 정하는 것은 일정 금액 이상으로 가격을 올리지 못하게 규제한다는 뜻이에요. **소비자를 보호하기 위해 가격을 통제**하는 거지요. 예를 들어, 가스, 수도, 전기, 휘발유 같은 생활에 없어서는 안 될 재화와 서비스, 집을 빌리는 비용인 전세나 월세를 한꺼번에 많이 올리지 못하게 막는 것 등이에요.

최저 가격 제도

하한선을 정하는 것은 일정 금액 이하로 가격을 내리지 못하게 규제한다는 뜻이에요. **공급자를 보호하는 제도**지요. 예를 들어, 농민 보호를 위해 농산물 가격을 보장해 준다거나 노동자들의 생활을 보장하기 위해 임금의 최저 금액을 정하는 것 등을 들 수 있어요.

휘발유 가격 인상 금지!

쌀값 하락! 농민들에게 보조금 지급!

아주 오래전부터 정부는 생필품의 가격을 조절해서 국민들의 생활을 안정시키려는 노력을 끊임없이 했어요. 하지만 나라에서 생필품 가격을 강제로 조절하면 여러 가지 문제가 생겨납니다.

정부가 가격을 통제하면 생길 수 있는 일

정부가 가격을 마음대로 정하면 생각하지 못한 여러 가지 문제가 생길 수 있어요.

18세기에 프랑스에서 가격 통제 때문에 혼란을 겪은 적이 있어요. 1789년에 프랑스에서 대혁명이 일어나 왕과 왕비가 처형되고 혁명을 일으킨 로베스피에르가 권력을 잡았어요. 당시 우윳값이 너무 비쌌기 때문에 로베스피에르는 국민들을 위해서 우윳값을 절반으로 내리라고 명령했어요.

그러자 축산업자들은 우유를 팔수록 손해를 볼 수밖에 없게 됐어요. 오히려 소를 죽여서 고기를 파는 것이 이익이었지요. 몇몇 축산업자들은 우유를 파는 대신 젖소를 잡기 시작했어요. 젖소가 줄어들자 정부 몰래 우유를 거래하는 암시장이 생겨나고, 우유 가격은 2배, 3배 마구 오르기 시작했어요.

그러는 동안 축산업자들은 소의 먹이인 건초가 비싸다며 로베스피에르에게 계속 항의했어요. 그러자 로베스피에르는 건초 가격을 내리라고 명령했어요. 우윳값을 내리는 데 도움이 될 거라고 생각한 것이에요. 그러자 농부들이 화가 나서 건초를 불태워 버렸어요. 건초가 줄어들자 가격은 폭등했지요. 젖소를 기르는 축산업자는 건초를 구하기가 더 어려워졌어요. 결국 우윳값은 원래보다 10배나 올라서 갓난아기마저 마시기 힘든 귀한 음식이 되고 말았어요.

경제왕, 전인구 선생님과 함께하는
톡톡 경제 인터뷰

저축을 해야 하는 까닭은 무엇일까?

경백이

어린이 여러분, 저축을 하고 있나요? 오늘은 전인구 선생님을 모시고 저축이 왜 필요한지 알아보고, 또 재미있게 저축할 수 있는 방법도 함께 알아보려고 해요. 전인구 선생님, 저축을 왜 해야 할까요?

경제왕, 전인구

어른들은 무엇인가를 사고, 목돈이 필요할 때를 대비하기 위해서 저축을 합니다. 예를 들어, 자동차나 집을 살 때, 대학에 진학하거나 유학을 갈 때 많은 돈이 필요해요. 또, 아프거나 나이를 먹어서 일을 할 수 없을 때를 대비해서 저축을 하지요. 하지만 사실 어른들도 저축하기는 쉽지 않습니다.

경백이

어른들도 저축하기 어려워하는 까닭은 무엇인가요?

경제왕, 전인구

돈을 버는 것이 쉬울까요? 돈을 쓰는 것이 쉬울까요? 대부분의 사람은 돈을 버는 것보다 돈을 쓰는 게 쉬울 거예요. 그래서 저축하기가 어려워요.

경백이

그럼, 어린이들은 저축하기가 더 어렵지 않을까요?

경제왕, 전인구

물론, 그럴 수 있어요. 하지만 어린이들도 인내심이 있기 때문에 저축할 수 있어요. 예를 들어, 어린이들에게 지금 당장 초콜릿 한 개를 가질 것인지, 두 시간 뒤에 초콜릿 두 개를 가질 것인지 선택하라고 하면 많은 어린이가 두 시간을 기다립니다.

경백이
좀 더 자세히 설명해 주세요.

경제왕, 전인구
하하! 좀 어려웠나요? 저축하는 목표를 여러분이 좋아할 만한 것으로 잡으면 좋습니다. 예를 들어, '케이크 사 먹기'를 목표로 만 원을 모으는 저축을 하는 것입니다. 처음에는 적은 돈을 모은 다음, 점점 목표를 높이면 어느새 소비의 유혹을 견딜 수 있는 힘이 생길 것입니다.

경백이
저도 용돈을 모아서 제 스스로 게임기를 산 적이 있었어요. 참 뿌듯했어요.

경제왕, 전인구
기특하군요. 그래서 저축의 목표를 잘 정하는 것이 중요합니다. 만 원을 저축하는 목표를 이루었다면 다음에는 십만 원짜리 목표를 정하는 것입니다. 십만 원으로 할 수 있는 일이 무엇이 있을까요? 좋아하는 가수의 콘서트 티켓이나 앨범을 살 수 있을 것이고, 자전거나 킥보드를 살 수도 있을 거예요. 십만 원의 목표를 이루었으면 그다음에는 오십만 원, 백만 원으로 목표액을 올리는 거예요. 그러다 보면 통장에 돈이 쌓이는 기쁨을 느낄 수 있을 거예요.

경백이
저축하는 습관을 기르는 것이 중요하다는 말씀이죠?

경제왕, 전인구
맞습니다. 어린이 여러분도 저축하는 연습을 하면 큰 도움이 될 거예요.

경백이
저도 저축하는 습관을 기르도록 노력하겠습니다.

처음에는 저축의 목표액을 낮게 잡고, 차츰 저축의 목표액을 높이면 저축하는 기쁨을 느낄 수 있을 것입니다.

시장이 자원을 효율적으로 배분하지 못하는 경우도 있어요.
이것을 '시장의 실패'라고 해요.
시장의 실패는 어떤 경우에 일어나는지 알아보아요.

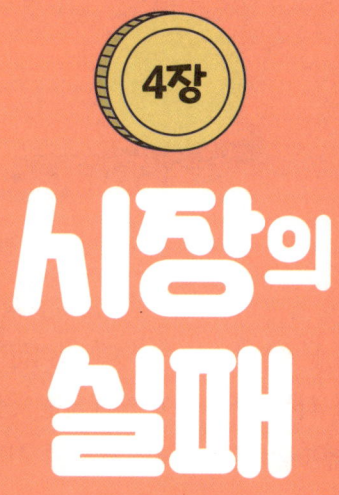

4장
시장의 실패

정보 비대칭 | 거품 경제 |
거대 독점 기업과 독점 금지법 | 보이지 않는 손 vs 보이는 손

정보 비대칭

정보 비대칭은 사려는 사람과 팔려는 사람이 같은 정보를 가지고 있지 않을 때 쓰는 말이에요. 정보 비대칭 때문에 생기는 대표적인 시장의 실패는 역선택과 도덕적 해이가 있어요.

 ### 역선택

어떤 물건이든 중고품으로 살 수 있어요. 누군가가 사용했던 물건을 사는 것인 만큼 중고품을 살 때는 조심해야 할 것이 많아요. 특히 수천 가지 부품으로 이루어진 자동차를 중고로 산다면 문제가 없는지 잘 살펴야 하지요. 중요한 부품이 고장이 나 있는데, 겉보기에는 멀쩡해 보일 수 있거든요. 그런데 자동차는 문제가 있어도 찾아내기가 쉽지 않아요.

만약 A 중고 자동차 시장에서 문제 있는 중고 자동차가 잘 팔린다면 무슨 일이 벌어질까요? 여기저기 흩어져 있던 문제 있는 중고 자동차가 모두 A 시장으로 몰려들 거예요. 그러면 품질 좋은 중고 자동차를 팔려는 사람은 더 높은 가격에 팔 수 있는 다른 시장을 찾아 떠날 거예요. 그러면 이제 A 중고 자동차 시장에는 품질이 나쁜 중고 자동차만 가득하겠죠?

품질이 나쁜 자동차만 있는 중고 자동차 시장처럼 **정보의 비대칭성 때문에 나쁜 상품만 거래하는 것을 '역선택'**이라고 해요.

도덕적 해이

　　보험은 아프거나 사고가 날 때를 대비해서 여러 사람이 미리 일정한 돈을 모아 두었다가 사고를 당한 사람에게 주는 제도예요. 사고를 당한 사람이 받는 돈을 '보험금'이라고 하고, 보험에 가입할 사람들을 모으고, 보험료를 받고 보험금을 주는 일을 하는 회사를 '보험 회사'라고 해요.

　　보험 회사에서 판매하는 상품 중에는 아프거나 사고가 났을 때 발생한 손해액을 책정하여 보상해 주는 실손 보험이 있어요. 실손 보험에 가입한 사람들은 아프거나 다치면 보험 회사에서 진료비를 지급하기 때문에 병원을 더 자주 가는 경우가 많아요. 병원에서도 실손 보험을 든 사람들에게 필요 없는 검사나 치료를 권하기도 해요. 또, 자동차 보험에 가입한 사람들은 자동차 사고로 크게 다치지 않았더라도 일부러 오랫동안 병원 치료를 받기도 해요. 화재 보험에 가입한 사람들이 화재 예방을 철저히 하지 않는 경우도 있어요. 이런 것을 '도덕적 해이'라고 해요. 도덕적 해이는 정보 비대칭 때문에 생기기도 해요. 그러니까 정보를 가진 쪽이 정보를 갖지 못한 다른 쪽에게 손해를 끼치는 거예요. 도덕적 해이로 인해 보험 회사는 손실을 입고, 다른 보험 가입자들도 손해를 입어요.

정보 비대칭을 피하려면

중요한 상품을 살 때는 정보를 잘 파악하고 꼼꼼하게 따져야 해요. 정보를 미리 잘 알아보면 자신에게 알맞은 상품을 고를 수 있을 뿐만 아니라 원하는 상품을 싸게 살 수 있고, 더 좋은 품질의 상품도 고를 수 있어요.

거품 경제

투기 행위로 인해 가격이 실제 가치보다 지나치게 부풀어 오르는 현상을 '거품 경제' 또는 '버블 경제'라고 불러요. 거품 경제가 발생하면 재화나 서비스의 가격에 비해 주식과 부동산 같은 자산 가격이 상상할 수 없을 정도로 올라요. 결국 거품을 눈치챈 투자자들이 먼저 자산을 팔고 떠나면서 거품이 붕괴되는데, 그 과정에서 피해자가 많이 생기고 경제에도 나쁜 영향을 미치게 된답니다.

 세계 최초의 거품 경제, 튤립 투기

17세기, 네덜란드는 유럽 금융의 중심지였어요. 수도인 암스테르담에는 은행과 증권 거래소가 세워져 주식과 국채, 외환, 해상 보험까지 거래했어요. 도시에는 큰돈을 번 부자들이 늘어났지요. 그때 네덜란드의 부자들은 튀르키예에서 들어온 신비로운 튤립의 알뿌리를 구하기 위해 경쟁을 벌였어요. 튤립의 알뿌리를 사려는 사람이 늘어나자 가격이 가파르게 올랐지요.

당시 네덜란드 노동자의 평균 연봉은 200~400길더였다고 해요. 그런데 튤립의 인기가 가장 높았던 1637년 2월에 튤립의 알뿌리 하나가 2,000길더에 달했으니 엄청난 가격이죠? 그러다가 갑자기 튤립 알뿌리의 가격이 떨어지기 시작했지요. 원래 가격으로 돌아오는 데는 불과 몇 개월도 걸리지 않았어요. 여기저기서 소송과 싸움이 벌어졌고 나라 전체가 혼란에 빠져들었어요.

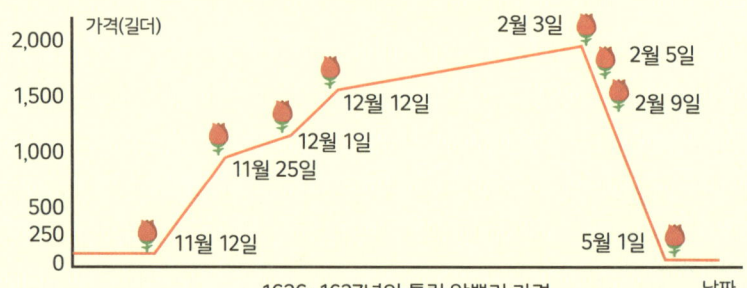

튤립 투기 당시 튤립 알뿌리의 가격 추이

1636~1637년의 튤립 알뿌리 가격

남해 회사 거품 사건

18세기 초, 영국에서 남아메리카 무역 독점권을 가진 남해 회사가 세워졌어요. 주로 아프리카에서 잡은 노예를 서인도 제도로 수송하는 일을 했지만 남해 회사는 실제 수익을 내지 못했어요. 그러자 남해 회사는 주요 항구에서 무역할 수 있는 권리를 받았다느니 엄청난 은이 묻혀 있는 광산 개발권을 따냈다느니 하는 소문을 퍼뜨렸어요. 뿐만 아니라 정치인에게 뇌물을 바치며 회사 주가에 유리한 법률을 통과시켰죠. 결국 100파운드 정도였던 남해 회사 주가는 순식간에 10배가 올라 1,000파운드를 넘어서게 됐어요.

하지만 얼마 뒤 회사의 거짓말이 탄로났어요. 그제야 투자자들이 상황을 파악했어요. 그 과정에서 어떤 사람은 재산을 잃고 어떤 사람은 큰돈을 벌어들였죠.

이때 만유인력을 발견한 천재 과학자 아이작 뉴턴도 남해 회사에 투자했다가 전 재산의 90퍼센트를 날렸다고 해요. 뉴턴은 이런 말을 남겼어요. "나는 천체의 움직임을 예상할 수 있었지만, 인간의 광기는 예측할 수 없었다."

1720년 남해 회사 주가 추이
(단위 : 파운드)

1월	4월	5월	6월	9월	10월	12월
128	160	700	1,050	520	200	120

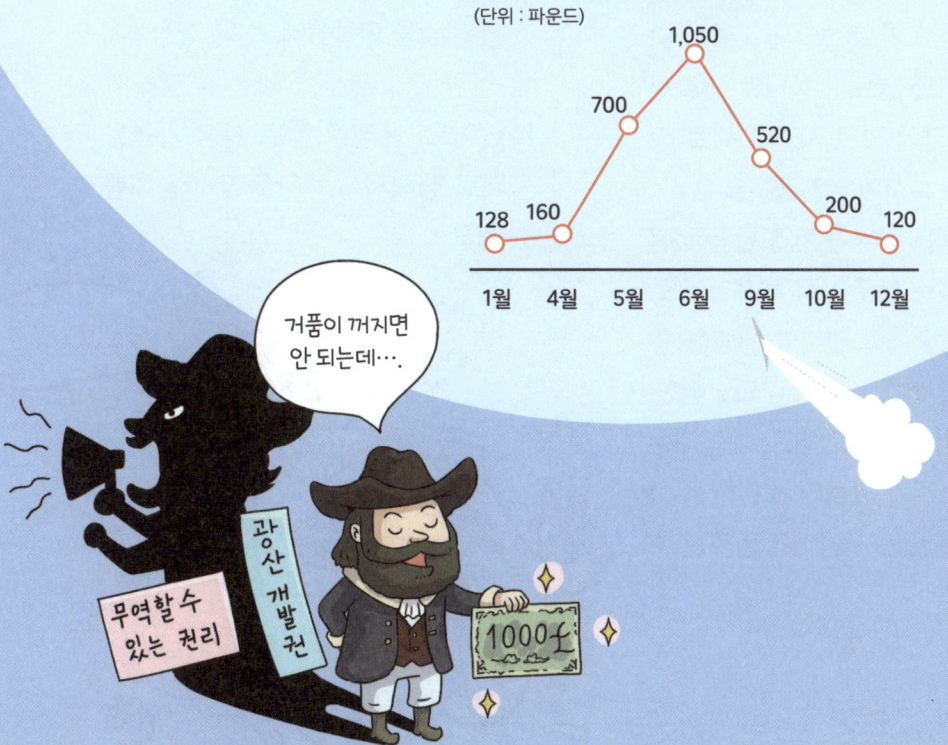

거대 독점 기업과 독점 금지법

대부분의 기업은 경쟁을 통해서 성장하지만 같은 업종의 기업끼리 뭉치기도 해요.
독점 기업을 만들어 경쟁을 피하면서 더 많은 이익을 얻기 위해서지요.
하지만 독점 기업은 소비자에게 매우 불리하기 때문에 이를 규제하는 법도 생겼어요.

 거대 독점 기업 집단, '트러스트'의 등장

미국의 독점 기업 집단은 19세기 말에서 20세기 초에 미국에서 크게 성행했어요. 1865년에 미국에서 링컨 대통령이 이끄는 북군의 승리로 남북 전쟁이 끝난 뒤, 대륙 횡단 철도가 건설되자 광활한 미국의 동쪽과 서쪽 영토가 하나로 연결됐어요. 그 뒤 미국에 많은 기업이 새로 생기고, 경제는 눈부시게 발전했지요.

당시 미국은 정부가 기업 활동에 전혀 간섭하지 않는 자유 시장 체제였어요. 그러자 무자비한 기업 인수와 합병을 통해 거대한 독점 기업 집단이 나타났어요. 이 집단을 '트러스트'라고 해요. 처음에는 여러 기업의 주주가 그들이 소유한 주식을 잘 경영할 수 있는 사람에게 맡기는 형식이었어요. 경영을 맡은 사람이 자기 자금이 많지 않아도 여러 기업을 경영할 수 있게 된 것이지요. 이들은 **같은 업종의 기업을 하나로 묶어서 경쟁이 필요 없는 독점 기업**을 만들었어요. 이 과정에서 엄청난 규모의 재산을 가진 부자들이 나타났어요. 독점 기업은 시장 가격을 마음대로 정해서 소비자들에게 손해를 끼쳤어요.

🔍 거대 독점 기업의 기업가들

강철왕 카네기

미국의 기업인인 앤드루 카네기는 1835년에 스코틀랜드의 가난한 집에서 태어나 어릴 때 미국으로 이민을 왔어요. 용광로에 석탄을 넣는 화부로 일하다가 성실성을 인정받아 전보 배달부가 됐지요. 그는 철도 산업이 발전하는 것을 유심히 보다가 철강 사업에 뛰어들었어요. 철강 사업은 승승장구했고, 세계 최대의 철강 트러스트인 카네기 철강 회사를 설립하여 막대한 돈을 벌어들였죠. 그래서 '강철왕'이라는 별명으로 불리기 시작했어요.

카네기는 당시 '금융왕'이라 불리던 모건의 회사와 자신의 회사를 합병시킨 뒤에 은퇴했어요. 그 뒤 이 회사는 미국 철강 시장의 65퍼센트를 차지하게 됐어요.

그는 이렇게 불어난 재산의 90퍼센트에 달하는 3억 5,000만 달러로 카네기 멜론 대학과 카네기 교육 진흥 재단을 설립하였으며, 2,500여 개의 도서관을 지었어요. 뉴욕 맨해튼의 유명한 공연장 '카네기홀' 또한 그의 기부로 세워졌답니다. 그는 "부자로 죽는 것은 수치스러운 일이다."라는 말을 남기며 부자들에게 좋은 모범이 되었어요.

석유왕 록펠러

미국의 기업인인 존 록펠러는 1839년에 떠돌이 약장수의 아들로 태어났어요. 청소년 때 곡물 도매 회사의 경리로 일했고, 그 뒤 동료와 함께 '클라크앤록펠러'라는 회사를 차렸어요. 그의 회사는 생필품과 식료품을 팔아 많은 돈을 벌었어요.

당시 미국에서는 석유를 발굴하는 사업이 유행했어요. 록펠러는 석유의 불순물을 걸러 주는 정유 사업이 더 돈을 많이 벌 수 있을 거라고 생각했어요. 그렇게 시작한 정유 사업을 바탕으로 '스탠더드오일'을 창업했어요. 이 회사는 미국 석유 시장을 무려 95퍼센트나 차지할 정도로 성장했어요.

록펠러는 미국 석유 시장을 독차지하기 위해 수단과 방법을 가리지 않고 경쟁 회사를 무너뜨렸어요. 결국 세계 최초의 독점 금지법인 '셔먼법'의 적용을 받아 스탠더드오일은 34개의 서로 다른 회사로 분리됐어요.

록펠러는 회사 경영에서 물러나 사회를 위해 기부하기 시작했어요. 그는 록펠러 재단을 세워 병원, 의학 연구소, 교회, 학교 등의 자선 사업에 전념했어요.

금융왕 모건

존 모건은 1837년에 부유한 금융가 집안에서 태어났어요. 학업을 마친 모건은 영국 런던에 있는 '피바디 은행'에 취직했고, 나중에 이 은행은 그의 아버지가 사들였어요. 이 은행이 지금의 'J.P.모건체이스앤드컴퍼니'예요.

모건은 아버지와 함께 영국 자본을 끌어다가 당시 신흥 시장이었던 미국에 투자하는 데 성공했어요. 남북 전쟁때에는 북부군의 지휘관인 듀폰을 통해 알아낸 정보를 이용해 큰돈을 벌었지요. 또, 19세기 말에는 미국의 철도 회사들을 합병하는 과정에서 핵심적인 역할을 했으며, 1901년에는 카네기와 협상을 벌여 미국의 대표적 철강 회사인 'US스틸'을 탄생시켰어요.

그 밖에도 미국의 대기업인 제너럴일렉트릭, 제너럴모터스, 듀폰 등의 설립에도 주도적 역할을 했어요. 모건은 미국의 중앙은행인 '연방 준비 제도'가 세워지기 전까지 미국의 중앙은행의 역할을 할 정도로 영향력 있는 금융 사업가였어요.

회사 경영에서 물러난 뒤에는 교회, 학교, 미술 등에 많은 돈을 기부했는데, 특히 '메트로폴리탄 미술관'은 그가 기증한 미술품을 기초로 세워졌어요. 모건이 세운 금융 질서는 지금까지도 전 세계에 영향을 미치고 있어요.

 ## 독점 금지법, 셔먼법

시장에 특정 상품을 공급하는 회사가 하나밖에 없다면 경쟁이 없어져요. 시장 경제 체제의 가장 중요한 장점이 사라지는 거죠. 그래서 대부분의 자본주의 국가에서는 독점을 규제하는 법률을 만들어 시행하고 있어요.

최초의 독점 규제법은 록펠러가 세운 회사인 스탠더드오일 때문에 만들어졌어요. 스탠더드오일이 경쟁 회사가 생기지 못하도록 막거나 상대 기업에게 손해를 입히는 등의 행위를 했다는 의혹이 있었거든요. 결국 스탠더드오일은 1911년, 독점 금지법인 셔먼법이 적용되면서 34개의 독립 회사로 나누어졌어요.

최초의 독점 금지법인 셔먼법은 1890년 미국 오하이오주 상원 의원이었던 존 셔먼이 만든 법이에요. 셔먼법은 같은 상품을 만드는 기업끼리는 어떤 형태의 연합이나 합병도 할 수 없으며, 미국에서 이뤄지는 거래 또는 통상에 대한 어떤 독점도 허용할 수 없다는 내용을 담고 있어요.

현대에 들어서도 컴퓨터 운영 시스템인 윈도우를 독점 공급하고 있는 '마이크로소프트', 인터넷 검색 시장을 지배하는 '구글', SNS 시장의 강자 '페이스북'을 가진 '메타플랫폼스' 등에 대해 셔먼법을 적용해야 한다는 논란이 끊이지 않고 있답니다.

 ### 뉴욕 맨해튼의 주민이 수도 요금을 내지 않는 이유

미국 뉴욕 맨해튼에서는 아주 부유한 사람들을 빼고는 수도 요금을 내지 않아요. 바로 록펠러의 유언에 따라 록펠러 재단이 맨해튼 주민의 수도 요금을 대신 내주기 때문이죠. 가난한 서민에게는 수도 요금도 큰 부담일 수 있어요. 거의 100년 전에 살았던 부자가 지금까지 혜택을 주고 있는 거예요.

보이지 않는 손

 후버 대통령과 보이지 않는 손

1929년 10월 24일 목요일, 미국 주식 시장이 붕괴하면서 경제 대공황이 발생했어요. 제1차 세계 대전을 승리로 이끈 미국은 인류 역사 이래 최대의 호황이라고 불리는 전성기를 누리던 중이었어요. 하지만 아무도 예상하지 못했던 경제 위기는 갑자기 들이닥쳤지요.

사람들은 무료 급식소 앞에 길게 줄을 섰고, 집을 잃은 많은 사람이 길거리에 천막을 쳤어요. 실업률은 30퍼센트 넘게 치솟았고, 사람들은 일자리를 구한다는 팻말을 목에 걸고 길거리로 나서야 했어요.

당시 미국 대통령 후버는 자유 시장 경제에 대한 믿음이 강했어요. 그래서 미국을 세계 최고 강대국의 자리에 올려놓은 자유 시장의 '보이지 않는 손'이 경제를 금세 다시 제자리로 돌려놓을 거라고 생각했어요.

후버는 실업 구제를 위한 정부의 공공사업에 반대했고, 빈민 구제를 위한 복지 정책 대신에 부자들의 자선 사업을 권장했어요. 후버 댐 건설 공사도 중단했어요. 하지만 경제는 나아지지 않았고 후버 대통령은 결국 대통령 자리에서 물러났어요.

보이지 않는 손이 경제를 다시 살릴 것이다!

VS 보이는 손

🔍 루스벨트 대통령과 보이는 손

후버 대통령의 뒤를 이어 루스벨트가 미국의 대통령으로 당선됐어요. 그리고 적극적으로 시장 경제에 개입하기 시작했어요. 부자와 가난한 사람들의 소득 차이를 줄이고, 소비를 늘리는 정책이었죠. **루스벨트는 테네시강 유역 종합 개발과 같은 대형 사업을 정부 주도**로 진행했어요. 많은 노동자를 고용해서 실업률을 줄이고, 후버 댐 사업도 다시 시작했어요. **루스벨트가 시행한 이 정책을 '뉴딜 정책'**이라고 불러요.

지금까지도 루스벨트의 뉴딜 정책은 대공황을 이겨낸 성공적인 정책이라고 평가받아요. 보이지 않는 손인 시장 경제가 하지 못하는 일을 보이는 손인 정부가 해낸 거라고 할 수 있어요.

보이는 손이 경제를 살릴 것이다.

용돈 기입장을 꾸준히 쓰는 방법은 무엇일까?

경백이

어린이 여러분, 여러분은 용돈 기입장을 쓰고 있나요?
오늘은 경제왕, 전인구 선생님을 모시고 포기하지 않고 용돈 기입장을 쓰는 방법을 알아보려고 합니다. 전인구 선생님, 어떻게 하면 용돈 기입장을 빼먹지 않고 쓸 수 있을까요?

경제왕, 전인구

어린이 여러분 중에는 "내일 써야지.", 또 "내일 써야지." 하면서 하루하루 뒤로 미루다 어느새 용돈 기입장을 책장 어딘가에 깊숙이 놓고서 잊어버리게 되는 경우가 많을 거예요. 용돈 기입장도 일기처럼 써야 해요. 일기를 쓸 때 용돈 기입장도 같이 쓰면 잊어버리지 않을 거예요.

경백이

용돈 기입장을 쓰면 좋은 점은 무엇이 있을까요?

경제왕, 전인구

우선 과소비를 하지 않게 됩니다. 과소비는 자신의 분수에 맞지 않는 과한 소비를 뜻합니다.
일주일 용돈을 비싼 장난감을 사느라 하루에 몽땅 써 버리는 것이 과소비에 속하겠지요. 그리고 충동 소비를 하지 않게 됩니다.

경백이

충동 소비는 무엇입니까?

경제왕, 전인구

충동 소비는 살 생각이 없었던 물건을 문방구나 편의점에 갔다가 갑자기 사는 것을 말해요. 이것 말고도 과시 소비가 있어요.

경백이
과시 소비는 무엇입니까?

경제왕, 전인구
과시 소비는 필요하지도 않은 물건을 다른 사람에게 보이려고 소비하는 것을 말합니다. 차나 집, 옷 등을 살 때 필요성을 잘 따져 보지 않고 비싼 것을 사는 경우를 말해요. 마지막으로 용돈 기입장을 쓰면 모방 소비를 하지 않게 됩니다.

경백이
모방 소비에 대해서도 설명해 주세요.

경제왕, 전인구
모방은 다른 사람을 따라한다는 뜻입니다. 그러니까 모방 소비는 필요하지도 않은 물건을 주변에 있는 사람이 사면 따라 사는 소비를 말해요.

경백이
그렇군요. 용돈 기입장을 쓰면 좋은 점이 정말 많네요. 그럼, 어떤 용돈 기입장이 좋을까요?

경제왕, 전인구
용돈 기입장은 '내용, 지출액, 수입액, 잔액'만 적을 수 있도록 간단하게 구성된 것이 좋습니다. 복잡하면 나중에 쓸 것도 많아지고, 귀찮아지기 때문입니다. 일기장과 용돈 기입장이 합쳐진 것을 사용하면 편리하고 좋습니다.

경백이
전인구 선생님, 감사합니다. 저도 이제부터 용돈 기입장을 꼬박꼬박 작성하여 제 소비 습관을 분석하고, 올바른 소비를 하도록 해야겠습니다.

용돈 기입장을 쓰게 되면 나의 소비 습관을 분석할 수 있습니다. 이뿐만 아니라 과소비, 충동 소비, 과시 소비, 모방 소비를 줄일 수 있답니다.

흥미진진 퀴즈타임 ①

다음 물음에 알맞은 답을 찾아 ( ) 안에 쓰세요.

1 돈을 내고 원하는 것을 사는 행위는 무엇일까요? (   )
① 거래   ② 재화   ③ 서비스

2 우리나라 최초의 시장은 무엇일까요? (   )
① 삼일장   ② 경시   ③ 향시

3 고대 왕국 리디아가 만든 세계 최초의 동전은 무엇일까요? (   )
① 엘렉트럼   ② 패전   ③ 도전

4 데이터 형태로 컴퓨터나 스마트폰에 저장되어 있는 돈은 무엇일까요? (   )
① 컴퓨터 화폐 ② 파일 화폐   ③ 디지털 화폐

5 중국 송나라 때 만들어진 세계 최초의 지폐는 무엇일까요? (   )
① 교자   ② 교초   ③ 교전

6 자유 경제 체제의 대표적인 국가는 어디일까요? (   )
① 중국   ② 미국   ③ 러시아

7 영국의 경제학자 애덤 스미스가 쓴 책은 무엇일까요? (   )
① 경제론   ② 자본론   ③ 국부론

8 우리나라 최초의 동전은 무엇일까요? (   )
① 상평통보   ② 건원중보   ③ 당백전

정답 : 1.① 2.② 3.① 4.③ 5.① 6.② 7.③ 8.②

② 흥미진진 퀴즈타임

다음 문제를 풀어 보세요.

1 시장에 대해 틀리게 설명한 친구의 이름에 ○표 하세요.

현실에서는 '완전 경쟁 시장'을 볼 수 없어요.

수지

'독점적 경쟁 시장'은 더 좋은 상품을 만들어서 경쟁에서 이기려고 노력해요.

원영

셋 이하의 회사가 시장의 75퍼센트 이상을 차지하는 시장은 '과점 시장'이에요.

예찬

자원의 희소성이 없는 상품은 시장에서 비싸게 거래돼요.

슬기

2 아래 용어의 뜻을 바르게 연결해 보세요.

희소성 • • 각종 거래를 하는 데 들어가는 모든 비용

거래 비용 • • 사회 구성원의 욕구에 비해 자원이 부족한 상태

생산성 • • 얼마나 적은 돈으로 얼마나 이익을 남길 수 있는 상품을 만들어 냈는가를 따지는 지표

정답 : 1. 슬기 2. ✗

아래 내용이 맞으면 ◯표, 틀리면 ✕표 하세요.

1 수요는 기꺼이 돈을 내고 원하는 것을 사려는 욕구예요. (   )

2 수요량은 일정한 가격에 사람들이 사고자 하는 재화나 서비스의 수량이에요. (   )

3 살아가는 데 꼭 필요한 상품일수록 수요의 가격 탄력성은 커요. (   )

4 경제재는 가격이 매겨져 있어 시장에서 사야 하는 재화를 말해요. (   )

5 생산재는 자연에서 무한대로 얻을 수 있는 재화를 말해요. (   )

6 보완재는 합쳐지면 만족감이 줄어드는 재화를 말해요. (   )

7 떡볶이와 빵은 가격 탄력성이 커요. (   )

8 생산자의 공급과 소비자의 수요가 만나는 지점에서 균형 가격이 형성돼요. (   )

9 최고 가격 제도는 가격을 일정 수준 이하로 내리지 못하게 막는 가격 통제 방법이에요. (   )

10 시장의 복수는 가격을 강제적으로 규제하려다가 생겨나는 시장의 부작용을 말해요. (   )

정답 : 1.◯ 2.◯ 3.✕ 4.◯ 5.✕ 6.✕ 7.◯ 8.◯ 9.✕ 10.◯

다음 빈칸에 알맞은 단어를 찾아 ◯로 묶어 보세요.

1 정보의 비대칭성 때문에 나쁜 상품만 거래되는 것을 ◯◯◯이라고 해요.

2 부동산이나 주식의 가격이 실제 가치보다 지나치게 부풀어 오를 때 이를 ◯◯◯◯라고 불러요.

3 최초의 독점 금지법인 미국의 셔먼법은 석유왕으로 불린 록펠러가 세운 회사인 ◯◯◯◯◯◯ 때문에 만들어졌어요.

4 ◯◯◯◯ 대통령은 테네시강 유역 종합 개발과 후버 댐 건설 같은 뉴딜 정책을 통해 경제 대공황의 위기에서 미국을 구했어요.

역	드	시	루	거	지
시	선	스	스	품	하
아	벨	택	스	경	도
트	위	트	트	제	지
스	탠	더	드	오	일

정답: 1. 역선택 2. 거품경제 3. 스탠다드오일 4. 루스벨트

기업은 시장 경제 체제에서 가장 중요한 생산 주체예요.
이번 장에서는 기업의 형태와 목적, 생산 요소 시장, 생산성 향상, 노동조합에
이르기까지 기업과 관련한 모든 것을 알아보아요.

기업

기업의 목적 | 회사의 종류 | 주식 |
생산 요소 시장 | 기업과 노동조합 | 기업 경쟁

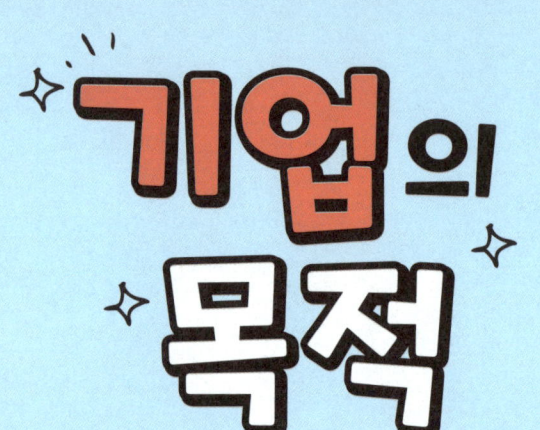

기업의 목적

기업은 이윤을 얻기 위해서 재화나 서비스를 생산하고 판매하는 조직을 말해요. 기업은 사람들에게 일자리를 주고, 사회를 위해서 여러 가지 일을 해요.

 기업 활동을 하는 까닭

기업은 적은 돈을 들여서 최대한 돈을 많이 버는 것을 목표로 해요. 이를 '이윤의 극대화'라고 해요. 그러기 위해서 **기업은 최대한 돈을 적게 들여 좋은 상품을 만들고, 경쟁을 통해 소비자의 선택을 받아 최대한 돈을 많이 벌려고 노력**해요. 기업은 공장이나 사무실을 차리고 일할 사람을 뽑아서 재화나 서비스를 생산해요. 노동자에게는 임금을 주고, 임금을 받은 노동자는 생활을 하고 삶의 질을 높이기 위해 노력해요.

기업이 잘되면 잘될수록 일자리가 많아지고 기업은 더 많은 사람들을 고용할 수 있어요. 또, 기업은 벌어들인 돈으로 기술을 개발해서 더 좋은 물건을 만들어 기업을 성장시키지요.

기업은 사회에서 이윤을 얻는 만큼 사회를 위해서 일정한 역할을 해야 해요. 우선 기업의 가장 중요한 역할인 생산을 효율적으로 수행해야 하고, 공공을 위해서 기업의 이익을 나눌 수 있어야 해요.

공기업은 왜 필요할까?

기업이 이윤을 낼 만큼의 수요는 없지만, 우리가 살아가는 데 꼭 필요한 재화나 서비스가 있다면 어떻게 해야 할까요? 이윤을 내기에는 인구 수가 너무 적은 시골 마을에 수도나 전기를 어떻게 공급해야 할까요? 돈을 버는 것이 목적인 기업은 손해를 보면서 재화나 서비스를 생산하지는 않아요. 이렇게 **돈이 많이 들고 이익이 나지 않지만, 꼭 필요한 사업들은 대부분 국가나 지방 자치 단체에서 공기업을 만들어 운영해요.** 우리나라 공기업에는 전기를 공급하는 한국 전력 공사, 집을 공급하는 한국 토지 주택 공사, 철도와 고속도로를 만들고 관리하는 한국 철도 공사와 한국 도로 공사 등이 있답니다.

한국 철도 공사

한국 도로 공사

착한 적자와 소득 재분배 효과

'착한 적자'라는 말이 있어요. 흑자는 이익이 난 것을, 적자는 손해가 난 것을 뜻해요. 그런데 **살아가는 데 반드시 필요한 재화나 서비스를 생산하고 판매하면서 발생하는 손해를 '착한 적자'**라고 불러요. 수도 요금이나 전기 요금은 기업에서 적자가 발생한다고 해서 마구 가격을 올릴 수는 없어요. 저소득층에서도 수도와 전기를 써야 하니까요.

그런데 계속 손해가 쌓여서 직원들에게 월급을 주지 못하는 등 기업을 유지할 수 없는 상황에 빠진다면 어떻게 해야 할까요? 이럴 때는 **국민이 내는 세금으로 기업을 도와준답니다.** 즉, 국민들이 서로 돕는 사회를 만들어 가는 효과를 내는 셈이죠. **이를 '소득 재분배 효과'**라고 불러요.

	사기업	공기업
공통점	이익 추구	이익 추구
차이점	민간인이 경영	국가나 지방 자치 단체가 경영 / 공익 추구

국민을 위한 공기업의 손해를 '착한 적자'라고 하는 거야.

회사의 종류

회사는 기업과 비슷한 말이에요. 회사는 기업을 만들어 일하려는 사람들이 모인 집단으로, 관공서에 등록한 법인을 가리킬 때 써요. 회사는 주식회사, 유한 회사, 합자 회사, 합명 회사 등으로 나눌 수 있어요.

 **주식회사**

주식회사는 **여러 사람에게서 자본금을 모아서 세운 기업**이에요. 자본금을 투자한 사람들을 주주라고 하지요. 주주들에게는 주식을 나누어 주어요.

 **주식회사의 탄생**

세계 최초의 주식회사는 17세기에 네덜란드에서 세운 네덜란드 동인도 회사예요. 17세기에 유럽의 상인들은 동양에서 향신료를 값싸게 들여온 뒤 비싼 값에 팔아 큰 이윤을 남겼어요. 하지만 수많은 선원을 태운 거대한 배를 동양으로 보내는 데는 막대한 돈이 필요했어요. 게다가 항해를 하다가 해적을 만나거나 풍랑을 만나 배가 부서지면 큰 손해를 볼 수밖에 없었어요.

네덜란드 의회와 상인들은 위험을 나누기 위해 동인도 회사를 세우고 네덜란드 국민들에게 투자를 받기로 했어요. 동인도 회사에서는 투자를 한 사람들에게 투자한 액수가 적혀 있는 종이를 나누어 주었어요. 이 종이가 주식이에요. 배가 향신료를 가득 싣고 돌아오면 투자한 돈의 비율에 맞추어 이익금을 나누어 준다는 증명서였지요. 그리고 투자한 사람들이 주식을 마음대로 사고팔 수 있도록 했어요. 이렇게 해서 최초의 주식회사가 설립된 거랍니다.

유한 회사

유한 회사는 **한 명 이상이 회사를 세울 때, 자본금에 한하여 책임을 지는 회사**를 말해요. 소규모의 주식회사라고 할 수 있어요. 자본금을 낸 사람은 회사가 망했을 때 자본금을 잃지만, 그 이상의 돈을 물어낼 필요가 없어요. 주로 동료나 가족끼리 회사를 만들어요.

합자 회사

합자 회사는 **두 사람 이상이 자본을 대어 만든 회사**예요. 그리고 회사를 세울 때 필요한 자본금이 정해져 있지 않아요. 무한 사원은 업무에 관한 권리 및 의무를 가지고, 유한 사원은 회사의 자본금과 이익에 대한 권한 및 감독권을 가져요. 무한 사원과 유한 사원이 각각 한 명 이상 있어야 해요.

합명 회사

사원들이 모두 각각 투자하고 책임을 지는 회사예요. 따라서 아주 적은 돈을 가지고도 회사를 세울 수 있지요. 합명 회사의 사원은 회사를 대표하는 권한을 가지고 있어요.

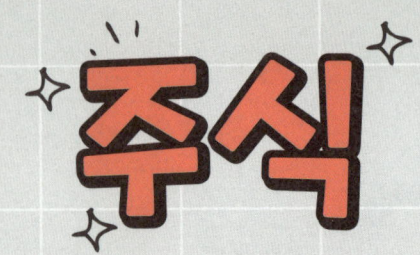

주식은 주식회사의 자본을 이루는 단위로, 주식회사의 주인임을 증명하는 증서예요. 주식을 가지고 있는 사람을 '주주'라고 해요.

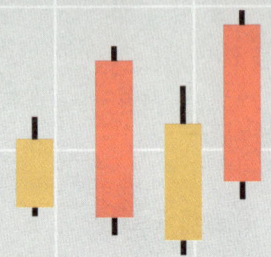

 주식이란?

주주는 주식을 발행한 회사의 주인이라는 뜻이에요. 자본금이 천만 원인 회사의 주식을 내가 백만 원어치 가지고 있으면 그 회사의 10퍼센트는 내 소유예요. 그런데 그 회사가 미래에 돈을 잘 벌 수 있을 거라는 평가를 받으면 가치가 올라가고, 주식을 더 높은 가격에 사겠다는 사람이 생겨요. 그렇게 해서 주식의 가격이 올라가는 거예요. 마찬가지로 회사가 미래에 돈을 잘 벌지 못할 거라는 평가를 받으면 주식의 가격이 내려가지요.

 주식을 거래하는 시장, 증권 거래소

증권 거래소는 주식을 공정하게 매매하려고 만들어진 시장이에요. 하지만 모든 주식 회사의 주식을 증권 거래소에서 거래할 수 있는 건 아니에요. 증권 거래소에서 인정한 회사의 주식만 사고팔 수 있는데, **증권 거래소에서 주식을 사고팔 수 있게 된 주식회사를 '상장 회사'**라고 해요. 증권 거래소에서는 상장 회사를 계속 감시하지요.

주식을 취급하는 증권 회사는 증권 거래소에서 주식을 사고팔 수 있어요. 증권 회사는 주식을 사거나 팔고 싶어 하는 사람들에게서 주문을 받아 증권 거래소에서 주식을 사고파는 회사로, 새로 발행된 주식을 소개하는 일도 하지요.

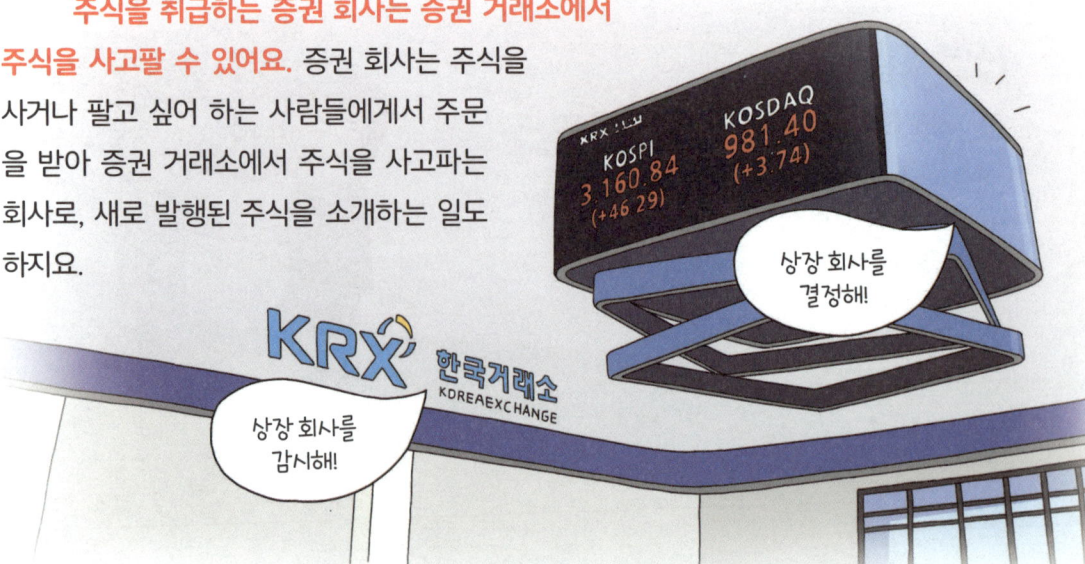

 ## 종합 주가 지수란?

종합 주가 지수는 **주가의 흐름을 나타내는 대표적인 지수**예요. 현재 우리나라는 1980년 1월 4일의 지수를 기준으로 계산하고 있어요. 예를 들어, 1980년에 상장되어 있던 모든 주식의 총액이 1조 원이 되었을 때 종합 주가 지수를 100이라고 한다면, 주식 총액이 10조 원이 되었을 때의 종합 주가 지수는 1,000이 되는 거예요. 종합 주가 지수의 흐름을 보면 경제가 좋아졌는지 나빠졌는지 알 수 있어요.

 ## 주식을 사고파는 방법

주식을 사려면 두 가지 방법이 있어요. 그중 하나가 **새로 회사를 만들려는 사람이 주주를 모집해서 주식을 발행**할 때 사는 거예요. 이 경우에는 증권 거래소에서 주식을 사기가 어려울 수도 있어요. 그리고 **이미 주식을 발행한 적이 있는 회사가 자본이 필요해서 주식을 더 발행**하는 경우도 있는데, 이 경우에는 증권 회사를 통해서 주식을 살 수 있지요. 다른 하나는 이미 주식을 가지고 있는 사람으로부터 주식을 사는 방법이에요. **상장 회사의 주식을 사거나 팔고 싶은 사람은 증권 회사를 통해서 주식을 거래해요.**

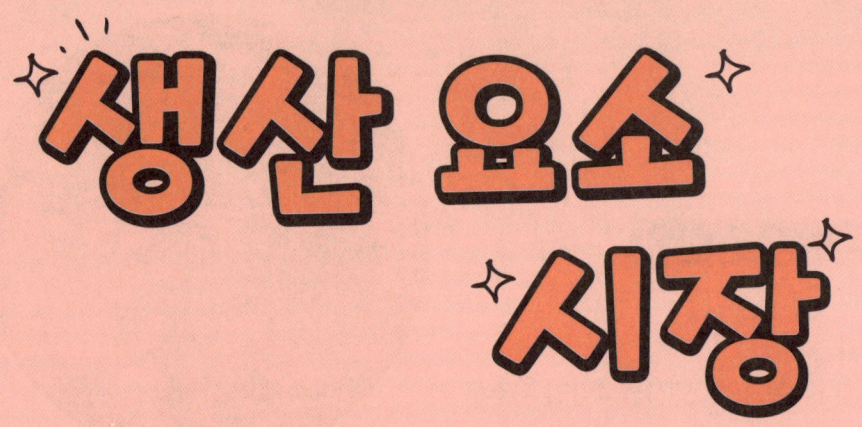

생산 요소 시장

생산 요소 시장은 재화나 서비스 생산에 들어가는 노동이나 자본, 토지 등이 거래되는 시장이에요. 생산 요소 시장은 크게 자본 시장과 노동 시장으로 나누어져요.

 기업이 소비자가 되는 시장

기업은 시장에서 공급자의 역할을 한다고 우리는 알고 있어요. 생활에 필요한 제품을 만들어 판매하니까요. 그런데 **기업이 소비자가 되는 시장**이 있어요. 바로 '생산 요소 시장'이에요.

생산 요소는 재화를 생산하는 데 필요한 세 가지 요소로, 토지, 노동, 자본을 가리켜요. 책상을 만든다고 해볼까요? 책상을 만드려면 책상 공장을 세울 땅(토지)이 필요해요. 그리고 책상 공장에서 일할 사람(노동)이 있어야 해요. 마지막으로 토지를 사고 공장을 짓고 노동자를 고용할 돈(자본)이 필요하죠.

생산 요소 시장에서는 노동력을 공급하는 노동자들이 공급자, 노동자들에게 급여를 주는 기업이 소비자예요.

생산 요소 시장에서도 수요 곡선과 공급 곡선에 따라 가격이 달라져요. 가격이 내려가면 수요는 늘어나고, 수요가 많아지면 가격은 올라가요.(52쪽 참고)

자본 시장

기업이 **공장을 짓거나 사업을 넓히기 위해서는 자본이 필요한데, 이 자금을 조달하는 시장을 자본 시장**이라고 해요. 오랜 기간 동안 투자해야 하는 경우가 많아서 '장기 금융 시장'이라고도 해요. 대부분 금융 회사가 저축을 한 사람으로부터 조달한 자금을 기업에 오랜 기간 동안 빌려 주는 시장이에요.

노동 시장

노동력이 상품으로 거래되는 시장을 말해요. 일자리는 많은데 일할 사람을 구하기가 힘들면 임금이 올라가고, 일자리는 적은데 일할 사람이 많으면 임금이 내려가요.

거대한 생산 요소 시장, 중국

70여 년 전만 해도 중국은 세계에서 가장 발전이 덜 된 나라 가운데 하나였어요. 사회주의 국가였던 중국은 계획 경제 정책으로 생산성이 높지 못해서 시장 경제 정책을 실시하는 국가들보다 경제가 한참 뒤쳐져 있었거든요. 1979년에 중국이 시장 경제 체제를 받아들이면서 중국 경제는 무서운 속도로 성장했어요. 그 까닭은 중국이 값싼 생산 요소 시장을 가졌기 때문이에요. 중국은 공장을 지을 토지가 많고, 값싼 임금으로 일할 사람을 마음껏 구할 수 있어요. 그래서 소비자인 기업들의 수요가 늘어나 생산 공장이 빠른 속도로 건설되어 '세계의 공장'이 된 거랍니다.

기업과 노동조합

노동 시장에서 일자리를 구하는 노동자는 공급자이고, 일할 사람을 구하려는 기업은 수요자예요.
기업은 가능한 한 임금이 싼 노동자를 구하려고 하고, 노동자는 되도록 임금이 높은 일자리를 구하려고 해요.

 노동조합이란?

기업은 경영자와 노동자로 이루어져 있는데, 노동자가 훨씬 많아요. 그런데 기업은 노동자들을 기업 경영에 참여시키지 않을 뿐만 아니라 이윤을 최대한 남기기 위해서 노동자들을 제대로 대우하지 않는 경우도 적지 않아요.

노동자들은 **더 나은 노동 환경을 만들고, 임금을 더 많이 받기 위해 노동조합을 만들어서 기업과 협상**을 벌여요. 우리나라 헌법에도 '근로자는 근로 조건의 향상을 위하여 자주적인 단결권, 단체 교섭권 및 단체 행동권을 가진다'라고 나와 있답니다.

 근로 기준법이란?

근로 기준법은 1953년에 처음 제정되었는데, **노동자들의 인간다운 삶을 위해 기업이 지켜야 할 최소한의 근로 조건**이 정해져 있었어요. 하지만 기업들은 근로 기준법을 지키지 않는 경우가 많았어요. 노동자들의 권리를 지켜 줄 노동조합도 거의 없었지요. 1970년에 재봉사로 일하던 청년 노동자 전태일이 근로 기준법을 지키라고 외치며 목숨을 바쳤어요. 그 결과 노동자의 권리를 찾기 위해 수많은 노동조합이 결성되었답니다.

전태일과 근로 기준법

1960년대, 우리나라는 근로 기준법이 있었지만 잘 지켜지지 않았어요. 우리나라에서 노동자들이 노동조합을 세우고, 경영자들이 노동자의 권리를 인정해 주기 시작한 것은 '전태일'이라는 한 노동자의 노력과 희생 덕분이에요.

전태일은 서울 청계천에 있는 평화 시장에서 재봉사로 일을 하고 있었어요. 당시 평화 시장에서 일하는 노동자들은 햇볕도 들지 않는 곳에서 하루에 14시간씩 일했지요. 그중에는 나이 어린 소녀들도 있었어요. 전태일은 그 소녀들이 좁고 답답한 공장에서 힘들게 일하는 것을 안타깝게 여겼어요.

어느 날, 전태일과 같이 일하던 소녀가 폐렴에 걸렸는데, 사장은 그 소녀를 해고했어요. 전태일이 사장에게 항의하자 사장은 전태일도 쫓아냈어요. 그 후, 전태일은 노동자들을 보호하는 법이 있다는 사실을 알게 됐어요. 바로 근로 기준법이었지요.

전태일은 기업들이 근로 기준법을 지키지 않는다는 것을 알리려고 노력했어요. 하지만 어느 누구도 전태일의 주장에 귀를 기울이지 않았어요. 1970년 11월 13일, 전태일은 청계천에서 "노동자는 기계가 아니다. 근로 기준법을 지켜라!"라고 외치며 목숨을 바쳤어요. 그 후, 수많은 사람이 나쁜 환경에서 오랜 시간 일하는 노동자들에게 관심을 가지게 되었어요.

근로 기준법을 준수하라!

기업 경쟁

기업이 계속 생산성을 향상하지 못하면 다른 회사와의 경쟁에서 밀려 시장에서 쫓겨나기도 해요. 그래서 기업은 경쟁에서 이기려고 많은 노력을 하고 있어요.

 경쟁에서 이기기 위한 기업의 노력

기업은 경쟁 기업보다 더 좋은 재화와 서비스를 더 싸게 만들어 소비자에게 더 많이 판매하기 위해 다양한 노력을 하고 있어요.

기술 개발

새로운 기술로 더 좋은 상품을 개발하면 경쟁 기업을 앞설 수 있어요. 예를 들어, '애플'은 크고 가격이 비싼 군사용 컴퓨터를 대신할 작고 가격이 싼 개인용 컴퓨터를 만들어 세계적인 회사로 성장했어요.

품질 향상

기업은 경쟁 기업보다 재화나 서비스의 품질을 높여야 경쟁에서 이길 수 있어요. 소비자들은 늘 더 좋은 품질의 재화나 서비스를 찾기 때문이에요. 예를 들어, 휴대 전화가 대중화되면서 유선 전화기는 거의 사용하지 않게 됐어요.

생산성 향상

기업이 경쟁에서 앞서가기 위해서는 생산성이 높아야 해요. 그래서 많은 기업은 직원들이 열심히 일할 수 있는 좋은 환경을 만들기 위해 노력해요. 예를 들어, 소프트웨어를 개발하는 미국 기업인 '마이크로소프트'는 창의력을 높이기 위해 자연 속에서 일하는 것처럼 사무실 환경을 바꾸었어요.

광고

기업이 재화나 서비스를 잘 생산해도 소비자가 선택하지 않으면 경쟁에서 이길 수 없어요. 그래서 많은 기업이 자기 기업에서 만든 상품을 알리려고 광고하고 있어요. 광고를 하는 방법은 다양해요. 예전에는 텔레비전, 신문, 잡지, 전광판 등을 이용했지만 요즘에는 온라인을 가장 많이 이용해요.

새로운 기술을 찾아라!

컴퓨터를 켜면 화면에 화살표가 나타나요. 사람들은 이 화살표를 움직여 게임도 하고 인터넷도 해요. 이 기술이 '그래픽 사용자 인터페이스(GUI)'예요. 마우스로 클릭만 하면 프로그램을 실행할 수 있는 이 기술은 '제록스'라는 복사기 제조 회사에서 먼저 개발했는데, 빌 게이츠가 이 기술을 이용해 '윈도우'라는 운영 체제를 만들어 팔았어요. 윈도우 덕분에 컴퓨터 사용이 편리해지자 개인용 컴퓨터가 무섭게 팔려 나갔어요.

새로운 기술을 알아보는 능력도 있어야 해.

어른들은 어떻게 돈을 벌까?

경백이

어린이 여러분 안녕하세요? 오늘도 전인구 선생님을 모시고 재미있는 경제 공부를 해 보겠습니다. 전인구 선생님, 이번에는 어떤 이야기를 나눌까요?

경제왕, 전인구

이번 시간에는 어른들이 돈을 버는 방법에 대해서 알아볼 거예요. 여러분은 용돈을 받지만 어른들은 일을 하거나 자산에 투자를 해야 돈이 생겨요. 경백군의 부모님께서는 어떤 일을 하면서 돈을 벌고 있나요?

경백이

아버지는 회사에서 일하시고, 어머니는 커피 전문점을 하세요.

경제왕, 전인구

그렇다면 경백군 아버지는 근로 소득, 어머니는 사업 소득이 있는 거예요.

경백이

근로 소득과 사업 소득이 뭐예요?

경제왕, 전인구

'근로 소득'은 회사나 공장에서 일을 하고 받는 돈이에요. '사업 소득'은 자신이 가게, 공장, 회사 등을 운영해서 벌어들인 돈이에요. 이 밖에도 농촌에서 농사를 짓거나 어촌에서 고기잡이 등을 해서 버는 돈도 사업 소득이에요. 근로 소득과 사업 소득은 생산 활동을 통해 돈을 버는 거지요. 이 밖에도 재산 소득과 이전 소득이 있어요.

경백이

농민과 어민들이 일을 해서 버는 돈도 근로 소득이군요. 그런데 재산 소득과 이전 소득은 또 뭐예요?

경제왕, 전인구

'재산 소득'은 가지고 있는 재산을 이용해서 얻는 돈으로, 은행에 예금해서 이자를 받는 이자 소득이 대표적인 재산 소득이에요. 이밖에도 주식 배당금이나 저작권료 등도 재산 소득에 속해요. 땅, 집, 건물 등을 빌려주고 받는 임대 소득도 재산 소득이지요. '이전 소득'은 병이 들거나 사고가 나거나 나이가 들어서 더 이상 일을 할 수 없어서 경제적 도움이 필요하다고 인정받은 사람이 국가 등으로부터 받는 돈을 말해요.

경백이

우아! 재산 소득은 일을 하지 않아도 들어오는 돈이네요.

경제왕, 전인구

대부분의 어른은 직장을 다니거나 사업을 통해 얻은 소득을 저축하거나 투자하여 재산 소득을 얻어요. 그러니까 경백군도 재산 소득을 얻기 전에 근로 소득을 얻을 수 있는 직업을 가져야 해요.

 경백이

그럼, 저는 돈을 많이 버는 직업을 갖고 싶어요.

경제왕, 전인구

여러분이 직업을 가질 때 꼭 생각해 볼 것이 있어요. 돈을 많이 번다고 해서 좋은 직업은 아니라는 점을 알아야 해요. 직업을 통해서 돈도 벌고 즐거움과 보람을 얻을 수 있는 일을 찾았으면 해요.

 경백이

네, 저도 즐거움과 보람을 얻고, 돈도 많이 버는 직업을 찾아봐야겠어요. 전인구 선생님, 오늘도 감사합니다.

돈을 버는 방법에는 근로 소득, 사업 소득, 재산 소득, 이전 소득이 있다는 것을 잊지 말아요.

훌륭한 기업가는 창조적 파괴를 통해서
혁신을 이루고, 기업을 발전시켜요.
기업가의 역할과 창조적 파괴에 관해 알아보아요.

2장
경영과 창조적 파괴

기업 경영 | 기회비용 | 조직 관리 |
마케팅과 브랜드 | 창조적 파괴 | 혁신을 위한 실패

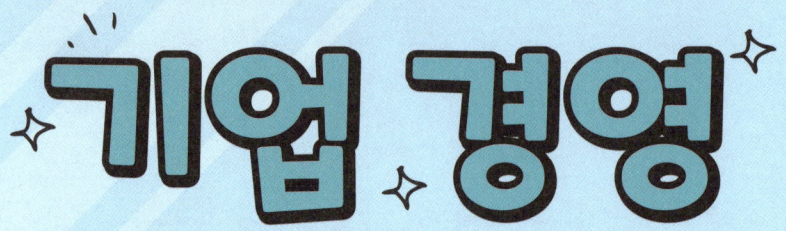

기업 경영

기업 경영은 기업이 잘 돌아가도록 관리하고 운영하는 거예요.
기업을 경영하는 사람들을 이사라고 해요. 이사에는 사장, 전무, 상무 등이 있어요.

경영이란?

'경영'은 원래 **일정한 목적을 이루기 위해 구성된 조직을 관리하고 운영**한다는 뜻이에요. 학교든 학원이든 가정이든 모두 경영이 필요해요. 기업의 역할과 중요성이 커짐에 따라 지금은 주로 기업을 경영할 때 쓰는 말이 됐어요.

최고 경영인

'경영인'은 기업에서 중요한 결정을 내리는 권한이 있는 사장, 이사 등을 일컫는 말이에요. 최고 경영인은 회사를 세운 사람이나 그 후손이 되는 경우가 많아요. 그 밖에 기업의 주주들이 회사를 경영할 능력이 있는 사람을 임명하기도 해요.

소유주이자 최고 경영인

기업을 세워서 소유하고 있거나 주식회사의 주식을 가장 많이 가지고 있는 사람을 기업의 '소유주'라고 해요. 우리나라의 대표적인 기업들 중에는 회사를 세운 사람의 후손이 최고 경영인이 되어 기업을 경영하는 경우가 많아요. 이들은 회사의 소유주이자 경영자예요.

유일한과 전문 경영인

유일한은 1926년에 '유한양행'이라는 제약 회사를 세운 기업인이에요. 일제 강점기인 1930년대에 의약품이 부족해 질병에 시달리는 우리나라 사람들을 위해 제약 회사를 세웠다고 해요. 유일한은 기업을 경영하면서 주식을 직원들에게 나누어 주었어요. 그리고 기업 이윤을 사회에 나누어 주기 위해 학교와 재단을 세웠어요. 이뿐만 아니라 경영에서 물러나면서 전문 경영인에게 경영권을 넘겨주고, 가족과 친척이 회사 경영에 참여하지 못하도록 했어요. 그 후 지금까지 유한양행은 전문 경영인이 경영하고 있어요.

기업은 전문 경영인이 경영하는 것이 바람직하지.

소유주에게 고용된 전문 경영인

기업의 소유주가 기업을 직접 경영하기보다는 **기업을 잘 경영해서 이윤을 많이 낼 수 있는 사람**에게 맡기기도 해요. 이들을 '전문 경영인'이라고 하는데, 전문 경영인은 회사 직원 가운데 경영 능력이 특출난 사람에게 맡기도 하고, 기업 경영이 뛰어나다고 인정받은 사람을 많은 급여를 주고 데려오기도 해요.

우리 회사를 잘 경영하여 이익을 많이 내 주십시오.

열심히 하겠습니다.

기회비용

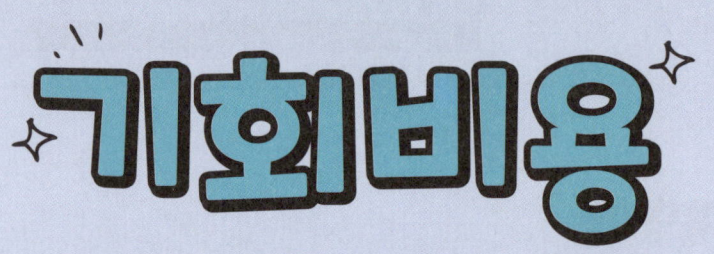

기회비용은 어떤 것을 선택하면서 포기할 수밖에 없는 기회들 가운데 가장 큰 가치를 말해요. 모든 선택에는 기회비용이 생겨요. 우리가 무엇인가를 선택하면 다른 것을 할 수 없기 때문이에요. 그래서 하지 않기로 한 모든 것이 기회비용이 된답니다.

 기회비용 계산하기

일상생활 속에서도 기회비용을 따져 볼 수 있어요. 예를 들어, 아울이에게 아버지와 어머니가 동시에 심부름을 시켰다고 해 보아요. 아버지는 "우체국에 가서 편지를 부쳐 주면 5천 원을 주겠다."라고 했어요. 그런데 어머니는 "청소를 도와주면 1만 원을 주겠다."라고 했지요. 아울이는 잠시 고민을 했지만 5천 원보다 1만 원이 이익이 훨씬 컸기 때문에 어머니를 도와주기로 마음먹었어요. 그때, 영수가 영화를 보러 가자고 했어요. 아울이는 청소를 하는 대신 영수를 만나 영화를 보기로 마음먹었어요. 그런데 아울이는 영수와 만나 영화를 보고, 팝콘까지 먹으려고 저금통에서 1만 원을 꺼냈지요.

아울이가 영수와 영화를 보기로 하면서 발생한 기회비용은 얼마일까요? 아울이의 기회비용은 엄마에게 받을 수 있었던 1만 원과 영수와 영화를 보고, 팝콘을 먹으면서 쓴 1만 원을 합친 2만 원이에요. 그런데 아빠가 주겠다는 심부름값 5천 원은 왜 포함하지 않냐고요? 그건 두 심부름을 동시에 할 수 없기 때문이에요.

아울이의 기회비용 = 청소 값 10,000원 + 팝콘 및 영화 관람료 10,000원

 ## 기회비용과 기업 경영

기업가가 **기업을 경영할 때도 기회비용을 잘 따져보아야** 해요. 예를 들어, 기업가가 100억을 들여서 공장을 하나 더 지었을 때 얻을 수 있는 이익이 10억이고, 기업가가 100억을 은행에 예금했을 때 받을 수 있는 이자가 4억이라고 해 봐요. 그러면 기업가가 공장을 지었을 때의 기회비용은 4억이고, 기업가가 은행에 예금했을 때의 기회비용은 10억이에요. 이때 기업가는 기회비용을 따져 보고 공장을 지을지, 은행에 예금을 할지 정해야 하지요.

 ## 합리적 선택

기업가들은 늘 비용과 편익을 분석해서 합리적 선택을 하려고 해요. 비용은 어떤 일을 하는 데 쓰는 돈, 시간, 자원 등을 말하는데, 비용에는 기회비용도 들어가요. 편익은 자신이 지불한 돈으로 얻게 되는 경제적 이익이나 만족감이에요. 합리적 선택은 **가장 적은 비용으로 가장 큰 편익을 얻을 수 있도록 선택**하는 것을 말해요.

 ## 매몰 비용

이미 **지출이 되어 다시 돌려받을 수 없는 비용**을 말해요. 예를 들어, 기업이 어떤 제품 개발에 시간과 비용을 투자했으나, 그 제품 개발에 실패할 가능성이 높을 때, 그때까지 들어간 시간과 비용이 매몰 비용이에요. 이때 기업가는 매몰 비용을 포기하고 제품 개발을 멈추는 것이 더 큰 손실을 막는 합리적인 선택일 거예요.

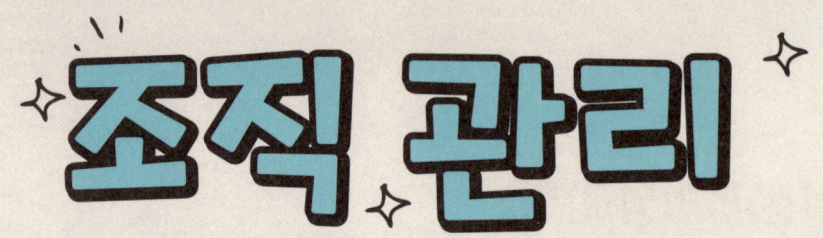

조직 관리

기업을 경영할 때 가장 어려운 일 가운데 하나가 많은 직원으로 이루어진 조직을 관리하는 거예요. 기업이 조직을 관리하는 데 필요한 경영 조직과 조직문화에 대해 알아보아요.

 **경영 조직이란?**

기업은 생산성을 높이고 이윤을 많이 내기 위해서 **부서를 나누고, 직원들에게 알맞은 일을 시키고, 적당한 임금을 주고, 특별한 공헌을 한 직원에게 어떻게 보상할 것인지를 결정**해요. 이런 과정을 '경영 조직'이라고 해요. 경영자는 이 모든 과정에 책임을 져야 해요.

기업이 경쟁에서 이기기 위해서는 시장의 요구에 맞는 재화나 서비스를 생산해야 하고, 이를 위해서는 경영 조직을 잘 관리해야 하지요.

기업마다 조직을 나누는 방식과 조직을 운영하는 방식은 달라요. 하지만 대부분의 기업은 조직을 두 부문으로 나누어요. 하나는 돈을 벌어들이는 부서이고, 다른 하나는 돈을 버는 부서를 돕는 부서예요. 이를 중심으로 직원들이 하는 일에 따라 조직을 더 나누어요.

돈을 버는 부서

생산
재화를 만들거나 서비스를 제공하는 부서예요. 싼값에 질이 좋은 재화를 만들고 더 나은 서비스를 제공하기 위해 노력해야 하지요.

상품 개발
더 좋은 재화와 서비스를 생산하고, 재화와 서비스가 더 잘 팔릴 수 있도록 품질을 더 좋게 만드는 일을 하는 부서예요.

판매
재화와 서비스를 고객에게 직접 판매하는 부서예요. 여러 가지 방법으로 고객에게 재화와 서비스를 알리고 추천하는 일을 맡아요.

유통
재화를 고객에게 빠르고 안전하게 전해 주는 일을 해요. 주로 기차나 자동차, 배, 항공기 등으로 재화를 실어 옮겨요.

돈을 버는 부서를 돕는 부서

인사
직원을 뽑고, 그 직원이 능력을 발휘할 수 있도록 돕는 일을 하는 부서예요. 또, 능력에 맞춰 업무를 바꾸거나 지위를 올려 주는 일을 맡아요.

총무
기업이 원활하게 잘 돌아가도록 여러 가지 일을 하는 부서예요. 특히 다른 부서 직원들의 원활한 업무를 위해 여러 가지 일을 도와요.

재무
기업의 살림을 책임지는 부서예요. 세금을 내고, 임금을 지급할 뿐만 아니라 기업이 어디에 돈을 써야 하는지 등을 연구하기도 해요.

 ### 창의성을 높이는 조직 문화

오늘날의 기업들은 살아남기 위해 치열하게 경쟁해요. 그래서 **기업은 직원들의 생산성을 높이는 조직 문화**를 만들기 위해 많은 힘을 쏟지요. 예전에 경영자들은 직원들에게 무조건 자신의 명령에 따라 일을 하도록 했어요. 이를 '수직적인 조직 문화'라고 해요. 하지만 지금은 브라질에 있는 '셈코'라는 기업처럼 직원 개개인이 창의성을 발휘할 수 있도록 조직 문화를 바꾸고 있어요.

셈코는 직원이 자신의 근무 시간, 월급까지 스스로 결정해요. 그리고 경영자는 기업에서 일어나는 모든 일을 전 직원에게 알려요. 직원들은 이사회 회의에 선착순으로 참여해 기업의 중요한 결정에 참여할 수도 있지요. 이런 조직 문화 덕분에 셈코는 매년 크게 성장하여 세계적인 대기업이 됐어요.

마케팅과 브랜드

마케팅은 기업이 재화와 서비스를 소비자에게 더 많이 판매하기 위해 하는 모든 경영 활동을 말해요. 누구를 대상으로 어떤 상품을 만들고, 포장은 어떻게 할 것이며, 무슨 내용으로 광고를 해서 어느 소매점을 통해 판매할지를 결정하는 모든 일이 다 마케팅에 속해요.

마케팅을 하는 까닭

기업은 **소비자를 만족시키면서 최대한의 이익을 얻기 위해** 마케팅을 해요. 소비자들이 만족할 수 있는 상품을 만들어야 잘 팔릴 테니까요. 마케팅 담당자들은 소비자들이 원하는 재화와 서비스가 무엇인지 조사하고, 이를 상품으로 만들어서 잘 팔릴 수 있도록 광고와 홍보를 하지요.

마케팅 방법

인터넷, SNS, 신문, 방송 등을 통해 재화나 서비스를 광고해요.

상품 판매자가 직접 소비자에게 재화나 서비스를 설명해요.

재화나 서비스를 사거나 살 사람에게 샘플이나 할인 쿠폰 등을 제공해요.

기업이 사회를 위해서 활동한 일을 신문이나 방송을 통해 알려요.

 브랜드를 만드는 까닭

브랜드는 **기업이 경쟁 회사보다 상품이나 서비스를 돋보이게 하려고 사용한 상표**예요. 보통 글자, 숫자, 도안 등으로 표시해요. 브랜드는 상품을 마케팅하는 데 매우 중요해요. 예를 들어, 두 켤레의 운동화 품질이 똑같아도 하나는 사람들이 모두 아는 상표로 장식되어 있고, 다른 하나는 상표가 없다면 아마도 대부분의 사람은 상표가 있는 신발을 사고 싶어 할 거예요. 그래서 대부분의 회사는 상표를 만들어요.

 브랜드와 가치

'나이키', '코카콜라', '아이폰' 등의 브랜드들은 가치가 매우 높아요. 나이키는 운동화, 코카콜라는 음료수, 아이폰은 스마트폰을 대표하지요. 이렇게 상품을 대표하는 브랜드를 '상품 브랜드'라고 해요.

소비자는 다른 상품보다 기꺼이 값을 더 지불하더라도 유명한 브랜드의 상품을 사려고 해요. 그 상품의 품질과 서비스를 믿기 때문이에요. 그래서 기업에서는 자신들이 만드는 상품의 브랜드 가치를 높이기 위해 많은 노력을 하고 있어요.

 '브랜드'는 어디서 유래했나요?

브랜드(brand)라는 말은 노르웨이어인 '브랜드르(brandr)'에서 시작되었다고 해요. 이 말은 '불에 달구어 지지다'라는 뜻이에요. 옛날 유럽에서는 들판에 가축을 풀어 키웠는데, 이때 가축의 주인들이 자신의 가축을 쉽게 찾을 수 있도록 가축의 몸에 불에 달군 도장을 찍어서 표식을 했대요. 이것이 브랜드의 유래라고 해요.

창조적 파괴

창조적 파괴는 기업들이 기술 혁신을 통해 낡은 것을 파괴하고, 새로운 것을 창조하여 발전을 이루어 가는 것을 뜻해요.

 슘페터와 창조적 파괴

오스트리아에서 태어난 조지프 슘페터는 하버드 대학교 교수로 활동한 경제학자예요. 창조적 파괴는 1942년에 슘페터가 발표한 『자본주의, 사회주의와 민주주의』에 나온 내용으로, 창조적 파괴가 경제 발전을 이끌어 내는 역할을 한다고 주장했어요. 즉, 기업가들이 기업이 위험해질지도 모르는 상황에서도 기술 혁신을 통해 새로운 가치를 만들어 가는 과정이 되풀이되면서 경제가 발전한다고 보았지요.

기업은 **경쟁에서 밀려나지 않기 위해 창조적 파괴를 통한 혁신을 끊임없이 추구**해야 해요. 컨베이어벨트를 이용한 조립 라인으로 자동차 대량 생산의 길을 열어 교통수단에 혁명을 일으킨 '포드 자동차', 음성 통화와 영상 통화, 그리고 문자 메시지만 가능했던 휴대 전화에 컴퓨터를 결합하여 휴대 전화 시장의 질서를 파괴한 '애플'의 아이폰 등이 모두 창조적 파괴의 사례라고 볼 수 있어요.

 창조적 파괴를 실천한 기업, 우버

'우버'는 승객과 운전기사를 연결해 주는 기술 플랫폼이에요. 2008년에 트래비스 캘러닉이라는 미국 사람이 개발했는데, 자신이 프랑스에서 겪은 경험을 바탕으로 만든 거예요. 캘러닉이 프랑스 파리에 갔을 때, 몹시 춥고 눈까지 내려 택시 잡기가 너무 힘들었대요. 캘러닉은 택시를 기다리다가 '차를 타려는 사람과 손님을 기다리는 차를 연결하는 애플리케이션을 만들면 어떨까?' 하는 아이디어를 떠올렸다고 해요.

미국으로 돌아온 캘러닉은 이 생각을 바탕으로 우버를 창업했어요. 우버는 애플리케이션으로 빈 차를 찾아 예약하면 내가 있는 곳으로 차가 도착하는 시스템이에요. 사람들은 더 이상 택시를 타기 위해 고생을 하지 않고, 택시 운전기사들은 승객을 찾으러 다니지 않아도 돼요. 운전기사와 승객 모두에게 이익이 되는 방법을 찾아낸 거예요. 바로 창조적 파괴로 새로운 방식의 운송 사업이 탄생하게 된 거지요. 이처럼 아주 사소한 경험과 아이디어에서 창조적 파괴를 하고, 새로운 사업의 아이디어가 나오기도 해요.

 슘페터와 기업가 정신

기업가 정신은 **기업의 본질인 이윤 추구와 사회적 책임의 수행을 위해 기업가가 마땅히 갖추어야 할 자세나 정신**을 말해요. 그런데 슘페터는 기업가 정신에서 가장 중요한 것이 '창조적 파괴'라고 했어요. 기업가는 기술 혁신을 통해 창조적 파괴에 앞장서야 한다고 주장했지요. 이것이 바로 기업가 정신이라는 거예요.

혁신을 위한 실패

혁신은 조직, 관습, 방법 등 모든 것을 완전히 바꾸어서 새롭게 하는 것을 말해요. 모든 기업은 혁신을 통해 경쟁에서 살아남기를 원해요.

 **혁신이란?**

기업 경영에 있어서 혁신은 노동·토지 등의 생산 요소를 바꾸거나 새로운 생산 요소를 도입하면서 일어나요. '이노베이션'이라고 부르기도 해요. 창조적 파괴를 주장한 슘페터가 사용한 말이에요. 슘페터의 혁신은 기술 혁신을 뜻하지만 실제로는 **새로운 시장을 개척하고, 신제품을 개발하고, 새로운 자원을 찾고, 생산 조직을 개선하는 등 기업에서 이루어지는 모든 활동**을 일컫는 말이에요. 슘페터는 혁신이야말로 경제 발전의 원동력이라고 주장했어요.

혁신이란 무엇인가?
1. 기술 혁신
2. 신제품 개발
3. 새로운 시장 개척
4. 새로운 자원 개발
5. 생산 조직의 개선

기업가는 기술 혁신을 통해 새로운 제품을 만들기 위해 노력해야 해.

 혁신에 성공한 기업

애플
'애플'은 매킨토시라는 개인용 컴퓨터를 만들어 큰 성공을 거둔 기업이에요. 애플은 휴대 전화와 컴퓨터를 결합한 스마트폰인 '아이폰'을 시장에 내놓으면서 세상을 바꾸어 놓았어요. 그 과정에서 실패한 상품을 내놓기도 했지만 이에 굴하지 않고 기술 혁신을 통해 세계적인 기업이 됐지요.

다이슨
'다이슨'은 먼지 봉투 없는 진공청소기로 유명한 기업으로, 먼지 봉투를 없애기 위해 5,127개의 실패한 진공청소기를 만들었다고 해요. 또 헤어드라이어를 만들기 위해 연구에 사용된 머리카락을 늘어놓으면 1,625킬로미터나 된다고 해요. 다이슨은 모든 실패한 제품을 꼼꼼하게 분석해서 혁신에 성공했지요.

 혁신에 실패한 기업

모토로라
'모토로라'는 1980년대에 세계 최초로 휴대 전화를 개발한 회사예요. 1996년에는 접을 수 있는 최초의 휴대 전화 '스타텍'을 만들어 다른 기업과의 경쟁에서 앞서 나갔어요. 하지만 그 뒤, 모토로라는 기술을 혁신하는 데 소홀했어요. 결국 애플에서 스마트폰인 아이폰이 나오자 몰락의 길을 걷고 말았지요. 지속적인 혁신이 이루어지지 않으면 아무리 큰 회사라도 망할 수 있다는 것을 보여 주었어요.

코닥
1880년에 세워진 '코닥'은 세계에서 처음으로 사람들이 간편하게 이용할 수 있는 필름을 개발한 회사예요. 이 필름 덕분에 사진기가 널리 퍼졌지요. 코닥은 세계 최초로 디지털 카메라를 개발했지만 필름을 팔기 위해 더 좋은 디지털 카메라를 만들지 않았어요. 결국 다른 기업들이 더 좋은 디지털 카메라를 만들었고, 필름은 필요 없게 됐어요.

실패 회의, 페일콘
미국 실리콘 밸리의 벤처 기업가들은 2009년부터 샌프란시스코에서 열리는 페일콘 콘퍼런스에서 만나 서로의 실패담을 나누어요. 페일콘은 실패(fail)와 회의(conference)라는 단어를 합쳐서 만든 말이죠. 이 회의의 슬로건은 '실패를 껴안고 성공을 만들자'예요. 미국의 기업가인 일론 머스크도 "실패는 선택 사항이다. 만약 실패한 경험이 없다면 당신은 충분히 혁신적이지 않은 것이다."라고 말했어요.

경제왕, 전인구 선생님과 함께하는
톡톡 경제 인터뷰

경제와 창의성은 무슨 관계가 있을까?

경백이

어린이 여러분 안녕하세요? 오늘도 경제왕, 전인구 선생님을 모시고 재미있는 경제 공부를 해 보겠습니다. 전인구 선생님, 이번에 함께 이야기할 경제 이야기는 무엇인가요?

경제왕, 전인구

이번에는 경제와 창의성에 대해서 이야기해 보려고 해요.

경백이

창의성이요? 경제와 창의성이 어떤 관련이 있나요?

경제왕, 전인구

경제와 창의성은 깊은 관련이 있어요. 기업은 늘 혁신에 힘써야 살아남을 수 있어요. 기업이 혁신을 하려면 새로운 제품, 서비스, 기술 등을 개발해야 하는데, 혁신을 하기 위해서는 무엇보다 창의성이 중요해요.

경백이

아하! 그렇군요. 그럼, 창의성을 기르려면 어떻게 해야 하나요?

경제왕, 전인구

너무 어렵게 생각하지 않아도 돼요. 세계적인 기업인 애플이나 우버를 세운 기업가들의 공통점은 소비자들이 무엇을 불편해 하는지, 무엇을 원하는지를 관찰하고 이를 해결했다는 거예요. 그러니까 창의성을 기르는 가장 좋은 방법은 바로 관찰력을 기르는 거예요.

경백이

좀 더 자세히 알려 주세요.

경제왕, 전인구

생각보다 어렵지 않아요. 생활하거나 공부하면서 불편한 점을 찾아보고, 그것을 고칠 방법을 찾는 것부터 연습하면 돼요. 주변을 호기심 어린 눈으로 관찰하다 보면 새로운 아이디어가 떠오를 거예요.

경백이

저는 아이디어가 떠올라도 금방 잊어버리는 경우가 많아요.

경제왕, 전인구

새로운 아이디어가 떠오르면, 그 아이디어를 기록하고 그것에 대해 자료를 찾아보세요. 그러면 아이디어를 실현할 방법도 찾을 수 있을 거예요. 그런데 창의성을 높이는 것만큼 중요한 것이 있어요. 바로 먼저 경제를 알아야 한다는 거예요. 경제를 알아야 아이디어를 실천할 수 있어요.

경백이

경제를 알려면 무엇을 해야 하나요?

경제왕, 전인구

어린이 여러분이 할 수 있는 가장 쉬운 경제 공부는 은행에 저금하는 거예요. 또, 부모님과 함께 주식을 해 보는 것도 좋아요. 어떤 기업의 주식을 사면 좋을지 부모님과 의논하면서 투자할 기업에 대해 알아보고, 그 기업이 만든 제품에 관심을 가져 보는 것도 좋아요.

경백이

오, 그런 방법도 있군요. 전인구 선생님, 오늘도 감사합니다.

경제가 계속 발전하려면 혁신을 해야 해요. 혁신을 하기 위해서는 창의력이 있어야 해요. 창의력을 기르려면 주변을 새로운 눈으로 관찰하는 것부터 시작해 보세요.

111

나라와 나라 사이에 재화와 서비스를 사고파는 것을 무역이라고 해요.
무역이 왜 필요한지, 보호 무역과 자유 무역은 무엇인지,
우리나라의 수출품과 수입품은 무엇인지 등을 알아보아요.

3장
국제 무역

무역 | 절대 우위와 비교 우위 | 보호 무역과 자유 무역 | 무역 마찰과 자유 무역 협정 | 환율

무역

무역은 나라와 나라가 물건을 사고팔거나 교환하는 일을 말해요. 자기 나라의 상품이나 기술을 다른 나라에 파는 것을 수출이라고 하고, 반대로 다른 나라의 상품이나 기술을 자기 나라에 들여오는 것을 수입이라고 하지요.

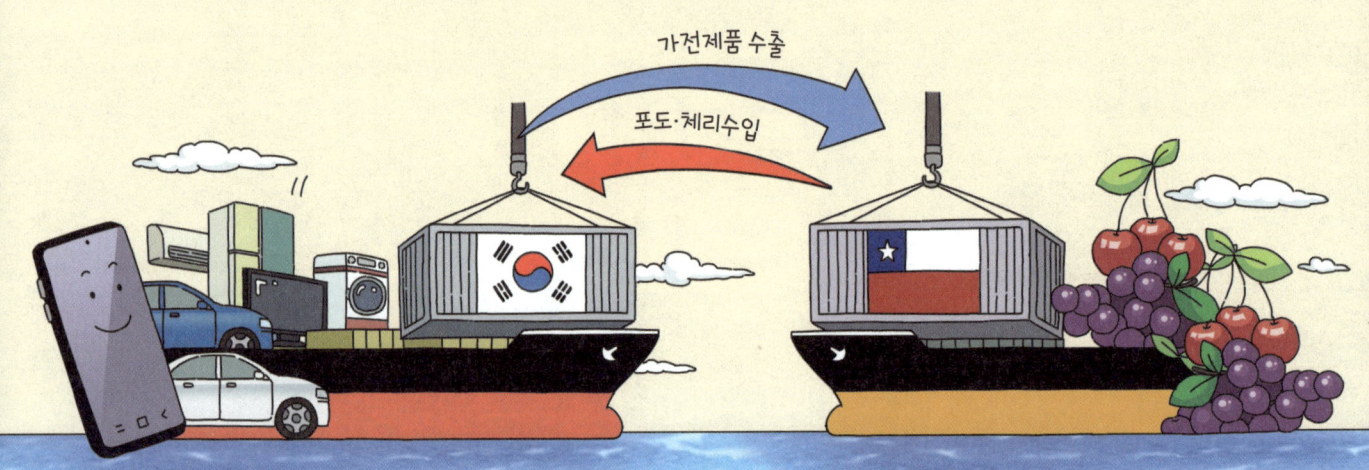

 **무역을 하면 좋은 점**

나라마다 자원과 기술이 다르기 때문에 생산할 수 있는 상품과 서비스가 모두 달라요. 예를 들어, 농업이 발전한 칠레는 포도나 체리 등을 많이 생산해요. 우리나라는 가전제품, 휴대 전화, 자동차를 잘 만들지요. 그래서 우리나라는 가전제품, 자동차 등을 칠레로 수출하고, 칠레에서 포도, 체리 등을 수입해요.

이렇게 무역을 하면 자신의 나라에서 부족하거나 생산되지 않는 것을 다른 나라에서 들여올 수 있어요. 물건뿐만 아니라 기술, 자본 등을 들여와서 경제 성장에 기여할 수도 있지요. 자신의 나라에서 많이 나는 상품과 서비스를 팔아 돈을 벌 수도 있답니다.

 ## 수입품에 붙는 세금, 관세

우리나라와 멀리 떨어진 다른 나라와 무역을 하는 것은 쉽지 않은 일이에요. 우선 많은 양의 물건을 다른 나라로 가져가려면 비용이 많이 들어요. 또, 대부분의 나라에서는 다른 나라의 물건을 수입하면서 관세를 받아요. 관세는 한 상품이 한 나라의 국경을 넘을 때 내는 세금이에요. 그러면 수입품의 가격이 비싸져서 국민들이 자기 나라의 상품을 사게 되지요. **대부분의 나라가 수입보다는 수출을 많이 하고 싶어 하기** 때문에 관세를 매기는 거예요. 수출을 많이 해야 나라가 돈을 많이 버니까요. 그런데 어떤 나라가 수출만 많이 하고 수입을 적게 하면 그 나라에 불만이 생기고, 불만이 쌓이면 분쟁이 생길 수도 있어요.

지금은 유럽 연합처럼 여러 나라가 경제적으로 하나가 되어 서로 관세를 받지 않고 무역을 하거나, 자유 무역 협정을 맺은 나라끼리는 관세를 적게 받거나 아예 받지 않는 경우가 늘고 있어요.

 ## 관세가 다른 까닭

관세는 수입품의 종류에 따라 다르게 붙어요. **우리나라에서 생산되지 않지만 꼭 필요한 상품은 관세가 낮아요.** 예를 들어, 석탄, 철광석 등에는 관세가 거의 붙지 않아요. 석유도 낮은 관세를 받지요. 하지만 생활하는 데 꼭 필요하지 않은 사치품이나 **우리나라에서 꼭 보호해야 하는 상품은 관세를 높여서 비싸게 만들어요.** 예를 들어, 모피, 골프채, 향수, 귀금속과 같은 사치품에는 높은 관세를 붙여서 가격을 높여요. 사치품이 많이 팔리지 않도록 하기 위해서예요. 또, 우리 농산물을 보호하기 위해 농산물이 생산되는 시기에는 높은 관세를 붙이고, 그렇지 않은 시기에는 관세를 붙이지 않거나 적게 붙여요. 대부분의 수입품에는 관세가 붙지만 책, 잡지, 우표 등 관세가 붙지 않는 비과세 상품도 있답니다.

관세가 낮은 수입품

관세가 높은 수입품

 ## 수출이 활발한 우리나라

1961년, 우리나라는 경제 개발 5개년 계획을 세우고 수출을 많이 하기 위해 노력했어요. 천연자원이 부족한 우리나라는 수출을 많이 해야 경제를 발전시킬 수 있었기 때문이에요. 1947년에 1억 달러였던 우리나라의 연간 무역 규모는 1988년에는 1,100억 달러가 됐고, 2011년 12월 5일에는 1조 달러를 돌파했어요. 그래서 이를 기념하기 위해 12월 5일을 무역의 날로 정해 매년 기념하고 있어요. 2012년에는 세계 수출 7강, 무역 8강에 진입했어요.

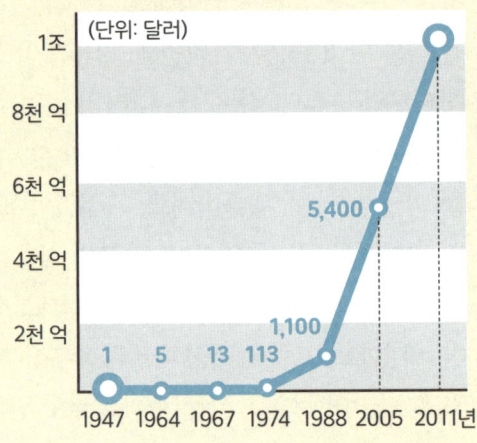

우리나라 무역 규모 추이

*출처: 지식 경제부

 ## 우리나라 무역의 특징

우리나라는 수입도, 수출도 많이 하는 나라예요. 지금 우리나라만큼 무역 규모가 큰 나라는 10개국도 안 돼요. 우리나라는 자원이 부족하기 때문에 원유, 천연가스, 석탄 등을 주로 수입해요. 그리고 수입된 자원을 이용하여 높은 기술력으로 만든 가전제품, 자동차, 휴대 전화 등을 수출하지요. 대부분의 전자제품에 들어가는 반도체는 전 세계로 수출되는 우리나라의 대표 수출품이에요.

 우리나라 주요 수출 상대국

우리나라는 중국, 미국, 일본과 무역을 많이 해요. 중국과 미국에 40퍼센트 이상을 수출하고, 중국, 미국, 일본에서 40퍼센트 이상을 수입하고 있어요. 그래서 중국, 미국, 일본의 경제 상황이 우리나라 경제에 많은 영향을 미쳐요. 미국이나 중국의 경제가 좋지 않아 우리나라 상품을 수입하지 않으면 우리나라 경제가 나빠지기도 해요.

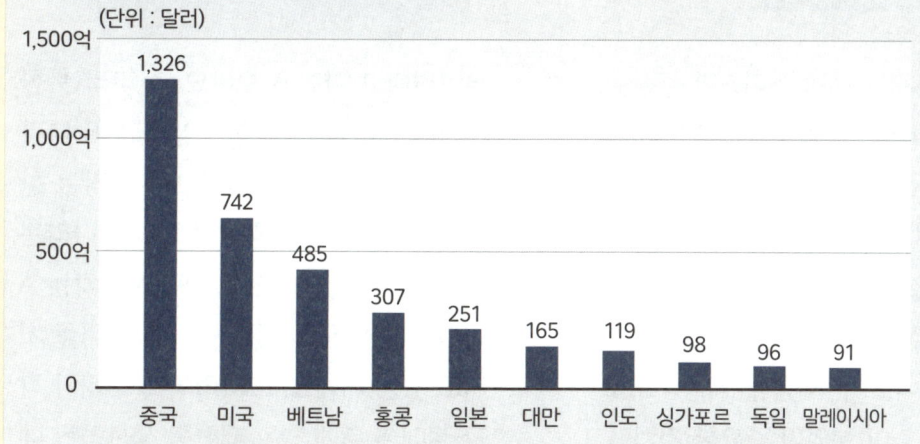

 대한민국 수출 품목 1위는 뭘까요?

우리나라는 세계 10위 안에 드는 수출 강국이에요. 다양한 수출 품목 중 1위는 '반도체'예요. 세계적인 우리나라 반도체 생산 회사로는 '삼성전자'와 'SK 하이닉스' 등이 있어요. 주로 중국, 홍콩, 베트남으로 수출하고 있어요.

절대 우위와 비교 우위

절대 우위는 다른 나라들보다 훨씬 적은 생산비용이 드는 재화를 수출해야 큰 이익을 낼 수 있다는 주장이에요. 이에 비해 비교 우위는 한 나라가 생산할 수 있는 여러 재화 중에 상대적으로 더 적은 생산비용이 드는 재화를 선택해 수출해야 이익을 낼 수 있다는 주장이에요.

 절대 우위

절대 우위는 애덤 스미스가 주장했어요. 어느 나라든 절대 우위에 있는 재화가 있으므로 절대 우위에 있는 제품을 수출하면 모든 나라가 이익을 볼 수 있다는 내용이에요. 절대 우위를 통해 국제 무역의 필요성을 주장한 거예요.

애덤 스미스는 제품을 효율적으로 생산하는 데 있어 분업이 중요한 것처럼, 나라와 나라끼리도 분업을 하면 훨씬 큰 이익을 낼 수 있다고 했어요. 예를 들어, A 나라와 B 나라가 자동차와 신발을 만들어 무역한다고 가정해 보아요. A 나라는 한 시간에 자동차 10대를 생산하고, B 나라는 1대를 생산해요. 그리고 A 나라는 한 시간에 신발 2켤레를 생산하고, B 나라는 200켤레를 생산해요. 그러면 자동차는 A 나라가, 신발은 B 나라가 절대 우위를 가지고 있는 거예요. A 나라와 B 나라가 각자 절대 우위에 있는 재화를 생산하는 데 집중하고 이를 무역하는 것이 더 효율적이죠. 이것을 국제 분업이라고 해요.

나라 품목	A 나라	B 나라
자동차	10대	1대
신발	2켤레	200켤레

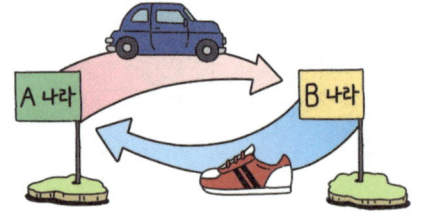

비교 우위

비교 우위는 영국의 경제학자 데이비드 리카도가 주장했어요. 무역을 할 때 비교 우위에 있는 상품을 수출하는 것이 더 이익이라는 내용이지요. 예를 들어, A 나라는 한 시간에 모자를 16개, 가방을 20개 만들 수 있고, B 나라는 한 시간에 모자를 12개, 가방을 8개 만들 수 있어요. 이때, 모자와 가방을 1:1로 교환할 수 있다고 가정해 보아요. 그렇다면 A 나라는 모자와 가방에 모두 절대 우위를 가지고 있으므로 두 나라 사이에 무역이 일어나지 않을까요? 그렇지 않아요. A 나라와 B 나라는 모자를 만들 때와 가방을 만들 때를 비교하여 이익이 더 큰 쪽을 선택할 수 있기 때문이에요. 이에 따라 A 나라는 모자를 만들 시간에 가방 20개를 더 만들고, B 나라는 가방을 만들 시간에 모자 12개를 더 만들어 교환하면 A 나라와 B 나라 모두 이익을 얻을 수 있어요. 즉, A 나라는 가방에, B 나라는 모자에 비교 우위를 가지고 있는 거예요. 그러므로 절대 우위에 있는 상품이 없어도 무역은 일어날 수 있어요.

> A 나라는 가방에, B 나라는 모자에 비교 우위가 있어.

	A 나라	B 나라
모자	16개	12개
가방	20개	8개

기회비용과 절대 우위

절대 우위에 있는 상품이 여러 개일 때는 그중 한 가지만 선택하는 것이 유리해요. 예를 들어, A 나라가 자동차와 곡물에 절대 우위를 가지고 있다고 가정해 보아요. 이때 생각해 봐야 하는 것이 기회비용이에요. 시간이라는 자원은 정해져 있어요. 그래서 A 나라가 자동차를 선택하고 곡물을 포기할 때의 기회비용과, 곡물을 선택하고 자동차를 포기할 때의 기회비용을 따져 보아서 더 이익이 많은 쪽을 선택하는 것이 유리해요.

보호 무역과 자유 무역

보호 무역은 자기 나라의 산업을 보호하고 발전시키기 위해 국가가 무역 활동에 개입하는 무역 정책이에요. 유럽과 미국에서 자기 나라의 산업을 보호하면서 시작됐어요.
자유 무역은 나라가 무역에 개입하지 않고 수입할 때 관세도 매기지 않는, 말그대로 자유로운 무역 정책이에요.

보호 무역

보호 무역을 하는 나라들은 자기 나라의 산업을 보호하기 위해 수입을 막는 여러 가지 법을 만들어요. 수입을 최대한 줄이기 위해서예요. 보호 무역을 하면 **다른 나라에서 값싸고 품질 좋은 상품이 수입됐을 때 자기 나라의 산업이 손해보지 않게 보호**할 수 있어요. 하지만 다른 나라와 갈등이 생길 수 있고, 보호받는 산업의 기술 발전을 막을 수 있어요.

보호 무역을 하는 나라에서는 수입을 최대한 막기 위해서 다른 나라의 수입 상품에 높은 세금을 부과해요. 그렇게 되면 수입 상품의 가격이 크게 올라서 소비자들이 수입 상품을 사지 않게 돼요. 그 밖에 수입 상품의 수량을 정하거나, 수입할 때 반드시 허가를 받게 하거나, 수입을 정부에서만 할 수 있게 하는 방법이 있어요.

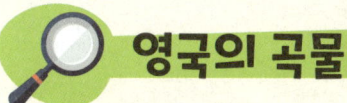 영국의 곡물법

1815년, 영국은 수입 농산물에 높은 관세를 부과하는 곡물법을 제정했어요. 곡물 가격이 내려가면 손해를 보는 땅주인들이 자신들의 이익을 지키기 위해서였어요. 곡물 가격이 비싸지면 노동자들이 매일 사 먹어야 하는 빵값도 비싸져요. 그래서 노동자들이 이 법에 반대하는 시위를 벌이기 시작했어요. 그리고 노동자들에게 임금을 주어야 할 공장주들도 곡물법을 좋아하지 않았어요. 빵값이 올라서 노동자들이 임금을 더 달라고 했기 때문이에요. 결국, 1846년에 곡물법은 사라졌어요. 그 후 영국의 곡물 가격이 내려가고, 자유 무역이 시작됐어요.

자유 무역

자유 무역을 하면 **산업이 발전하고 수출을 많이 하는 나라에 더 많은 이익**을 가져와요. 수출을 많이 할수록 나라가 부강해지기 때문이지요. 곡물법을 폐지할 무렵, 영국은 산업 혁명의 성공으로 대량 생산을 시작했어요. 그래서 상품을 팔 새로운 시장이 필요했지요. 영국은 1860년에 프랑스와 무역을 자유롭게 할 수 있는 협정을 맺고, 1870년 무렵에는 유럽의 많은 나라와 비슷한 협약을 맺었어요. 자유 무역이 시작된 거예요. 그런데 자유 무역이 시작되자 산업이 발전한 나라는 경제적 풍요를 누리게 되었지만 발전하지 못한 나라는 경제가 더 어려워졌어요.

무역 마찰과 자유 무역 협정

무역 마찰은 무역을 하는 나라와 나라 사이에 균형이 깨질 때 일어나는 분쟁을 말해요. 자유 무역 협정은 무역을 할 때 국내에서 거래하는 것처럼 자유롭게 하자는 거예요.

무역 마찰

대부분의 나라는 수출은 많이 하고 수입은 적게 하고 싶어 해요. 수입한 상품이 자기 나라에서 만든 상품보다 많이 팔리면 그 상품을 만드는 자기 나라의 기업이 어려워지고 그 결과 경제가 어려워지기 때문이에요. 그래서 수출을 많이 하는 나라에 자기 나라의 상품을 많이 수입하라고 요구하거나 수입하는 상품에 높은 관세를 붙이기도 해요. 또, 수입 절차를 까다롭게 해서 가능한 한 수입을 못하도록 만들어요. 이렇게 **수입을 막으면 수출하는 나라와 수입하는 나라 사이에 다툼**이 일어나기도 해요. 무역 마찰이 일어나면 나라끼리 대화나 협상을 통해 직접 해결하기도 해요. 하지만 세계 무역 기구(WTO)에 제소하여 해결 방안을 찾기도 한답니다.

세계 무역 기구

세계 무역 기구는 나라와 나라 사이에 무역 분쟁이 일어났을 때 이것을 심판하고 잘못된 것을 고치도록 감시하는 국제기구예요. 1995년에 스위스 제네바에서 설립됐어요. 세계 무역 기구는 회원국 사이에 무역 분쟁이 일어나면 이를 심판할 뿐만 아니라 가입국들이 공정하게 무역할 수 있도록 하는 여러 가지 활동을 하고 있어요. 이뿐만 아니라 가입국들의 무역 장벽을 낮추기 위해 노력해요. 상품들의 관세율을 조정하고, 지적 재산권이나 서비스 등의 분야도 자유롭게 무역할 수 있도록 활동하고 있지요.

 자유 무역 협정의 장점과 단점

우리나라와 처음 자유 무역 협정을 맺은 나라는 칠레예요. 자유 무역 협정을 맺은 뒤에 우리나라는 칠레에서 포도와 와인을 싼값에 수입하고, 칠레에 자동차와 가전제품을 더 많이 수출할 수 있게 됐지요. 그 뒤 우리나라는 싱가포르, 인도, 유럽 연합, 페루, 미국, 터키 등과 차례로 자유 무역 협정을 맺었어요.

자유 무역 협정을 맺게 되면 소비자는 싼값에 물건을 살 수 있어요. 하지만 경쟁력이 없는 산업에서 일하는 사람들이 피해를 받아요. 예를 들어, 칠레에서 값싼 포도가 수입이 되면 우리나라에서 포도를 생산하는 농민들은 큰 피해를 입을 수밖에 없어요. 또, 우리나라의 반도체나 자동차처럼 경쟁력 있는 산업만 발전시키고 농업처럼 경쟁력 없는 산업에 투자를 하지 않으면 나중에는 우리 국민들에게 꼭 필요한 농산물 등을 비싸게 수입해야 할 수도 있어요.

자유 무역 협정과 스파게티볼 효과

자유 무역 협정을 맺는 나라들은 수출이 증가되고, 물가가 안정되고, 일자리가 늘어나기를 바랄 거예요. 하지만 '스파게티볼 효과'라는 문제점이 일어날 수 있어요. 스파게티볼 효과는 한 나라가 여러 나라와 동시에 자유 무역 협정을 맺으면 각 나라의 복잡한 절차와 규정이 뒤섞여 생긴 혼란 때문에 자유 무역이라는 목적이 훼손되는 현상을 말해요. 이렇게 무역을 방해하는 모습이 마치 스파게티를 마구 비벼 놓은 듯하다고 해서 붙여진 이름이에요.

환율

환율은 자기 나라 돈과 다른 나라 돈의 교환 비율로, 자기 나라 통화의 가치를 다른 나라 통화로 나타낸 거예요. 통화 가치의 기준은 미국의 달러로 표시하는데, 미국의 달러가 세계 각 나라의 통화 가치를 결정하기 때문이에요.

 ## 환율과 환전

우리나라의 화폐 단위는 '원'이에요. 미국은 '달러', 영국은 '파운드', 유럽은 '유로', 일본은 '엔', 중국은 '위안'이지요. 이처럼 나라마다 쓰는 화폐가 달라요. 그래서 다른 나라로 여행을 하려면 우리나라 화폐를 그 나라 화폐로 바꾸어야 해요. 이것을 '환전'이라고 하는데, **환전을 할 때는 환율을 잘 따져야 해요. 환율이 매일매일 달라지기 때문이에요.** 환율이 달라지면 바꿀 수 있는 돈의 양도 달라져요.

'원·달러 환율'은 1달러의 가격을 우리나라 돈으로 표시한 것이에요. 미국 돈 1달러의 가격이 1,300원이면 우리나라 돈 1,300원으로 미국 돈 1달러를 살 수 있다는 뜻이에요.

환율이 바뀌는 까닭

환율은 **그 나라 돈이 다른 나라의 돈에 비해 얼마나 가치가 있는가를 나타내는** 거예요. 그래서 돈의 가치도 상품처럼 그 나라 돈을 가지고 싶어 하는 사람이 많고 적음에 따라서 날마다 달라져요.

환율이 바뀌는 요인에는 여러 가지가 있어요. 국민 소득, 물가 수준, 경제 성장률, 통화량이나 금리 등이 환율에 영향을 미치지요. 특히 우리나라처럼 수출과 수입을 많이 하는 나라는 환율이 매우 중요해요. 환율에 따라 무역량이 달라지는 등 경제에 큰 영향을 끼쳐요.

환율과 무역

환율은 무역에 크게 영향을 미치는데, **환율이 오르면 수출하는 기업에 유리**해요. 예를 들어, 1달러짜리 상품을 미국에 수출하던 기업은 1달러 환율이 1,000원에서 1,200원으로 오르면 어떻게 될까요? 수출하는 기업은 1,000원짜리 상품을 1,200원을 받고 파는 것과 같아요. 이에 비해 **수입하는 기업에게 불리**해요. 1달러짜리 상품을 미국에서 수입하던 기업은 1달러 환율이 1,000원에서 1,200원으로 오르면 1달러에 수입한 상품을 1,200원에 팔아야 해서 상품을 많이 팔 수 없게 돼요. 또, 같은 양을 수입하더라도 환율이 오르면 더 많은 돈을 주어야 해요.

그러면 환율이 내리면 어떻게 될까요? **환율이 내리면 수출하는 기업은 손해를 보고, 수입하는 기업은 이익**을 보게 돼요.

무역과 저축은 어떤 관계가 있을까?

경백이

어린이 여러분 안녕하세요? 오늘도 경제왕, 전인구 선생님을 모시고, 재미있는 경제 공부를 해 보겠습니다. 전인구 선생님, 이번 시간에는 무엇을 이야기해 볼까요?

경제왕, 전인구

이번에는 여러분이 은행에 저축한 돈이 국가 경제에 어떤 영향을 미치는지 알아볼 거예요.

경백이

은행에 저축하면 내 돈을 모으고 불리는 것인데, 그게 국가 경제에 도움이 되나요?

경제왕, 전인구

은행에 저축하면 은행은 그 돈을 기업이나 개인에게 빌려줍니다. 만약 은행이 기업에 돈을 빌려주면 기업은 그 돈으로 새로운 기술에 투자하여 기업을 발전시킬 거예요. 그러면 일자리가 늘어나 국가 경제도 발전해요.

경백이

아하! 그렇군요.

경제왕, 전인구

이뿐만이 아니에요. 더 좋은 물건을 생산하는 기업은 다른 나라에 더 많은 상품을 수출할 수도 있게 됩니다. 어때요? 어린이 여러분이 은행에 저금하는 것만으로도 국가 경제에 큰 도움이 된다는 것을 알겠지요.

경백이

우리나라 경제를 위해 은행에 저금을 많이 해야겠어요.

경제왕, 전인구

우리나라는 수출과 수입을 많이 하는 무역 대국이에요. 그런데 우리나라 무역이 이렇게 발전하게 된 것도 국민이 은행에 저축을 많이 한 덕분이에요. 우리나라가 가난하던 시절에 국민이 은행에 저축한 돈과 다른 나라에서 빌려 온 돈으로 산업을 발전시킬 수 있었답니다.

경백이

저축이 그렇게 중요한지 몰랐어요.

경제왕, 전인구

이제라도 알면 됐어요. 그런데 경백군은 무역이 왜 중요한지 알고 있나요?

경백이

무역을 하지 않으면 제가 좋아하는 바나나를 못 먹지 않을까요?

경제왕, 전인구

하하! 맞아요. 무역 덕분에 우리는 열대 과일도 먹을 수 있고, 석유를 들여와 산업을 발전시킬 수 있고, 우리가 만든 상품을 수출하여 돈을 벌 수 있는 거예요. 또, 무역은 전 세계를 매우 가깝게 만들어 주어요. 무역이 발전한 덕분에 우리는 전 세계의 다양한 상품과 서비스를 누릴 수 있어요.

경백이

오늘은 우리가 은행에 저금한 돈이 무역에도 도움을 준다는 것을 알게 됐어요. 전인구 선생님, 오늘도 재미있는 경제 이야기를 들려주셔서 감사합니다.

기업은 은행에서 빌린 돈으로 새로운 기술을 개발하고, 좋은 상품을 만들며, 그 상품을 수출하여 국가 경제를 발전시킬 수 있어요.

ESG는 환경, 사회, 지배 구조를 뜻해요. 기업을 평가하는 아주 중요한 기준이에요. 각각 어떤 의미를 담고 있는지 자세히 살펴보아요.

ESG 경영

기업의 사회적 책임과 공유 가치 창출 | ESG 경영 |
환경 경영 | 사회적 책임 경영 | 기업 지배 구조

기업의 사회적 책임과 공유 가치 창출

기업의 사회적 책임은 기업이 노동자, 소비자, 기업이 자리 잡은 지역에 이익이 될 수 있는 결정을 내려야 한다는 윤리적 책임 의식을 말해요. 공유 가치 창출은 기업이 자리 잡은 지역의 요구를 파악하고 해결하면서 경제적 수익과 사회적 가치를 함께 창출하는 경영 전략을 말해요.

 기업의 사회적 책임

기업은 상품을 생산하고 판매하는 과정에서 노동자, 소비자뿐만 아니라 기업이 자리 잡고 있는 지역 사회와 관계가 얽혀 있어요. 노동자들이 일하는 환경과 지역 사회에 일으키는 환경 문제 등에 책임이 있지요.

세계 대전이 끝난 뒤 기업들은 기업의 이익을 최대한 많이 내기 위해서 노동자들을 나쁜 환경에서 오랜 시간 일을 하게 하고 쉬지도 못하게 했어요. 또, 지역 사회에 오염 물질도 마구 내뿜었지요. 당연히 기업을 비난하는 목소리가 높아졌어요.

기업을 경영하면서 **기업과 관계를 맺고 있는 사람과 지역 사회의 이익까지 살펴야 한다는 기업의 사회적 책임**에 대한 개념은 1960년대 미국에서 시작됐어요. 2000년대 이후에는 많은 기업이 기업의 사회적 책임을 지키기 위해 노력하고 있어요. 우리나라 기업 가운데 기업의 사회적 책임에 앞장선 것으로 유명한 유한킴벌리는 화장지를 만드는 회사로, 나무 심기, 숲 가꾸기 등의 캠페인을 펼치고 있어요.

 ## 공유 가치 창출

공유 가치 창출은 사회적 책임을 지킨 기업이 지역 사회의 발전과 사회적 가치를 함께 만들어 내는 거예요. 즉, 기업의 사회적 책임이 노동자와 지역 사회에서 일어나는 문제를 책임져야 한다는 기업의 책임 의식을 보여 주는 것이라면, 공유 가치 창출은 **기업과 지역 사회가 함께 성장할 수 있는 방법**을 찾는 거예요.

세계적으로 유명한 한 커피 회사는 커피를 재배하는 농민들도 이익을 얻을 수 있는 방법을 찾았어요. 이 커피 회사는 커피 농가에 묘목을 지원하고, 재배 기술을 교육했으며, 중간 상인을 거치지 않고 높은 가격으로 농민들에게 직접 커피를 샀어요. 이를 통해 커피 농가들은 품질 좋은 커피를 생산할 수 있었고 소득도 높아졌지요. 커피 회사도 품질 좋은 커피를 안정적이고 지속적으로 공급받을 수 있게 됐어요. 이렇게 공유 가치 창출로 기업과 지역 사회가 함께 발전할 수 있어요.

 ## 윤리적 소비와 공정 무역

기업은 사회적 책임과 공유 가치 창출에 기여했다고 하더라도 이윤을 내지 않으면 살아남을 수 없어요. 그렇기 때문에 소비자들이 사회적 책임과 공유 가치 창출에 노력하는 기업의 재화를 사 주어야 해요. 이를 '윤리적 소비'라고 해요. 윤리적 소비는 소비자가 상품의 가격과 품질만 살피고 소비를 하는 것이 아니라, 그 상품의 소비가 **다른 사람이나 사회 및 환경에 미치는 영향까지 생각해서 소비**하는 거예요. 윤리적 소비를 하는 사람들은 인간, 동물, 환경에 해를 끼치는 상품을 사지 않도록 노력해요. 또한, 수입한 상품을 살 때도 공정 무역을 통해서 들여온 상품인지 살펴보고 소비를 해요. **공정 무역이란 생산자의 노동에 정당한 대가를 지불하면서 소비자에게는 좀 더 좋은 제품을 공급하는 윤리적인 무역**을 말해요.

ESG 경영

ESG 경영은 기업이 환경 보호에 앞장서고, 어려운 사람들을 돕는 등 사회 공헌 활동을 하며, 법과 윤리를 철저히 지키는 경영 활동을 말해요.

🔍 ESG 경영의 중요성

ESG란 **환경**(Environment)·**사회**(Social)·**지배 구조**(Governance)를 뜻하는 말로, ESG 경영은 이를 주요 전략으로 삼는 기업 경영을 뜻해요. 2004년에 유엔 사무총장 코피 아난이 세계적인 투자 기관의 최고 경영자 50명에게 기업의 사회적 책임을 강조하며 보낸 보고서에서 처음 썼어요. 예전에는 기업을 평가할 때 돈을 얼마나 잘 버는지, 자산과 빚은 얼마나 있는지 등을 따졌어요. 하지만 지금은 기업의 사회적 책임과 공유 가치 창출이 점점 중요해지면서 세계적인 투자 회사들이 투자를 결정할 때 ESG 경영을 중요한 평가 기준으로 삼고 있어요. 그중 지속 가능한 발전을 위해 노력하는 기업을 높게 평가하지요.

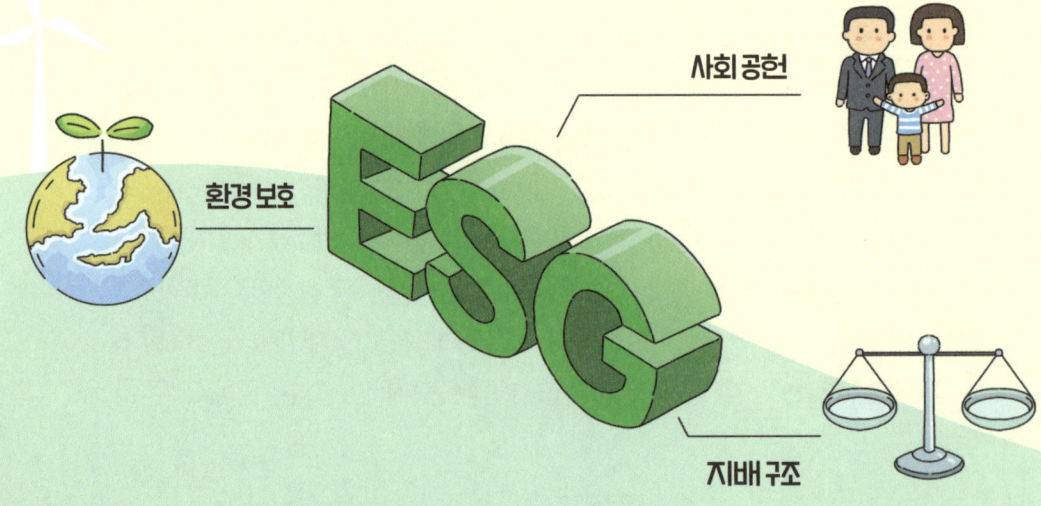

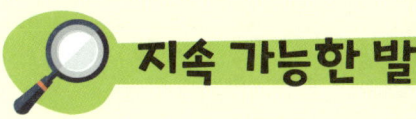 지속 가능한 발전

18세기, 영국에서 시작된 산업 혁명으로 인해 인류는 눈부신 경제 발전을 이루어 냈어요. 하지만 공장 굴뚝에서 나오는 시커먼 매연 때문에 공기는 오염되고 공장에서 나오는 더러운 물 때문에 강과 바다가 더러워졌어요. 지구촌 곳곳에서 기후 변화로 인해 자연 재해가 발생하고 있어요. 이에 따라서 **자연을 훼손시키거나 천연자원을 고갈하지 않는 상태를 오랫동안 유지하는 '지속 가능성'**에 관심을 가지게 됐어요. 지속 가능성이란 말은 1972년 국제적인 미래 연구 기관인 로마 클럽이 '성장의 한계'라는 보고서에서 처음 사용했어요.

지구 온난화로 인한 기후 변화가 심각한 만큼 앞으로는 환경을 보호하고, 지속 가능한 발전에 노력하는 기업을 높게 평가할 수밖에 없어요.

 지속 가능한 발전을 위한 세계의 노력

1992년 6월, 브라질 리우데자네이루에서 개최된 유엔 환경 개발 회의에서는 지속 가능한 발전이라는 목표를 달성하기 위한 기본 원칙을 담은 선언서를 발표했어요. 이것이 '리우 선언'이에요.

우리나라는 2008년에 지속 가능 발전법을 제정했어요. 지속 가능 발전법에는 '지속 가능성이란 현재 세대의 필요를 충족하기 위해 미래 세대가 사용할 경제·사회·환경 등의 자원을 낭비하거나 여건을 떨어뜨리지 아니하고 서로 조화와 균형을 이루는 것'이라고 규정했어요. 2012년, 브라질 리우데자네이루에서 열린 '유엔 지속 가능 발전 회의'에서는 지속 가능한 발전 목표가 경제, 환경뿐만 아니라 사회가 균형 있게 성장하는 것이라고 했어요.

환경 경영

환경을 보전하는 것도 기업의 역할이야.

ESG에서 'E'는 환경을 뜻하는 말로, 환경 경영은 기업이 환경 보호에 앞장서야 한다는 말이에요. 기업가는 제품을 생산할 때부터 소비할 때까지 모든 과정에서 발생하는 환경 피해를 줄이면서 지속 가능한 발전을 목표로 기업을 경영해야 해요.

🔍 기업의 발전과 환경 경영

오늘날, 기업가들은 기업을 발전시키기 위해 환경 경영을 꼭 실천해야 해요. 환경 경영을 하지 못한다면 기업이 살아남을 수 없어요. 세계적인 투자 기관들은 환경 경영을 평가 항목에 넣어 점수가 낮은 기업에는 투자하지 않거나 투자한 돈을 다시 돌려받아요. 유엔 환경 계획은 친환경 상품과 서비스를 생산하는 기업에 자금을 제공하고 환경 파괴 기업에는 자금을 제공하지 않는 '녹색 금융 운동'을 펼치고 있어요.

🔍 환경 경영을 실천한 기업

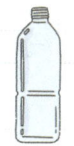

플라스틱병 한 개로 블록 열 개를 만들 수 있어.

파타고니아

'파타고니아'는 야외 활동을 할 때 필요한 옷과 장비를 만드는 미국 기업이에요. 2011년에 파타고니아는 '이 재킷을 사지 마세요'라는 광고를 했어요. 새 재킷을 만들려면 135리터의 물, 20파운드의 탄소 배출, 그리고 완성품의 3분의 2에 달하는 쓰레기를 남긴다면서 새 재킷을 사 입는 것보다는 예전에 산 옷을 계속 입으라고 호소하는 내용이었어요. 지금도 파타고니아는 사람들이 오래 입을 수 있는 제품을 만들고자 노력해요. 이뿐만 아니라 친환경 원료를 이용해 최대한 환경 오염을 줄이고 있지요.

레고 그룹

1932년에 덴마크에 세워진 '레고 그룹'은 전 세계에서 가장 유명한 블록 장난감을 만드는 기업이에요. 레고는 플라스틱으로 만들어요. 그런데 플라스틱은 석유에서 나온 물질로, 제조할 때 많은 양의 탄소가 배출되어 환경에 큰 피해를 줘요.

레고 그룹에서는 2030년까지 플라스틱으로 만든 레고 블록을 모두 친환경 재료로 바꾸겠다고 발표했어요. 또, 페트병을 이용해 블록 만드는 방법을 연구해 1리터 페트병 하나로 열 개의 표준 레고 블록을 만드는 데 성공했지요.

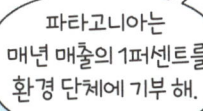

파타고니아는 매년 매출의 1퍼센트를 환경 단체에 기부 해.

🔍 환경 경영을 위한 세계의 노력

RE100은 '재생 에너지 100퍼센트'의 약자예요. 기업이 사용하는 전력량의 100퍼센트를 2050년까지 풍력 발전이나 태양광 에너지 같은 재생 에너지 전력으로 바꾸겠다는 목표를 가진 국제 캠페인으로, **환경을 오염시키는 석탄이나 석유, 천연가스 등을 이용하지 말자**는 운동이에요. 미국, 유럽을 중심으로 세계적 기업들이 RE100을 선언하고 있어요. 우리나라의 '삼성전자', '현대자동차', 'SK텔레콤' 같은 기업들도 참여하고 있지요.

2020년에 유럽 연합은 어떤 에너지원이 친환경에 속하는지 아닌지를 알려 주는 분류 체계를 발표했어요. 이를 '녹색 분류 체계'라고 하는데, 영어로는 '그린 택소노미'라고 불러요. 우리나라도 2021년에 '한국형 녹색 분류 체계(K택소노미)'를 발표했어요.

사회적 책임 경영

ESG에서 'S'는 사회를 뜻하는 말로, 사회적 책임 경영은 기업이 사회적 책임을 다해야 한다는 말이에요. 기업을 도덕적으로 경영해야 한다는 것이지요.

 기업의 발전과 사회적 책임 경영

오늘날에는 기업이 발전하려면 사회적 책임 경영을 반드시 실천해야 해요. 소비자들이 사회적 책임을 다하지 않은 기업의 상품을 소비하지 않으려고 하기 때문이에요. 이뿐만 아니라 사회적 책임 경영을 실천하지 않는 기업은 투자 회사나 금융 회사로부터 경영에 필요한 투자를 받을 수 없어요.

기업이 가장 먼저 해야 하는 사회적 책임 경영은 노동자들이 안전하고 쾌적한 환경에서 일할 수 있도록 만드는 거예요. 또한, 기업이 얻은 이익을 다시 사회를 위해서 쓰는 것도 중요하며 사회적 문제에도 책임을 다해야 해요. 이와 함께 소비자에게서 얻은 정보를 이용해서 기업이 이익을 보아서도 안 되지요.

 사회적 책임 경영을 실천한 기업

넷플릭스

1997년에 세워진 '넷플릭스'는 인터넷으로 영화나 드라마 같은 동영상을 볼 수 있는 미국의 회원제 주문형 비디오 웹사이트예요. 넷플릭스는 2021년에 발표한 보고서에서 직원의 성별과 인종별 비율을 공개하고, 더 다양한 인종을 채용하겠다고 밝혔어요. 그리고 그동안 가난하거나 차별받던 사람들의 이야기를 담은 작품을 늘리기 위해 '넷플릭스 창작 발전 기금'을 설립할 계획임을 알렸어요.

존슨앤드존슨

'존슨앤드존슨'는 미국의 제약 회사예요. 1982년에 존슨앤드존슨에서 만든 '타이레놀'이라는 진통제를 먹고 사람이 죽었어요. 누군가 타이레놀의 캡슐 안에 독약을 넣은 것이었지요. 그러자 존슨앤드존슨은 시장에 나와 있는 타이레놀을 모두 거두어들였어요. 사건이 일어난 직후에는 소비자들이 타이레놀을 구입하지 않았어요. 하지만 존슨앤드존슨이 사회적 책임을 다하는 모습에 다시 타이레놀을 구입하기 시작했어요.

사회적 가치

사회적 가치는 **사회, 경제, 환경 등의 모든 분야에서 사람들이 복지와 혜택을 누리고, 공동체 발전에 이바지할 수 있는 가치**를 말해요. 예를 들어, 인권 보호, 장애인이나 가난한 사람들에 대한 배려, 자유롭고 평등한 사회 같은 것들이지요. 점점 많은 소비자들이 사회적 가치를 지키는 기업의 상품을 소비하려고 하기 때문에 기업이 지속 가능한 발전을 하려면 사회적 가치를 지키도록 노력해야 해요.

기업 지배 구조

ESG 경영의 'G'는 지배 구조를 뜻해요. 기업이 올바른 이사회와 감사 위원회를 구성했는지, 뇌물과 관련된 부패 범죄를 저지르지는 않았는지, 기업 윤리를 준수하고 있는지 등이 기업 지배 구조를 평가하는 기준이에요.

 기업의 발전과 기업 지배 구조

기업의 지배 구조는 **대주주를 포함한 경영자, 소액 주주, 노동자 등 기업을 구성하고 있는 모든 사람의 다양한 관계**를 말해요. 다시 말해 기업을 경영하는 구조가 어떻게 되어 있느냐 하는 것이에요.

기업의 경영자는 기업을 구성하고 있는 모든 사람, 그중에서도 주주들의 이익을 지킬 수 있어야 해요. 이를 위해 기업을 올바르게 이끌 수 있도록 감시하고 통제할 수 있는 구조와 체계를 갖추어야 해요.

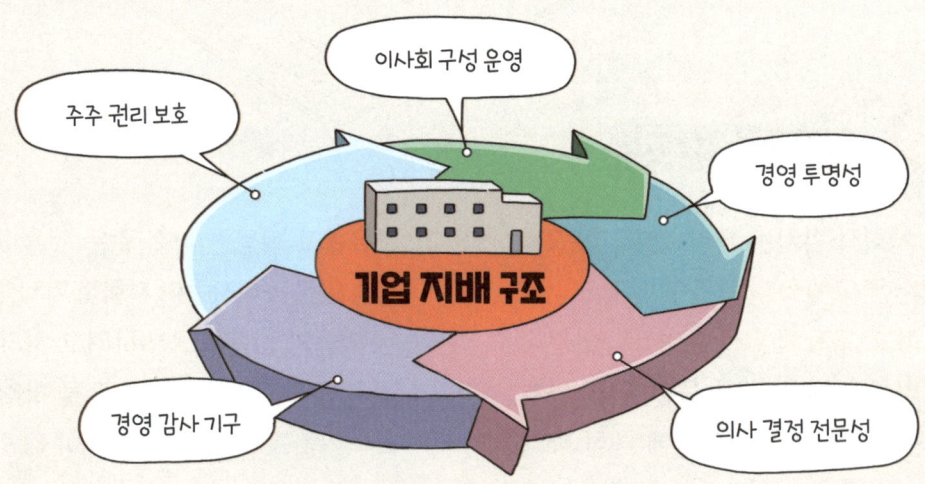

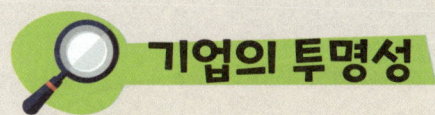
기업의 투명성

'기업의 투명성'이란 **기업에 관한 정보가 기업의 대주주뿐만 아니라 기업을 이루고 있는 모든 구성원에게 사실 그대로 알맞은 시기에 제공될 수 있는 상태**를 말해요. 기업의 투명성이 높으면 소비자들은 그 기업에 대한 신뢰가 높아지고, 기업에서 생산되는 재화나 서비스를 적극적으로 소비하려고 해요. 그러면 기업은 지속적인 발전을 이룰 수 있어요.

우리나라에서는 기업의 경영을 감시하는 여러 가지 제도를 두고 있어요. 예를 들어, 전문 경영인에게 기업의 경영을 맡기기도 하고, 대주주와 관련 없는 사람을 이사회에 참여시켜 대주주가 경영을 마음대로 하지 못하도록 막는 제도 등을 운영하고 있지요.

투명 경영을 실천하는 기업

발렌베리 가문

'발렌베리 가문'은 1856년에 세워진 스웨덴의 대표적인 기업 집단이에요. 수많은 기업을 거느리고 있지요. 발렌베리 가문은 기업을 경영하면서 얻은 이익의 85퍼센트를 세금으로 내고 있으며, 해마다 학교와 병원을 짓고, 과학 기술 및 학문 발전을 위해 많은 돈을 기부하고 있어요. 이뿐만 아니라 기업 경영의 투명성을 높이기 위해 직원 대표를 기업 경영에 참여시키고 있어요. 발렌베리 가문의 이러한 노력 덕분에 160년이 넘도록 기업을 유지할 수 있었어요.

에버레인

'에버레인'은 2011년에 세워진 미국의 패션 기업이에요. 기업의 투명성을 잘 실천하고 있는 기업으로 손꼽히고 있어요.

에버레인은 친환경적인 상품을 만들 뿐만 아니라 상품을 만드는 데 드는 모든 비용, 즉 원료와 임금, 운송비 등의 실제 비용을 투명하게 밝히고 있어요. 또한, 소비자들이 제품을 만드는 생산 공정을 감시할 수 있도록 하고 있어요. 소비자들은 공장의 노동 환경뿐만 아니라 생산되는 제품이 환경에 어떤 영향을 미치는지 등도 들여다볼 수 있어요.

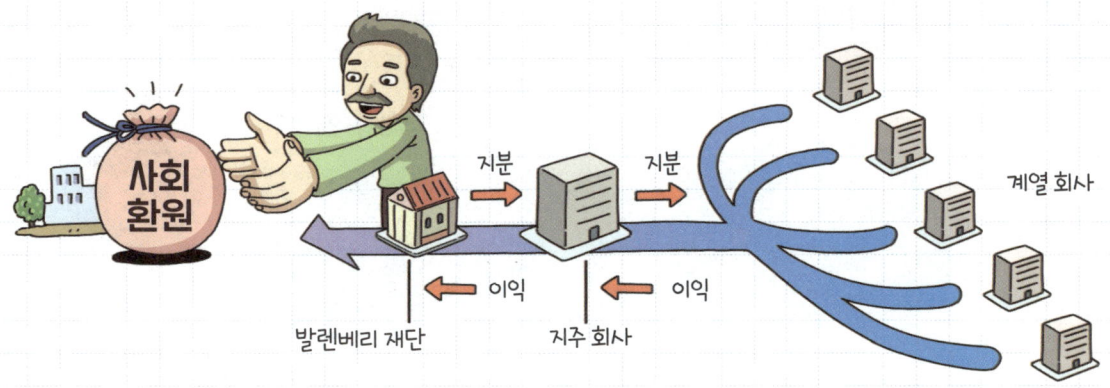

ESG를 실천하는 기업의 물건을 사면 무엇이 좋을까?

경백이
어린이 여러분, 안녕하세요? 오늘도 경제왕, 전인구 선생님을 모시고 재미있는 경제 이야기를 해 보겠습니다.
이번에는 무슨 이야기를 나눌까요?

경제왕, 전인구
오늘은 소비를 하면서도 보람을 느끼는 방법을 알려 주고 싶어요. 돈을 가치 있게 쓸 수 있거든요.

경백이
돈을 가치 있게 쓴다고요?

경제왕, 전인구
돈을 가치 있게 쓴다는 것은 돈을 의미 있게 쓴다는 뜻이에요.

경백이
아하! 밥을 굶는 아프리카 친구들을 위해 기부하는 것도 돈을 가치 있게 쓰는 방법이겠네요.

경제왕, 전인구
맞아요. 잘 알고 있군요.

경백이
저희 부모님께서도 가난한 나라의 어린이들을 돕는 국제기구에 기부하고 계세요.

경제왕, 전인구
경백군 부모님께서도 기부를 통해서 좋은 일을 하고 있군요. 이처럼 좋은 일은 기업이나 돈 많은 사람만 할 수 있는 것이 아니에요. 평범한 사람들도 다른 사람을 돕기 위해 기부를 할 수 있어요. 경백군도 기부를 해 본 적이 있나요?

경백이
크리스마스 무렵에 자선냄비에 기부한 적 있어요. 엄마가 과자 사 먹으라고 주신 돈을 자선냄비에 넣었어요.

경제왕, 전인구
오호! 그때 기분이 어땠나요?

경백이
과자를 사 먹을 때보다 기분이 좋았어요.

경제왕, 전인구
맞아요. 그런데 기부 말고도 우리가 소비를 하면서도 가치 있는 일을 할 수 있는 방법이 있어요.

경백이
어떤 방법이 있나요?

경제왕, 전인구
ESG 경영을 실천하는 기업의 물건을 사는 방법이 있지요. 이런 기업은 친환경적으로 물건을 만들고, 직원들에게 좋은 환경을 제공해요. 또, 지역 사회를 위해서도 노력하지요. 이런 기업이 많아져야 세상이 점점 더 좋아질 거예요.

경백이
전인구 선생님, 감사합니다. 저도 물건을 살 때는 ESG 경영을 실천하는 기업의 물건을 사도록 노력하겠습니다.

ESG 경영을 실천하는 기업의 물건을 소비하는 것만으로도 사회를 위한 가치 있는 활동을 하는 거랍니다.

다음 물음에 알맞은 답을 찾아 (　) 안에 쓰세요.

1 세계 최초의 주식회사는 무엇일까요? (　　)
① 네덜란드 동인도 회사　② 동양 척식 주식회사　③ 남해 주식회사

2 여러 사람에게서 자본금을 모아서 세운 기업은 무엇일까요? (　　)
① 합명 회사　② 주식회사　③ 합자 회사

3 주식을 공정하게 매매하려고 만들어진 시장은 무엇일까요? (　　)
① 증권 거래소　② 도매 시장　③ 소매 시장

4 주식을 거래하고 싶은 사람들은 어디를 통해서 거래할 수 있나요? (　　)
① 보험 회사　② 증권 회사　③ 한국은행

5 생산 요소 시장에 속하지 않는 것은 무엇일까요? (　　)
① 토지　② 자본　③ 소비자

6 근로 조건의 기준을 정해 놓은 법은 무엇일까요? (　　)
① 독점 금지법　② 근로 기준법　③ 사회보장 기본법

7 노동력이 상품으로 거래되는 시장을 무엇이라고 할까요? (　　)
① 노동 시장　② 자본 시장　③ 부동산 시장

8 노동자의 근로 조건 향상을 위하여 만든 단체를 무엇이라고 할까요? (　　)
① 주택 조합　② 협동조합　③ 노동조합

정답: 1.① 2.② 3.① 4.② 5.③ 6.② 7.① 8.③

2 흥미진진 퀴즈타임

다음 문제를 풀어 보세요.

1 슘페터가 주장한 창조적 파괴에 관한 내용을 틀리게 말한 친구의 이름에 ○표 하세요.

창조적 파괴가 경제 발전을 이끌어 내는 역할을 한다고 했어요.

수지

기업이 경쟁에서 밀리지 않기 위해서는 창조적 파괴를 통한 혁신을 끊임없이 추구해야 한다고 했어요.

원영

전통을 지키고 옛 기술을 보전할 때 창조적 파괴가 이루어진다고 했어요.

예찬

포드 자동차가 컨베이어벨트를 이용해서 자동차를 대량 생산할 수 있게 만든 것이 창조적 파괴의 대표적인 예예요.

슬기

2 아래 용어의 뜻을 바르게 연결해 보세요.

- 브랜드 •　　　　• 기업이 기술 혁신을 통해 낡은 것을 파괴하고, 새로운 것을 창조하여 발전을 이루어 가는 것

- 마케팅 •　　　　• 기업이 자신의 상품이나 서비스를 소비자에게 더 많이 판매하기 위해 하는 모든 경영 활동

- 창조적 파괴 •　　　　• 기업이 상품이나 서비스를 경쟁 회사보다 돋보이게 하려고 사용한 상표

정답 : 1. 예찬 2. ✕

흥미진진 퀴즈타임 ③

아래 내용이 맞으면 ○표, 틀리면 ✕표 하세요.

1 수출은 우리나라 상품이나 기술을 다른 나라에 파는 것이에요. (　)

2 우리나라는 가전제품, 자동차, 휴대 전화 등을 주로 수입해요. (　)

3 절대 우위는 어떤 재화의 생산 비용이 다른 나라보다 더 적을 때 얻는 유리한 위치를 말해요. (　)

4 비교 우위는 영국의 경제학자는 데이비드 리카도가 주장했어요. (　)

5 보호 무역을 하는 나라는 다른 나라에서 수입하는 상품에 관세를 붙이지 않아요. (　)

6 자유 무역은 경제가 발전하지 못해서 수입을 많이 하는 나라에 유리해요. (　)

7 영국이 곡물법을 폐지하면서 보호 무역이 시작됐어요. (　)

8 자유 무역 협정은 무역을 할 때 국내에서 거래하는 것처럼 자유롭게 하자는 거예요. (　)

9 우리나라와 첫 자유 무역 협정을 맺은 나라는 칠레예요. (　)

10 환율이 올라가면 수출을 할 때 유리해요. (　)

정답 : 1.○ 2.✕ 3.○ 4.○ 5.✕ 6.✕ 7.✕ 8.○ 9.○ 10.○

4 흥미진진 퀴즈타임

다음 빈칸에 알맞은 단어를 찾아 ◯로 묶어 보세요.

1 ESG는 환경(Environment), ○○(Social), 지배 구조(Governance)를 뜻하는 말이에요.

2 2020년, 유럽 연합은 어떤 에너지원이 친환경에 속하는지 알려 주는 ○○○ ○ ○○를 발표했어요. 이를 그린 택소노미라고 불러요.

3 자연을 훼손시키거나 천연자원을 고갈하지 않는 상태를 오랫동안 유지하는 것을 ○○ ○○○이라고 해요.

4 스웨덴의 ○○○○ 가문은 지배 구조를 투명하게 공개하고 있으며 기업의 이익을 사회적 가치를 위해 쓰고 있어요.

영	상	스	화	국	체
녹	색	분	류	체	계
지	속	가	능	성	미
동	눈	트	휴	사	품
숙	발	렌	베	리	회

정답 : 1. 사회 2. 녹색분류체계 3. 지속 가능 4. 발렌베리

145

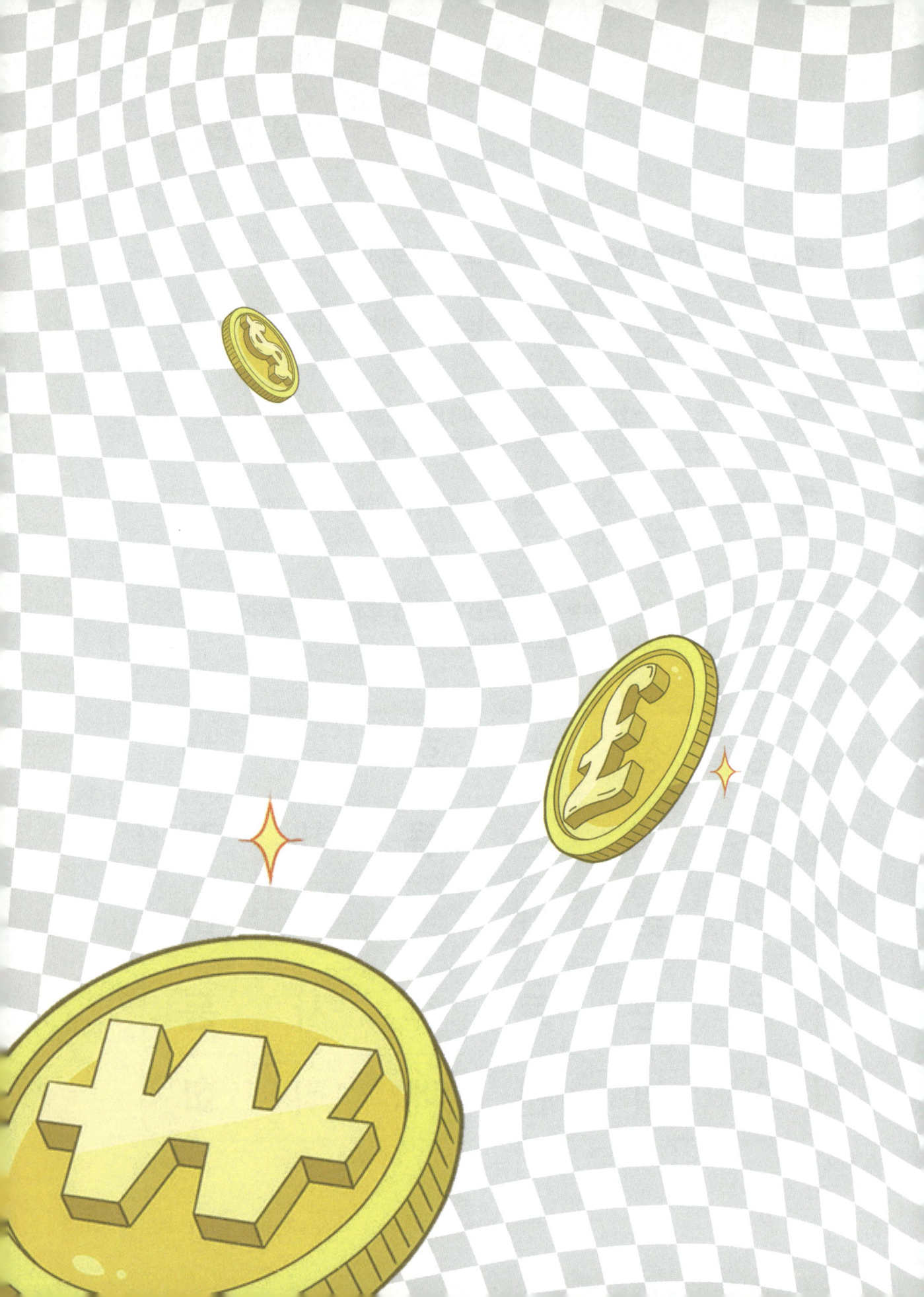

사회 보장, 사회 간접 자본, 공정 경쟁, 실업률 해소,
소득 재분배 등 정부가 국가 경제를 살리고 국민 생활을 안정시키기 위한
경제 활동에 대해서 살펴보아요.

1장
정부의 경제 활동

사회 보장 | 사회 간접 자본 |
공정 경쟁 | 실업 | 소득 분배와 소득 재분배

정부

사회 보장

모든 사람이 건강하고 행복한 삶을 살면 좋겠지만, 실제로는 그렇지 않아요. 나이가 많거나 건강을 잃어서 일을 할 수 없는 사람, 먹고살 만큼 충분히 돈을 벌지 못하는 사람도 많아요. 국가가 이런 어려움에 처한 사람을 도와주는 것을 '사회 보장'이라고 해요.

 사회 보장이 필요한 까닭

사람은 태어나면서부터 누구나 행복할 권리가 있어요. 하지만 누구나 병이 들 수도 있고, 직장을 잃을 수도 있고, 사고로 장애가 생길 수도 있어요. 이런 어려움에 빠진 사람들은 돈을 벌 수 없기 때문에 큰 고통을 받지요. 그래서 선진국에서는 사회 보장을 실시하여 경제적인 어려움에 빠진 국민들을 돕고 있어요.

만약 국가에서 경제적인 어려움에 처한 국민들을 돌보지 않으면 부자와 가난한 사람들 사이에 갈등이 크게 일어나고, 사회가 혼란스러워질 수도 있어요. 사회가 안정되어 있지 않으면, 경제를 비롯한 사회 발전이 어려워지지요. 그래서 **많은 나라에서 여러가지 사회 보장을 실시해 나라를 안정**시키려고 애써요.

베버리지 보고서

제2차 세계 대전이 끝난 후, 영국 국민들은 궁핍한 생활에 시달렸어요. 영국 정부는 국민들에게 새로운 희망을 보여 주기 위해 1941년에 '사회 보험과 관련 서비스에 관한 위원회'를 구성했어요. 위원장을 맡은 경제학자 윌리엄 베버리지는 **궁핍, 질병, 무지, 불결, 나태의 다섯 가지 사회악을 사회 보장으로 해결하자는 보고서**를 제출했지요. '베버리지 보고서'는 국민들이 가난으로 고통받지 않는 생활 수준을 평생 보장하자는 내용을 담고 있어요. 이 보고서에는 태어나면서부터 죽을 때까지 국가가 국민의 삶을 보장해 준다는 말인 '**요람부터 무덤까지**'라는 유명한 말이 실려 있어요. 1945년에 영국은 베버리지 보고서에 따라 사회 보장 제도를 만들기 시작했어요. 프랑스, 독일, 스웨덴 등에서도 영국을 따라 사회 보장 제도를 만들었어요.

북유럽 국가들의 사회 복지

스웨덴, 노르웨이를 비롯한 **북유럽 국가들은 전 세계에서 가장 사회 복지가 잘 이루어진 나라**예요. 공부를 하고 싶으면 초등학교부터 대학교까지 돈을 내지 않고 다닐 수 있을 뿐만 아니라 대학생에게는 나라에서 기본 생활비까지 지급해요. 몸이 아플 때도 치료비 걱정을 할 필요가 없어요. 대부분의 병원비를 국가에서 대신 내주기 때문이에요. 아기를 낳으면 긴 휴가와 육아 수당을 주어요. 만약 실업자가 된다면 다음 일자리를 준비하는 기간 동안 급여를 주어요. 나이가 들어 은퇴한 이후에는 연금이 보장되고, 혼자서 생활할 수 없게 되면 요양원에 들어가서 돌봄을 받아요.

사회 보장 제도를 유지하려면 많은 돈이 들기 때문에 북유럽 국가의 국민들은 세금을 많이 내요. 버는 돈의 절반 이상을 세금으로 내는 사람들도 있어요. 그래도 국민들의 불만은 크지 않아요. 청렴하고 수준 높은 정치인들이 내가 낸 세금을 국민을 위한 곳에 사용할 거라고 믿고 자신도 충분한 혜택을 받고 있다고 느끼기 때문이에요.

 ## 사회 보장의 종류

사회 보장은 1935년에 미국에서 만든 사회 보장법에서 처음 사용된 용어예요. 경제 개발을 이룬 국가에서 반드시 갖추어야 할 제도로, 보통 사회 보장 제도를 잘 갖춘 나라를 선진국이라고 불러요. 사회 보장의 종류로는 **사회 보험, 공공 부조, 사회 서비스** 등이 있어요.

사회 보장
- 사회 보험: 건강 보험, 고용 보험, 국민연금 등
- 공공 부조: 기초 생활 보장, 의료 급여 등
- 사회 서비스: 노인 복지 서비스, 장애인 복지 서비스, 아동 복지 서비스 등

사회 보험

은퇴 이후를 대비하는 국민 연금, 의료비 부담을 덜어 주는 국민 건강 보험, 실직자들의 생활비를 지원하는 고용 보험, 근로자가 근로 현장에서 사고를 당했을 때를 대비하는 산재 보험, 돌봐줄 사람이 없는 노인을 지원하는 노인 장기 요양 보험 등이 있어요.

공공 부조

스스로 일을 해서 돈을 벌 능력이 없는 가난한 사람들에게 국가나 지방 자치 단체가 직접 돈과 필요한 물품을 가져다주는 등 여러 사회 서비스를 제공하는 제도예요. 기본적인 의식주를 보장하는 국민 기초 생활 보장 제도, 의료 급여, 주거 급여 등이 있어요.

사회 서비스

사회 서비스는 보살핌이 필요한 산모 및 신생아, 학생, 장애인, 노동자, 노인들에게 다양한 서비스를 제공하는 제도예요. 사회 서비스의 목표는 국민들이 '요람에서 무덤까지' 안정되고 행복한 삶을 누리는 거예요. 이를 위해 다양한 돌봄 서비스를 시행하고 있어요.

 ## 사회 보장의 문제점

사회 보장이 잘 이루어진 국가는 세금을 많이 걷어요. 사회 보장 제도를 시행하려면 돈이 많이 들기 때문이에요. 그런데 사회 보장이 잘 이루어진 국가의 국민들 중에는 일하지 않고 사회 보장의 혜택만 받으려는 사람들이 있어요. 이런 사람들이 많아지면 열심히 일을 해서 세금을 내는 국민들이 피해를 입을 수 있어요.

 ### 최초의 사회 보장 제도 '고구려의 진대법'

194년에 고구려의 재상인 을파소는 고국천왕에게 진대법을 건의했어요. 진대법은 굶주리는 백성들에게 봄에 곡식을 빌려주었다가 가을에 추수가 끝난 뒤에 약간의 이자를 붙여 돌려받는 제도로, 역사 속 최초의 사회 보장 제도예요.

고려 시대와 조선 시대에도 진대법처럼 백성들이 안정된 생활을 할 수 있도록 도와주는 제도가 있었어요. 고려 시대에는 평상시에 곡식을 저장해 두었다가 흉년 때 가난한 백성들에게 나누어 주는 의창 제도를 실시했어요. 조선 시대에는 나라에서 곡식이나 옷감을 저장해 놓았다가 값이 비싸질 때 시장에 내놓는 상평창이라는 기관을 두어 물가를 조절했지요.

사회 간접 자본

우리가 집에서 편하게 물을 쓰려면 상하수도 시설이, 사람과 물자를 빨리 나르려면 고속도로가 필요해요. 이렇게 우리가 편리하게 생활하고, 산업을 발전시키기 위해 필요한 것들을 '사회 간접 자본'이라고 해요. 도로, 항만, 철도, 통신, 전력, 수도 등의 공공시설이 사회 간접 자본에 속해요.

사회 간접 자본의 필요성

만약 한강에 다리가 놓여 있지 않으면 어떻게 될까요? 사람들은 한강의 낮은 곳을 찾아 건너야 해서 한참 돌아가야만 할 거예요. 그러면 기업들이 원자재와 생산품을 운송할 때, 직장에 일하러 갈 때, 위급한 환자들이 병원을 찾아갈 때 큰 어려움을 겪게 되지요. 다리를 비롯해 도로, 항만, 철도 같은 사회 간접 자본은 재화와 서비스를 직접 생산하지는 않지만 기업이 재화와 서비스를 생산하는 데 큰 도움을 주어요.

사회 간접 자본은 **어느 한 기업이나 사람에게만 도움을 주는 게 아니고 이용하는 사람 모두에게 도움**을 주지요. 그래서 이런 시설을 '사회 기반 시설'이라고도 해요.

사회 간접 자본을 갖추려면 비용이 많이 필요할 뿐만 아니라 이윤을 금방 낼 수 없어요. 그래서 정부에서 직접 만들거나 투자해서 만들지요. 하지만 모든 사회 간접 자본을 정부에서 직접 만들거나 관리할 수 없기 때문에 민간 기업에서 하기도 해요. 이럴 경우에 정부는 민간 기업이 사업비와 이윤을 돌려받을 수 있도록 여러 가지 혜택을 준답니다.

순수 사회 간접 자본

사람들이 건강하고 행복한 생활을 위해 꼭 필요한 시설들이 있어요. 이런 시설들을 '순수 사회 간접 자본'이라고 해요. 사람들이 휴식을 취할 수 있는 공원, 운동을 하거나 관람할 수 있는 체육 시설, 건강을 돌봐주는 보건 시설, 문화 생활을 할 수 있는 도서관이나 극장 등이 순수 사회 간접 자본에 속해요.

왜 국가는 공원이나 체육관, 도서관, 보건소 등을 짓고, 운영할까요? 그 까닭은 국민들이 행복하고 건강해야 사회도 안정되고 경제도 발전할 수 있기 때문이에요. 그래서 많은 국가들이 **국민이 행복하고 건강하게 생활할 수 있도록 순수 사회 간접 자본에 투자**하고 있어요.

사회 간접 자본과 경제 발전

우리나라는 '한강의 기적'이라는 놀라운 경제 성장을 이뤄 냈어요. 그중 가장 중요한 역할을 한 것이 대표적인 사회 간접 자본인 고속 도로의 건설이었어요. 가장 먼저 건설된 고속 도로는 1962년에 건설된 경부 고속 도로예요. 서울에서 부산을 잇는 경부 고속 도로가 건설되자 기업들의 운송비가 크게 줄어들어 상품을 생산하는 데 드는 비용을 줄일 수 있었어요. **사회 간접 자본으로 건설된 고속 도로, 철도, 공항 등은 우리나라 산업 발전에 크게 기여**했어요.

공정 경쟁

기업들은 경쟁을 하면서 더 싸고 더 좋은 물건을 만들기 위한 노력을 해요. 그런데 경쟁이 공정하지 못하면 그만큼 소비자들이 손해를 보게 돼요. 국가에서는 소비자들이 손해를 보지 않도록 기업들이 공정하게 경쟁할 수 있는 환경을 만들려고 해요.

 공정 경쟁의 중요성

시장 경제 체제에서는 **공정하고 자유롭게 경쟁하는 것이 원칙**이에요. 그래야 기업은 기술을 개발해서 더 좋은 상품을 더 싸게 만들기 위해 노력하고, 소비자들은 더 싸고 더 좋은 제품을 살 수 있게 되기 때문이에요. 만약 어떤 기업이 경쟁 기업을 모두 사들여서 하나의 상품을 독점적으로 생산한다면 어떻게 될까요? 그 기업은 이윤을 많이 내기 위해 그 상품의 가격을 마구 올려서 소비자들에게 손해를 끼칠 수 있어요. 또, 그 기업은 독점적인 상품을 팔면서 잘 팔리지 않는 물건을 강제로 소비자들이 사게 할 수 있어요.

그래서 나라마다 불공정 거래 행위를 막기 위해 '반독점법'이나 '공정 거래법'을 만들어 기업들이 공정한 경쟁을 하도록 이끌고 있어요.

 불공정 거래 행위

불공정 거래에는 **몇몇 기업이 모여서 물건값을 함께 올리는 '담합', 비싼 경품을 주면서 소비자를 끌어들이는 '유인', 필요한 물건을 강제로 끼워서 파는 '거래 강제'** 등이 있어요. 또한, 큰 회사가 작은 회사에 강제로 거래 조건을 강요하는 '거래상 지위 남용'도 불공정 거래 행위에 속해요.

공정 거래법

우리나라 정부에서는 **큰 기업이 힘 없는 작은 경쟁 기업에 손해를 끼치는 행위를 감시하고 막으려고 '공정 거래법'을 제정**했어요. 공정 거래법의 공식 명칭은 '독점 규제 및 공정 거래에 관한 법률'이에요.

이 법률은 기업이 공정한 경쟁을 하도록 이끌고, 독과점 기업이 불공정한 거래를 하지 못하도록 하여 소비자들이 피해를 입지 않도록 하는 것을 목표로 하고 있어요.

공정 거래법은 한 기업이 어떤 제품을 독점적으로 생산하면서 가격을 마음대로 올리는 것을 막기 위한 법이에요. 어떤 제품이 독점적으로 팔리면, 유사한 제품을 만드는 다른 기업들이 기술개발에 소홀하게 되고, 신제품 개발을 위한 경쟁이 일어나지 않아 결국 제품의 품질이 떨어질 수 있기 때문이에요.

불공정 거래 행위의 예

마이크로소프트는 컴퓨터 운영 체제인 윈도우에 인터넷을 검색하는 브라우저인 익스플로러를 끼워서 팔았어요. 컴퓨터를 이용하기 위해서는 마이크로소프트의 윈도우를 써야 했기 때문에 사람들은 익스플로러를 사용할 수밖에 없었어요. 2000년, 미국 연방 법원은 마이크로소프트가 익스플로러를 끼워 파는 행위를 소비자의 선택권을 침해한다고 판결을 내렸어요.

마이크로소프트가 항소하자, 법원은 이번에는 불공정 거래 행위가 아니라는 판결을 내렸어요. 마이크로소프트가 익스플로러를 끼워 파는 거래는 유통 비용을 절감하고 가격을 낮춰서 소비자들에게 좋은 제품을 제공하기 위한 행위라고 판단한 거예요.

실업

실업은 일자리를 잃거나 일할 기회를 얻지 못하는 것을 말해요. 더 나은 직장을 찾기 위해서 스스로 일을 그만둔 '자발적인 실업'과 일하고 싶어도 일자리를 구하지 못하는 '비자발적 실업'으로 나뉘어요.

 실업자인가? 아닌가?

만 15세가 넘은 국민은 '경제 활동 인구'와 '비경제 활동 인구'로 나눌 수 있어요. 그중 **일자리를 구할 의지와 일할 능력이 있는 사람은 '경제 활동 인구', 그렇지 않은 사람은 '비경제 활동 인구'**라고 해요. 경제 활동 인구는 직장을 가지고 일주일에 한 시간 이상 일하는 사람인 '취업자'와 일자리를 구하지 못한 '실업자'로 나뉘어요. 경제 활동 인구 가운데 실업자가 차지하는 비율이 실업률이에요.

나는 일할 의지가 있는 경제 활동 인구에 속해.

 실업의 원인

실업자가 생기는 까닭은 여러 가지예요. 첫째, 아프거나 다쳐서 일을 못하게 되면 실업자가 돼요. 둘째, 경제 상황이 안 좋아져서 기업이 문을 닫거나 직원들을 줄이는 경우에 생겨요. 셋째, 산업 구조가 바뀌어서 노동자들의 기술과 기업이 원하는 기술이 맞지 않는 경우에 생겨요.

실업자들은 여러 가지로 큰 고통을 겪어요. 생활하기가 어려워지고 몸과 마음의 건강을 잃을 수도 있지요. 실업자가 많아지면 빈부 격차가 크게 벌어지면서 사회가 불안해져요.

아파서 일을 못하게 됐어.

회사가 어려워 직원 수를 줄여야 합니다.

사람보다 로봇이 일을 더 잘해.

고통 지수와 필립스 곡선

일자리를 잃으면 돈을 벌지 못해 생계가 어려워져요. 저축해 놓은 돈이 없다면 빚을 내서 살아야 하는데, 실업자는 은행 등에서 돈을 빌리기도 쉽지 않지요. 거기에 물가가 오르면 생활이 더 힘들어져요. 생활하는 데 더 많은 돈이 필요하니까요. 그래서 **실업률과 물가 상승률을 더한 값을 고통 지수**라고 불러요.

실업률과 물가 상승률을 동시에 낮출 수 있다면 경제가 좋아져서 사람들의 생활도 훨씬 풍요로워질 거예요. 하지만 영국의 경제학자 윌리엄 필립스는 **실업률이 낮아지면 물가가 오르고, 실업률이 높아지면 물가가 떨어진다**는 사실을 알아냈어요. 이를 그래프로 나타낸 것이 필립스 곡선이에요.

기술의 발전으로 생기는 실업자

산업이 발전하면 일자리가 늘어나기도 하지만, 반대로 일자리가 없어지기도 해요. 기술의 발전으로 **새로운 기계나 인공 지능이 사람이 하는 일을 대신하게 되면서 일자리가 없어지고 있기 때문**이에요.

처음으로 대규모 실업자가 생긴 것은 18세기 영국에서였어요. 당시 영국에서는 집에서 수공업으로 옷감을 짜면서 살아가는 노동자가 많았는데, 천을 짜는 기계가 발명되면서 많은 사람이 일자리를 잃거나 임금이 매우 적어졌어요. 그러자 일자리를 잃은 사람들이 기계를 망치로 부수거나 불을 질러 파괴하기도 했어요. 이렇듯 실업자가 많아지면 사회에 불만을 품은 사람들이 폭동을 일으키기도 해요.

소득 분배와 소득 재분배

'소득 분배'는 노동자들에게 임금을, 땅 주인에게 지대를, 자본가에게 이윤을, 자본을 빌려준 사람이나 기관에는 이자를 지불하는 것을 말해요. '소득 재분배'는 정부가 소득 분배를 공정하게 하기 위해서 실시하는 여러 가지 경제 정책을 말해요.

 소득 불평등과 지니 계수

자본주의 국가에서는 사람마다 소득이 달라요. 경영자와 노동자의 임금이 다르고, 기업에 투자한 자본의 크기도 다르기 때문이에요. 이를 '소득 불평등'이라고 해요.

소득 불평등은 부자는 점점 부유해지고, 가난한 사람은 점점 가난해지는 결과를 낳아요. 1912년에 이탈리아 통계학자 코라도 지니는 한 나라의 빈곤층과 부유층의 소득 불평등이 얼마나 심한지를 나타내는 지표인 '지니 계수'를 개발했어요. A라는 나라에 100명이 살고 총소득이 100억 원이라고 가정해 봐요. 만약 한 명당 1억 원씩 똑같이 나누어 가졌다면 지니 계수는 0, 한 명이 100억 원을 독차지했다면 지니 계수는 1이에요. 지니 계수가 0에 가까울수록 소득 불평등이 적고, 1에 가까울수록 소득 불평등이 심각하다고 볼 수 있어요. 그래서 정부는 조세 제도, 정부 지출, 사회 보험 등을 이용해 부자와 가난한 사람들 사이의 소득 불평등을 줄이려고 노력해요.

소득 격차

나는 점점 가난해져.

대체로 좋은 교육을 받을 수 있는 부자들은 임금이 높고 안정적인 일자리를 갖기 쉬워요. 또, 부모에게 물려받은 재산으로 계속해서 부유하게 살 수 있어요. 이에 비해 가난한 사람들은 좋은 교육을 받기 어렵기 때문에 임금이 낮고 불안정한 일자리를 갖기 쉬워요. 게다가 아프거나 다쳐서 일을 할 수 없는 상태가 되면 더욱 가난해지지요. 대체로 **부자와 가난한 사람들의 경제력 차이는 시간이 지날수록 점점 커져요.**

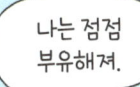
나는 점점 부유해져.

소득 재분배를 하는 까닭

자본주의 국가에서는 부자와 가난한 사람들의 소득 차이가 점점 커지는 경우가 많아요. **소득 차이가 커지면 커질수록 가난한 사람들의 불만이 늘어나서 사회가 혼란해질 가능성이 높아요.**

그래서 거의 모든 선진국에서는 소득 불평등을 줄이려고 해요. 예를 들면, 소득이 높을수록 더 많은 세금을 거두고, 가난한 사람들에게는 기본적인 생활을 할 수 있도록 생활비를 보조해 주기도 해요. 학생들에게 무료 급식을 제공하기도 하고, 교육비를 지급하기도 해요.

정부는 지니 계수 등의 지표를 잘 관찰하면서 그때그때 정치·경제적 상황에 맞춰 적절한 소득 재분배 정책을 펼치는 것이 중요해요.

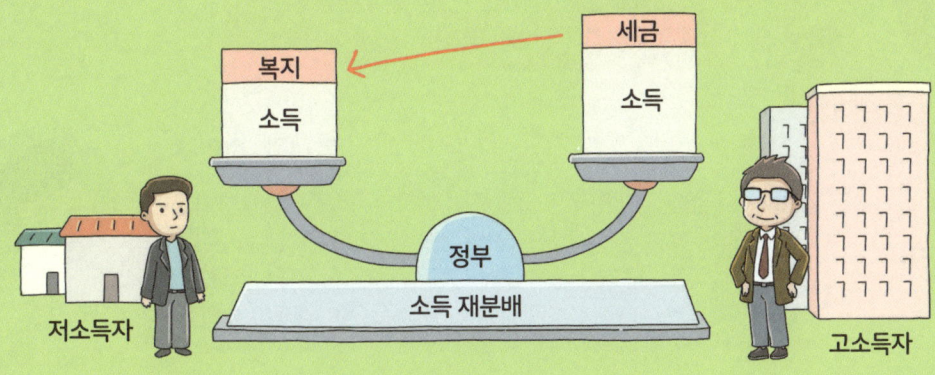

경제왕, 전인구 선생님과 함께하는 톡톡 경제 인터뷰

정부는 무슨 일을 할까?

경백이

어린이 여러분, 안녕하세요? 톡톡 경제 인터뷰 시간입니다. 오늘도 경제왕, 전인구 선생님을 모시고 재미있는 경제 이야기를 나눠 보도록 하겠습니다.

경제왕, 전인구

어린이 여러분, 반갑습니다. 이번 시간에는 정부가 하는 일과 정부와 경제가 어떤 관련이 있는지에 대해 이야기를 해 보려고 합니다. 경백군은 정부가 무슨 일을 하는지 알고 있나요?

경백이

정부는 국민들이 살아가는 데 필요한 법을 만들거나 나라를 운영하는 데 필요한 여러 가지 일을 처리하는 국가 기관으로 알고 있습니다.

경제왕, 전인구

맞아요. 잘 알고 있군요. 그런데 경백군은 정부가 하는 일 중에서 가장 먼저 떠오르는 일은 무엇인가요?

경백이

국가를 지키고, 도둑을 잡는 일이요. 또, 산불이 났을 때 불을 끄거나 생활이 어려운 사람을 돕는 일 등이 떠올라요.

경제왕, 전인구

그렇지요. 정부는 사람들이 살아가는 데 꼭 필요하지만 개인이 할 수 없는 일들을 하고 있어요. 예를 들어, 고속도로, 댐, 항구, 도서관, 호수 같은 공공시설을 만들고 관리해요. 또, 교육, 환경 정책 같은 미래를 위한 중요한 정책을 세워요.

경백이
우아! 정부는 정말 많은 일을 하고 있네요.

경제왕, 전인구
사실 정부는 나라 안에서 일어나는 대부분의 일을 처리해야 해요. 정부가 하는 모든 일은 국민들에게 행복한 삶을 제공하기 위해서 하는 것이지요.

경백이
국민들에게 행복한 삶을 제공하기 위해서 구체적으로 어떤 일을 하나요?

경제왕, 전인구
우선 사회 보장 제도를 실시해 가난한 국민들을 도와요. 학교에서 무료로 급식을 제공하는 것도 모두 어린이들이 건강하게 성장하도록 돕기 위해서예요. 이런 일을 하기 위해서 정부는 무엇을 해야 할까요?

경백이
정부에서 세금을 많이 거두어야 할 거고, 세금을 많이 거두려면 경제가 발전해야 할 거 같아요.

경제왕, 전인구
잘 알고 있군요. 국민들이 행복하게 살 수 있도록 여러 가지 일을 하려면 나라가 부강해야 해요. 그래서 정부는 경제가 발전할 수 있는 여러 가지 방법을 찾고 이를 실행하기 위해 노력하고 있지요.

경백이
저도 경제 발전을 위해 보탬이 되는 사람이 될 수 있도록 노력하겠습니다.

정부는 국민들이 안전하고 행복하게 살 수 있도록 사회 보장 제도를 비롯한 여러 가지 정책을 실시하고 있어요.

정부는 국민들이 낸 세금으로 국가를 운영해요.
세금이 왜 필요한지, 세금의 종류는 무엇이 있는지
등을 알아봅니다.

정부의 세금

세금 | 국세와 지방세 | 세금을 부과하는 방법 | 비례세, 누진세, 역진세 |
채권 | 세금에 대한 다른 생각

세금

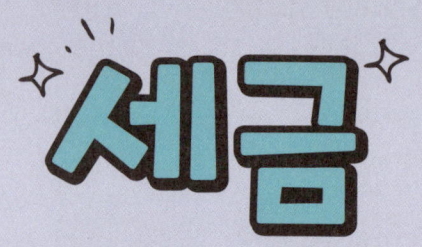

'세금'은 국가 또는 지방 자치 단체가 필요한 경비로 쓰기 위하여 국민이나 주민으로부터 강제로 거두어들이는 돈이에요. 세금은 아주 오래전부터 있었고, 종류도 아주 많아요.

🔍 납세의 의무

우리나라 **국민은 모두 세금을 내야 해요. 이를 납세의 의무**라고 해요. '납세'란 세금을 낸다는 뜻이고, '의무'란 어떤 지위에 주어진 일, 마땅히 해야만 하는 일을 말해요. **납세의 의무는 우리나라 헌법에 정해 놓은 국민의 의무**예요. 만약 국민들이 세금을 내지 않으면 국가가 존재할 수 없고, 국민들은 국가의 보호를 받을 수 없어요. 그래서 정당한 이유 없이 세금을 내지 않는 국민은 헌법과 법률에 따라 정부가 강제로 세금을 거두고, 벌을 주어요.

그렇다면 국가에서 돈이 필요하다고 마음대로 세금을 거둘 수가 있을까요? 그렇지는 않아요. **새로운 세금을 거두어들이려면 국회에서 법률을 만들어야 해요. 이를 '조세 법률주의'라고 불러요.** 정부가 마구 세금을 거두는 것을 막기 위해서예요.

우리나라는 3월 3일을 '납세자의 날'로 정해 기념하고 있어요. 납세자의 날에는 국민들에게 세금의 중요성을 널리 알리는 행사를 많이 해요. 성실하게 세금을 낸 사람들에게 훈장이나 표창 등을 주고 있지요.

 ## 우리 조상들의 세금 제도

세금이 정확히 언제부터 생겼는지는 몰라요. 하지만 사람들이 농사를 지으며 마을을 이루고 살기 시작했을 때부터 생겼을 거라고 보고 있어요. 마을을 지키는 사람들은 농사를 지을 시간이 없었기 때문에, 그 지역의 농사를 짓는 사람들이 곡식을 모아 마을을 지키는 사람들에게 주었어요.

옛날 우리나라에서는 '조(租)', '용(庸)', '조(調)'라는 세금 제도가 있었어요. **조(租)는 토지를 가진 백성이 내는 세금**으로, 곡물을 세금으로 냈어요. **용(庸)은 사람에게 매기는 세금**이에요. 옛날에는 남자 어른이라면 누구나 나라에서 성을 쌓고 길을 내는 일에 무조건 참여해야 했는데, 공사에 나갈 수 없는 사람들은 곡물이나 옷감을 세금으로 내야 했어요. **조(調)는 집집마다 매기는 세금**으로, 나라에서는 인삼이나 조기 같은 그 지역의 특산물로 받았어요.

 ## 이상한 세금 제도

세금 중에는 이상한 세금도 있었어요. 그중에 하나가 고대 로마에 있었던 **오줌세**예요. 당시 사람들은 양털을 오줌으로 세탁했는데, 공중화장실의 오줌을 퍼서 사용했어요. 그러자 황제는 공중화장실의 오줌을 쓸 때마다 오줌세를 걷었어요.

14세기 프랑스에는 **창문세**가 있었어요. 당시 유리창은 매우 비쌌기 때문에 집을 지을 때 창문을 많이 만들수록 부자였어요. 프랑스 정부에서는 부자들에게 더 많은 세금을 걷으려고 창문의 개수에 따라 세금을 걷었지요.

동부 유럽의 에스토니아에서는 소를 키우는 농가로부터 **방귀세**를 걷어요. 소의 방귀와 트림에 지구 온난화의 원인이 되는 메탄가스가 많이 포함되어 있기 때문에 방귀세를 받아 환경을 보호하는 일에 사용해요.

국세와 지방세

무엇에 세금을 매기는지, 누가 세금을 내는지, 어디에 쓰는지, 어떻게 액수를 정하는지 등에 따라 여러 종류의 세금이 있어요. 그중 국가에 내는 '국세'와 지방 자치 단체에 내는 '지방세'에 대해 알아보아요.

국세의 종류

국세는 우리나라 국경을 넘어 들어오는 재화나 서비스에 부과하는 '관세'와 우리나라 안에서 발생하는 소득에 부과하는 '내국세' 그리고 특정한 용도가 정해져 있는 '목적세'가 있어요. 농어촌 발전을 위한 농어촌 특별세가 목적세예요.

관세는 관세청에서, 내국세와 목적세는 국세청에서 각각 관리해요.
내국세 중에서 내가 직접 부과받아 내는 세금을 직접세, 다른 물건을 사거나 서비스를 이용할 때 그 비용 안에 포함되어서 내는 세금을 간접세라고 해요.

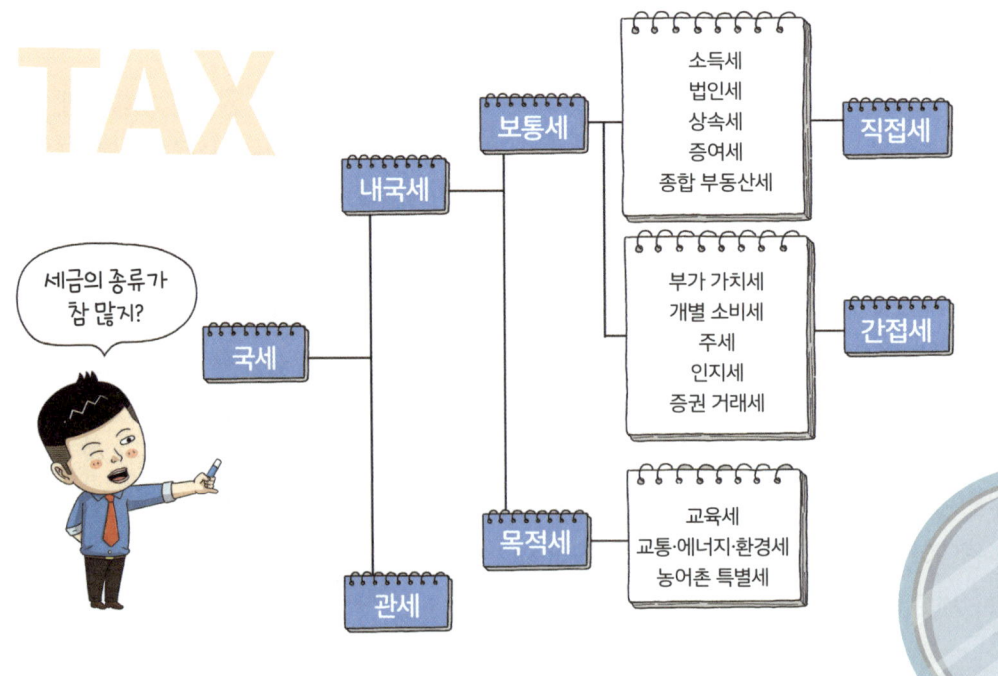

 지방세의 종류

지방세는 크게 **특별시세·광역시세, 도세와 시·군세로 나눌 수 있는데, 목적과 용도에 따라 다양하게 구성**되어 있어요. 도세는 국세처럼 보통세와 목적세로 나눌 수 있어요. 보통세에는 주택이나 토지 등의 부동산을 새롭게 소유할 때 부과하는 취득세, 부가 가치세의 일부를 지방으로 보낸 지방 소비세, 등록이나 절차를 밟을 때 부과하는 등록 면허세 등이 있어요. 목적세에는 교육에 필요한 돈을 마련하기 위해 부과하는 지방 교육세, 지역의 안전과 환경 개선 등에 필요한 돈을 마련하기 위해 부과하는 지역 자원 시설세가 있어요.

시·군세에는 지방 자치 단체의 주민에게 부과하는 주민세, 자동차를 소유했을 때 부과하는 자동차세 등이 있어요.

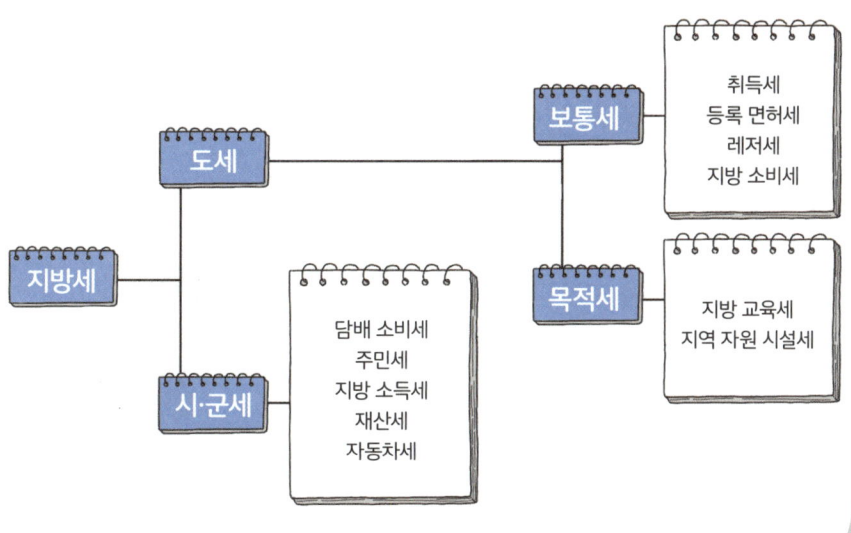

 직접세와 간접세

직접세는 소득세처럼 납세자가 직접 내는 세금이에요. 이에 비해 간접세는 세금을 부담하는 사람과 세금을 내는 사람이 다른 세금이에요. 간접세인 부가 가치세는 물건을 살 때 물건값에 세금이 포함되어 있기 때문에 소비자가 부담하는 세금이에요. 하지만 판매자가 나중에 소비자로부터 받은 세금을 나라에 대신 납부해요. 그러니까 세금은 소비자가 부담하는데, 납부는 판매자가 하는 거예요.

세금을 부과하는 방법

모든 국민은 다양한 세금을 내고 있어요. 돈을 벌 때도, 재산을 가지고 있을 때도, 물건을 살 때도, 물건이나 돈의 주인이 바뀌어서 나라에 등록할 때도 세금을 내야 해요.

소득에 부과하는 세금

소득세, 법인세, 주민세 등은 개인이나 기업이 벌어들이는 소득에 매기는 세금이에요.

소득세 월급처럼 개인이 한 해 동안 벌어들인 돈에 대하여 매기는 세금.
법인세 주식회사처럼 법인으로 등록해서 사업을 하는 경우, 그 법인(기업)이 벌어들이는 돈에 매기는 세금.
주민세 지방 자치 단체의 지역에 주소를 둔 주민에게 부과하는 세금과 그 지방에서 번 소득에 매기는 세금.

'법인'은 법률상 권리와 의무가 있는 단체를 말해.

재산에 부과하는 세금

다른 사람으로부터 물려받은 돈이나 부모로부터 물려받은 땅 등의 재산에 매기는 세금이에요.

상속세 죽은 사람으로부터 물려받은 땅이나 집 등의 재산에 매기는 세금.
증여세 상속이 아닌 방법으로 받은 돈이나 건물에 매기는 세금.
취득세 토지, 건물, 자동차 등 재산의 가치가 있는 것을 자기 것으로 만들었을 때 매기는 세금.
재산세 주택과 토지 등 일정한 재산에 매기는 세금.

재산이 많으면 내야 할 세금도 많겠어.

소비할 때 부과하는 세금

물건을 살 때, 음식점에서 식사를 할 때, 영화관에 갈 때 등 모든 소비 활동을 할 때 매겨져 부담하는 세금이에요.

부가 가치세   물품이나 서비스를 사고팔 때 매기는 세금.
주세   술에 매기는 세금.
증권 거래세   주식을 다른 사람에게 팔 때 매기는 세금.
자동차세   자동차를 가진 사람에게 매기는 세금.
담배 소비세   담배에 매기는 세금.

> 오늘 먹은 피자에도 세금이 매겨져 있어.

등록이나 절차를 밟을 때 부과하는 세금

물건이나 돈의 주인이 바뀔 때, 그것을 새로 나라에 등록할 때 내는 세금이에요.

인지세   계약서 등 거래를 증명하는 것에 매기는 세금.
면허세   여러 가지 면허, 허가 인가, 검열, 등록, 검사 등에 매기는 세금.
등록세   토지, 건물, 자동차 등의 권리 관계를 관계 관청에 등록하거나 등기할 때 매기는 세금.

부가 가치세

우리가 사는 상품의 가격에는 간접세에 속하는 부가 가치세가 포함되어 있어요. 부가 가치는 생산 과정에서 새로 덧붙인 가치를 뜻해요. 그러니까 하나의 상품이 만들어지는 전 과정에 세금이 붙는 거예요. 부가 가치세는 마트에서 물건을 살 때뿐만 아니라 그 물건을 만들고 가게에 진열할 때까지의 과정에 관련된 사람과 회사의 이익에도 부과돼요.

만약 여러분이 아이스크림을 1,100원에 사 먹었다면 실제로 아이스크림의 가격은 1,000원이고 나머지 100원은 세금이에요. 그러니까 여러분이 아이스크림을 사 먹을 때마다 나라에 세금을 내는 것이지요.

소비자 가격 = 1,100원
아이스크림 가격 = 1,000원
부가 가치세 = 100원

> 내가 아이스크림을 사 먹을 때마다 세금을 내는구나.

비례세, 누진세, 역진세

세금을 걷을 때는 기준이 있어야 해요. 벌어들이는 소득에 따라 세금을 내는 비율이 달라지는데, 세금을 부과하는 방법에는 비례세, 누진세, 역진세 등이 있어요.

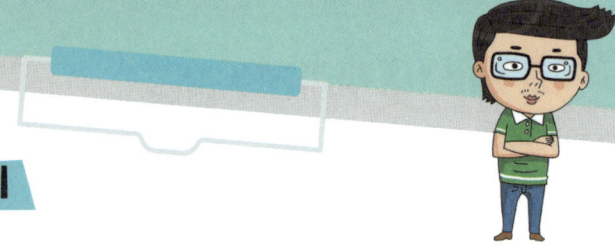

세금을 걷는 가장 공평한 방법은 무엇일까?

🔍 비례세

돈을 많이 버는 사람이나 적게 버는 사람이나 똑같은 비율로 내는 세금이에요. 만약 세율이 10퍼센트라고 했을 때 일 년에 1,000만 원을 버는 사람은 100만 원을, 1억 원을 버는 사람은 1,000만 원을, 10억 원을 버는 사람은 1억 원을 세금으로 내는 식이지요.

비례세는 가장 공평한 것처럼 보이기도 해요. 하지만 소득 재분배 효과가 없어 실제로는 공평하지 못하다는 평가를 받아요.

난 일 년에 1,000만 원을 벌고, 100만 원을 세금으로 내지.

난 일 년에 1억 원을 벌고, 1,000만 원을 세금으로 내지.

난 일 년에 10억 원을 벌고, 1억 원을 세금으로 내지.

 **누진세**

돈을 많이 버는 사람이 더 높은 비율로 내는 세금이에요. 예를 들면, 일 년에 1,000만 원 이상을 버는 사람은 소득의 10퍼센트를, 1억 원 이상을 버는 사람은 소득의 20퍼센트를, 10억 원 이상 버는 사람은 소득의 40퍼센트를 세금으로 부과하는 식이지요. 소득 불평등을 줄일 수 있는 방법이기 때문에 대부분의 나라에서 누진세를 적용하고 있어요.

역진세

돈을 많이 벌수록 더 낮은 비율로 내는 세금이에요. 예를 들면, 일 년에 1,000만 원을 버는 사람은 소득의 40퍼센트를, 1억 원을 버는 사람은 소득의 20퍼센트를, 10억 원을 버는 사람은 소득의 10퍼센트를 부과하는 방식이에요. 역진세는 돈을 많이 벌수록 세금을 내는 비율이 낮아지기 때문에 열심히 일을 해서 돈을 많이 벌게끔 유도하는 거예요. 하지만 부자와 가난한 사람의 소득 불평등이 심해지기 때문에 실제 역진세를 적용하는 국가는 거의 없어요.

난 일 년에 1,000만 원을 벌고, 100만 원을 세금으로 내지.

난 일 년에 1억 원을 벌고, 2,000만 원을 세금으로 내지.

난 일 년에 10억 원을 벌고, 4억 원을 세금으로 내지.

난 일 년에 1,000만 원을 벌고, 400만 원을 세금으로 내지.

난 일 년에 1억 원을 벌고, 2,000만 원을 세금으로 내지.

난 일 년에 10억 원을 벌고, 1억 원을 세금으로 내지.

 **복권은 역진세?**

복권을 판매하면 당첨금과 운영비를 빼고도 많은 수익금이 발생해요. 정부에서는 이 수익금으로 주거 안정 사업, 소외 계층 복지 사업 등을 하면서 세금처럼 사용해요. 그런데 복권은 대개 부자들보다 가난한 사람들이 더 많이 구매해요. 그래서 부자일수록 더 적게 내는 역진세와 비슷한 거죠.

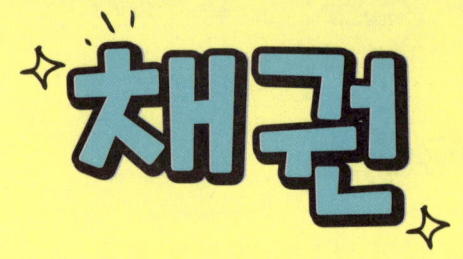

'채권'은 국가, 지방 자치 단체, 주식회사 등이 사업에 필요한 자금을 빌리기 위하여 발행하는 증서예요. 채권에는 빌려준 금액이 얼마인지, 몇 퍼센트의 이자를 언제 지급하는지, 언제까지 돈을 갚아야 하는지 등의 내용이 담겨 있어요.

 채권의 종류

국가가 발행한 채권을 '국채', 지방 자치 단체가 발행한 채권을 '지방채', 주식회사가 발행한 채권을 '회사채'라고 해요. 국채를 사게 되면 국가에 돈을 빌려주는 것이고, 회사채를 사게 되면 회사에 돈을 빌려주는 것과 같아요.

국 채 국가가 발행하는 채권.	**지방채** 지방 자치 단체가 발행하는 채권.
회사채 주식회사가 발행하는 채권.	

국가, 지방 자치 단체, 회사   돈   개인

 국채를 발행하는 까닭

국가나 지방 자치 단체가 걷은 세금으로 살림을 할 수 없을 때는 돈을 빌려야 해요. 또, 큰 공사를 해야 하는 일 등이 생겨서 돈이 한꺼번에 많이 필요할 때도 돈을 빌려야 하지요. 물론 나라에서 돈이 필요하면 한국은행에서 돈을 찍어 낼 수도 있어요. 하지만 돈이 갑자기 많아지면 돈의 가치가 떨어지면서 물가가 올라요. 물가가 오르면 국민들의 생활이 어려워져 국민들의 불만이 높아져요. 그래서 정부는 돈을 찍어 내는 것보다는 국민들에게 돈을 빌리는 방법, 즉 국채를 발행하는 방법으로 돈을 마련해요.

 ## 돈을 많이 찍어 내면 생기는 일

만약 정부가 국민에게 거둔 세금을 다 써 버리거나 갑자기 돈이 필요해서 **중앙은행에서 돈을 마구 찍어 내면 나라가 혼란에 빠질 수 있어요.** 1919년, 제1차 세계 대전에서 독일이 연합군에 패배하면서 엄청난 전쟁 배상금을 물어야 했어요. 독일 정부가 배상금을 내기 위해 많은 돈을 찍어 내자, 물가가 치솟았어요. 당연히 독일 통화인 마르크의 가치가 뚝 떨어졌지요. 1921년에 1달러를 사려면 60마르크 정도만 있으면 됐지만, 1923년에는 무려 4조 2천억 마르크가 필요했어요. 돈이 얼마나 가치가 없었던지 난방을 위해 석탄을 사는 것보다 지폐를 태워 불을 지피는 것이 더 쌀 정도였어요. 그래서 국가에서 돈이 필요하다고 해서 함부로 찍어 낼 수 없는 거예요.

 ## 외채

외채는 쉽게 말해서 외국에서 빌린 돈을 말해.

자기 나라에서 필요한 돈을 마련하기 위해 다른 나라에서 발행하는 채권을 '외채'라고 해요. 외국채라고도 해요. 큰 기업들도 외채를 발행해 회사에 필요한 돈을 마련하는 경우가 많아요. 하지만 외채가 너무 많으면 국가 경제에 나쁜 영향을 미칠 수 있어요.

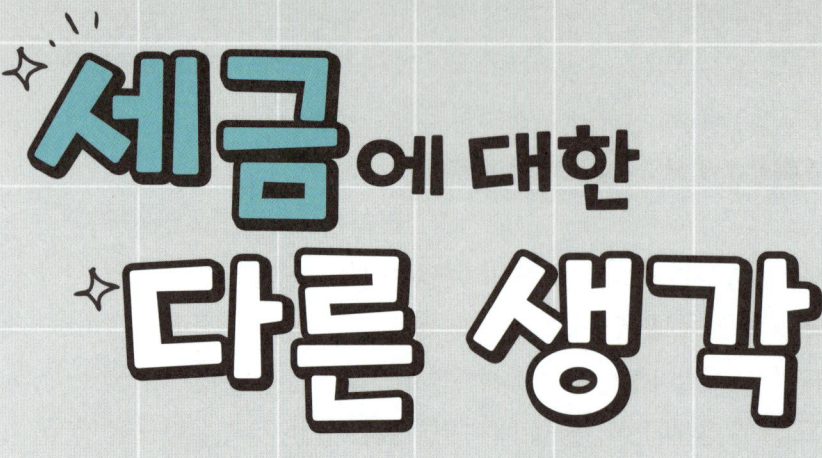

세금에 대한 다른 생각

세금에 관한 생각은 사람마다 달라요. 국가가 세금을 많이 걷어야 한다고 생각하는 사람도 있고, 세금을 적게 걷어야 한다고 생각하는 사람도 있어요.

세금을 많이 걷어야 한다

세금을 많이 걷어야 한다고 생각하는 사람들은 국민들이 행복한 생활을 할 수 있도록 돕는 것이 정부의 역할이라고 믿어요. 그래서 부유한 사람들에게 세금을 많이 걷어서 가난한 사람들을 도와야 한다고 생각해요. 또, 나라에 돈이 많아야 국민들이 편안하게 살아갈 수 있는 시설과 제도를 마련할 수 있다고 여겨요.

VS

세금을 조금 걷어야 한다

세금을 조금 걷어야 한다고 생각하는 사람들은 정부는 기업과 개인이 하는 일에 간섭하면 안 된다고 믿어요. 그래야 열심히 일을 해서 경제가 발전한다고 생각하기 때문이에요. 또, 정부가 국민들을 위해서 세금을 쓴다는 사실을 믿지 않는 사람들도 있어요. 이들은 정부가 세금을 올바른 데 쓰지 않는다고 생각해요.

 **세금 해방일이란?**

'세금 해방일'은 세금을 내기 위해 일해야 하는 날에서 해방되는 날을 말해요. 그러니까 일을 해서 벌어들인 돈 가운데 **나라에 세금을 다 내고, 순수하게 자신을 위해서 쓸 수 있는 돈을 벌기 시작하는 날**을 말해요. 보통 많은 나라의 세금 해방일은 3월 말에서 4월 중순이에요. 그런데 세금을 많이 내는 북유럽 국가들은 세금 해방일이 늦어요. 대개 7월 이후이지요.

우리나라는 자유 기업원에서 세금 해방일을 발표하고 있는데, 매년 4월쯤이에요. 우리나라도 국민들이 내는 세금이 많아지면서 세금 해방일이 점점 늦어지고 있어요.

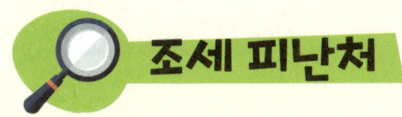 **조세 피난처**

　　　　　세금을 매우 적게 부과하거나 아예 부과하지 않는 지역이나 국가를 조세 피난처라고 해요. 번 돈에 대해서 매기는 세금의 비율을 세율이라고 하는데, 기업은 세율이 낮을수록 세금을 덜 내게 되므로 더 많은 이윤을 얻게 돼요.

　　　　　바하마, 버뮤다, 카이멘 제도 등이 대표적인 조세 피난처예요. 많은 기업이 세금을 적게 내기 위해 조세 피난처에 기업을 세우는 경우가 많아요. 이 기업들은 다른 나라에서 벌어들인 수입을 조세 피난처에서 벌어들인 것처럼 속여서 세금을 적게 내요. 그래서 세계 여러 나라는 기업들이 조세 피난처로 이익을 빼돌리지 못하도록 막고 있어요.

 **스텔스 세금**

스텔스 세금은 국민들이 쉽게 알아차리지 못하도록 만든 세금이에요. 1998년, 영국 보수당이 사용하기 시작한 용어로, '스텔스'는 물체를 탐지하는 레이다에 걸리지 않는 기술을 뜻해요. 상품에 포함된 부가 가치세나 담뱃세, 주세처럼 재화와 서비스에 포함되어 있는 간접세 등이 스텔스 세금에 속해요.

국민들은 세금을 왜 내야 할까?

경백이

어린이 여러분, 반갑습니다. 오늘도 경제왕, 전인구 선생님을 모시고 유익하고 재미있는 경제 이야기를 해 보겠습니다. 전인구 선생님과 경제에 관한 여러 이야기를 나누다 보면 경제가 친숙해지고 쉬워질 거예요.

경제왕, 전인구

오늘은 여러분과 함께 세금에 대해 알아보려고 합니다. 경백군의 부모님께서도 여러 가지 세금을 내고 있을 거예요.

경백이

네, 언젠가 부모님이 세금이 많이 나왔다고 투덜거리는 소리를 들은 적은 있어요.

경제왕, 전인구

사실 세금을 낼 때 즐거워하는 사람은 많지 않아요. 하지만 세금을 내는 것을 아깝다고 생각하면 안 돼요.

경백이

우리가 세금을 어디에 쓰는지 정확하게 알 수 없어서 그런 생각을 하는 거 같아요. 정부에서는 걷어들인 세금으로 무엇을 하나요?

경제왕, 전인구

정부는 세금을 걷어서 정부를 운영하고, 사회 기반 시설을 건설하고 유지하지요. 다른 나라로부터 나라를 지키기 위해 군대를 유지하는 데도 많은 돈이 들어가지요. 또, 미래를 위해 교육에도 돈을 쓰고 있어요. 그 밖에 의료와 복지에도 돈을 많이 써요.

경백이

세금으로 하는 일이 참 많네요.
그러면 세금을 내면 더 좋아지는 일이 있나요?

경제왕, 전인구

세금으로 정부에서는 국가를 운영할 뿐만 아니라 국가 경제가 발전하고, 국민들이 골고루 잘살 수 있도록 여러 가지 일을 하고 있어요. 예를 들어, 부자에게 세금을 많이 걷고, 그 돈을 가난한 사람을 위해서 쓰면 결국 빈부 격차를 줄일 수 있어요. 그리고 국민이 골고루 잘사는 복지 국가를 만들려면 돈이 많이 들어요. 복지 국가를 이루고 있는 북유럽 사람들이 세금을 많이 내는 이유예요.

경백이

그런데 북유럽 사람들도 세금을 많이 내는 것을 싫어하지 않을까요? 열심히 일을 해서 돈을 많이 벌어도 세금을 많이 내면 속상할 거 같아요.

경제왕, 전인구

북유럽 국가의 국민들은 세금을 내면 그 혜택을 국민들이 되돌려 받는다고 생각해요. 북유럽 대부분의 국가는 무료로 학교를 다닐 수 있고, 병원에서 치료를 받을 때도 돈을 거의 내지 않거든요. 그래서 세금을 많이 내는 것에 큰 불만을 가지고 있지 않아요. 세금을 내는 것은 그 나라의 국민이라면 누구나 지켜야 하는 의무랍니다.

경백이

이제 세금을 내는 것이 왜 중요한지 알겠어요.
전인구 선생님, 감사합니다.

국민들이 안전하고 편안하게 사는 나라를 만들기 위해서는 세금이 꼭 필요해요.

정부는 재정 지출이나 통화량을 조절하여 경제를 안정시키려고 노력해요. 경기 과열과 경기 침체, 긴축 정책과 확장 정책, 지급 준비율과 기준 금리, 환율 정책 등 뉴스에 자주 등장하는 용어에 대해 알아보아요.

3장
정부의 경제 정책

인플레이션과 디플레이션 | 재정 정책 | 통화 정책 |
환율 제도 | 국가 파산

인플레이션과 디플레이션

'인플레이션'은 화폐량의 증가로 화폐의 가치가 떨어지고 물가가 꾸준히 오르는 현상이에요.
이에 비해 '디플레이션'은 화폐량의 감소로 화폐의 가치가 오르고 물가가 떨어지는 현상이에요.

 인플레이션이 일어나는 까닭

인플레이션이 일어나는 이유는 여러 가지가 있어요. 우선, 사람들의 소비가 늘어나 수요는 많아지는데, 공급이 부족할 때 일어나요. 또, 정부가 필요 이상으로 돈을 많이 찍어 내면 돈의 가치가 떨어지면서 인플레이션이 발생해요. 이 밖에 원자재 가격이 오르면서 생산 비용이 늘어나면 기업들이 제품 가격을 갑자기 올리는데, 이때 인플레이션이 발생해요. 예를 들어, 석유값이 오르면 석유가 필요한 모든 제품은 가격을 올려요. **인플레이션이 발생하면 물가가 계속 오르기 때문에 돈의 가치가 떨어지고 사람들은 소비를 줄여요.** 같은 양의 상품이나 서비스를 구매하려면 전보다 더 많은 돈을 내야 하기 때문이에요.

인플레이션이 오랫동안 지속되면 여러 가지 문제가 발생해요. 사람들은 소비를 줄이고, 그 결과 기업은 제품 판매에 어려움을 겪게 돼요. 이렇게 되면 불황이 올 수 있어요. 그래서 인플레이션이 발생하면 정부나 중앙은행에서는 은행의 금리를 높이고, 나라에서 실제로 쓰는 돈의 양을 줄이려고 노력해요.

 디플레이션이 일어나는 까닭

디플레이션은 인플레이션이 오랫동안 계속될 때 일어나기도 해요. 그 기간이 오랫동안 계속되면 기업은 생산량을 줄이고 근로자들의 임금을 줄이거나 해고를 하게 돼요. 그러면 사람들은 더욱 소비를 줄이게 되고, 기업은 상품이 잘 팔리지 않으니 물건값을 더 내리게 되겠죠. 이런 현상이 계속되면 디플레이션이 일어나는 거예요. 이로 인해 **상품이나 서비스의 가격이 계속해서 떨어져요.**

이때 정부나 중앙은행에서는 금리를 내리고, 여러 가지 정부 사업을 실시하는 등 나라에서 쓰는 돈의 양을 늘려서 디플레이션을 막으려고 노력해요.

 스태그플레이션

물가는 보통 경제가 좋을 때 오르고, 나쁠 때는 내려가요. 그런데 **스태그플레이션은 경제 상황이 좋지 않은데도 물가가 오르는 현상**이에요. 스태그플레이션이 일어나면 **수입이 줄어들고, 물건값이 올라 사람들은 생활하기가 힘들어져요.** 스태그플레이션은 수요가 줄어드는데도 독점 기업이 가격을 내리지 않거나, 전쟁이나 국제 분쟁으로 원자재 가격이 오르는 경우에 일어나요.

1970년대에 석유 가격이 엄청나게 올라 여러 나라가 스태그플레이션을 겪었어요. 이때 미국은 스태그플레이션을 막기 위해 나라에서 쓰는 돈의 양을 줄였어요. 처음에는 기업이 문을 닫고 실업률이 늘었지만 결국 물가가 더 이상 오르지 않게 됐어요.

재정 정책

'재정 정책'은 정부가 호황이나 불황 같은 경제 상황을 관리하기 위해 세입과 세출을 조절하는 정책이에요. 이때 세입은 세금 등을 통해 걷어들이는 돈을, 세출은 정부가 국민을 위해 쓰는 돈을 말해요. 재정 정책에는 긴축 정책과 확장 정책이 있어요.

 재정 정책을 하는 까닭

시장 경제 체제에서는 호황과 불황이 번갈아 가면서 나타나요. 경기가 좋은 호황 때는 수요와 공급이 늘고, 투자와 소비가 늘고, 일자리와 소득이 많아져요. 또, 기업의 이윤이 높아져 임금이 오르고, 물가도 올라요. 이에 비해 경기가 나쁜 불황 때는 소비와 공급이 줄고, 투자가 줄어들어요. 또, 기업이 어려워져서 노동자의 임금이 줄어들고 실업자가 늘어나요.

호황과 불황은 늘 일어나는 일이지만 그 정도가 아주 심해지면 경제가 성장하는 데 방해가 돼요. 그래서 **정부는 세입과 세출을 조절해서 국가 경제를 튼튼하게 만들려고 노력해요.** 이것이 재정 정책을 하는 이유예요.

긴축 정책

'긴축 정책'은 **경기가 지나치게 좋을 때 쓰는 정책**이에요. '긴축'은 바짝 줄이거나 조인다는 뜻이에요. 경기가 지나치게 좋아지면 공급이 따라가지 못할 정도로 투자나 수요가 빠르게 늘어나요. 예를 들어, 아파트를 사려는 사람이 아파트를 팔려는 사람보다 훨씬 많아지게 돼요. 그러면 아파트 가격이 순식간에 엄청나게 올라요. 시장에 돈이 많이 풀려 있기 때문이에요. 이럴 경우 정부는 긴축 정책을 실시하여 나라에서 실제로 쓰는 돈의 양을 줄이려고 노력해요.

이때 정부는 도로, 철도, 다리 같은 사회 간접 자본의 투자를 나중으로 미뤄요. 세금을 들여 사회 기반 시설을 건설하면 시장에 더 많은 돈이 흘러 다니게 되기 때문이에요. 또, 국민들로부터 세금을 많이 거두어들여요. 세금을 많이 내면 국민들이 쓸 수 있는 돈이 줄어들어요. 그러면 투자와 소비가 줄어들어서 경기가 안정되는 효과가 있어요. **세금은 늘리고 정부 지출은 줄여 정부 재정을 흑자로 만들기 때문에 긴축 정책을 '흑자 재정 정책'**이라고도 불러요.

확장 정책

경기가 불황에 빠지면 소득과 소비가 줄어들어요. 소비가 줄어들면 기업들은 돈을 못 벌게 되고, 당연히 일자리도 줄어들지요. 그러면 소득과 소비가 더 줄어드는 악순환에 빠지게 돼요. **경기가 불황에 빠지면 정부는 경기를 되살리는 정책을 펼쳐요.** 이를 확장 정책이라고 해요. 정부에서는 공공사업을 벌여 일자리를 만들고 세금을 줄여 사람들이 소비할 수 있는 돈을 늘려요. 그리고 은행의 이자를 낮춰서 은행에서 돈을 빌리기 쉽도록 만들어요.

1929년에 전 세계가 경제 대공황에 빠져들었을 때, 미국 정부는 테네시강에 거대한 댐을 건설하면서 많은 일자리를 만들고 소비를 늘리는 확장 정책을 실시한 적이 있어요. **대규모의 공공사업을 벌여 정부 재정을 적자로 만들기 때문에 '적자 재정 정책'**이라고도 불러요.

통화 정책

'통화 정책'은 중앙은행이 국가 경제를 안정적으로 성장시키기 위해 통화량이나 이자율을 조정하는 정책이에요. 통화량은 나라에서 실제로 쓰고 있는 돈의 양이고, 이자율은 은행에서 돈을 빌려줄 때 받는 이자의 비율이에요.

통화 정책을 하는 까닭

중앙은행이 통화 정책을 하는 까닭은 국가가 재정 정책을 하는 까닭과 거의 같아요. 경제가 안정되려면 통화량이 적당해야 하는데, **통화량이 너무 많거나 적으면 경기는 지나치게 좋아지거나 지나치게 나빠져요.** 이때 정부는 세입과 세출을 통해서 경기를 조절하고, 중앙은행은 통화량을 늘리거나 줄여서 조절해요.

중앙은행에서는 경기가 지나치게 나빠지면 통화량을 늘리고 이자율을 낮춰요. 경기가 지나치게 좋아지면 통화량을 줄여서 물가를 안정시켜요. 중앙은행은 기준 금리와 지급 준비율 등을 통해 통화량을 조절해요.

기준 금리

기준 금리는 **한국은행에서 금융 통화 위원회 회의를 통해 정하는 금리를 말해요.** 금리는 일정 기간 돈을 빌렸을 때 내는 이자의 비율이에요. 한국은행에서 정한 기준 금리에 맞춰 일반 은행도 금리를 정해요. 한국은행에서 기준 금리를 내리면 일반 은행도 금리를 내리고, 한국은행에서 기준 금리를 올리면 일반 은행도 금리를 올려요.

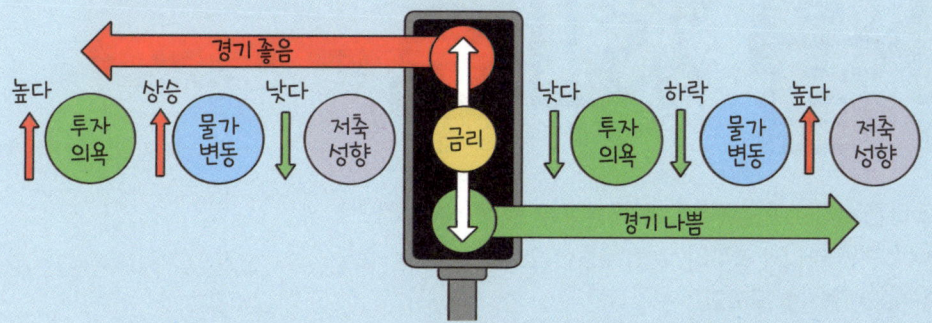

우리가 은행에 돈을 맡기면 예금 이자를 받고, 은행에서 돈을 빌리면 대출 이자를 내야 해요. 금리가 높으면 사람들은 은행에서 돈을 쉽게 빌리지 못하고, 반대로 금리가 낮으면 은행에서 돈을 쉽게 빌려 투자를 하거나 소비를 해요. 그래서 한국은행은 경기가 나쁠 때는 기준 금리를 내려 사람들이 적은 부담으로 경제 활동을 할 수 있도록 도와요. 반대로 인플레이션 현상이 발생하면 한국은행은 기준 금리를 올려 사람들이 투자와 소비를 줄이도록 만들어요.

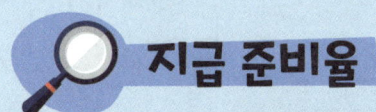 지급 준비율

사람들은 여윳돈이 생기면 은행에 예금을 해요. 그러다가 돈이 필요하면 은행에서 되찾아서 써요. 그런데 고객이 예금을 찾으려고 할 때 은행에 돈이 남아 있지 않다면 어떻게 될까요? 은행에 예금했던 사람들은 돈을 잃게 되겠죠. 그래서 **중앙은행은 이런 일이 발생하지 않도록 사람들이 일반 은행에 예금한 돈의 일정 비율을 의무적으로 맡아서 보관해요. 이를 '지급 준비율'이라고 불러요.** 은행이 100원의 예금을 보유하고 지급 준비율이 10퍼센트라면, 은행은 10원을 중앙은행에 맡겨야 해요.

지급 준비율을 높이면 일반 은행에서는 고객에게 빌려줄 수 있는 돈이 줄어들어요. 하지만 지급 준비율을 낮추면 고객에게 많은 돈을 빌려줄 수 있어요. 그래서 중앙은행은 경제 상황이 나빠지면 지급 준비율을 낮춰 통화량을 늘리고, 경제 상황이 좋아지면 지급 준비율을 높여 통화량을 줄인답니다.

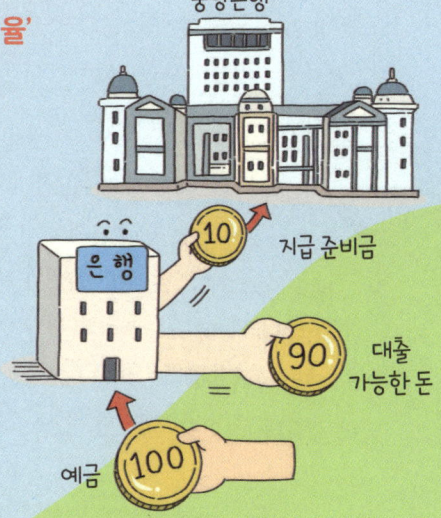

환율 제도

한 나라의 돈을 다른 나라의 돈으로 교환할 때 비율을 '환율'이라고 해요.
환율은 수출과 수입뿐만 아니라 물가나 주가, 부동산 가격 등
거의 모든 경제 부문에 영향을 주어요.

 ## 환율 제도의 종류

우리나라 경제는 세계 경제에 따라 큰 영향을 받기 때문에 환율 제도는 매우 중요해요. 환율 제도는 고정 환율 제도와 변동 환율 제도로 나눌 수 있어요.

고정 환율 제도

고정 환율 제도는 정부에서 환율을 일정하게 묶어 놓는 거예요. 환율이 변하지 않기 때문에 우리나라 돈의 가치가 떨어질 때도 손해를 보지 않을 수 있어요. 반대로 우리나라 돈의 가치가 올라도 이익을 얻을 수 없어요. 기업이 국제 경제 상황에 빠르게 대처하지 못해 경제가 위험해질 수도 있지요.

변동 환율 제도

우리나라는 변동 환율 제도를 운영하고 있어요. 변동 환율 제도는 환율 시장의 수요와 공급에 따라 환율이 결정되는 제도예요. 예를 들어, 1,000원이었던 1달러 환율이 달러를 사려는 사람이 많아지면 1,050원, 1,100원으로 올라요. 이에 비해 달러를 팔려는 사람이 많아지면 1달러 환율이 950원, 900원으로 내리지요. 급격하게 환율이 오르락내리락하면 수출과 수입에 큰 영향을 미친답니다.

 ## 환율 변동으로 생길 수 있는 일

환율은 가계와 기업, 정부에 다양한 영향을 미쳐요. 환율이 오르면 수출이 늘고, 수입은 줄어들어요. 환율이 내리면 수출은 줄고, 수입은 늘어나요.

해외여행을 할 때

1달러에 1,000원 하던 환율이 1,200원으로 오르면 해외여행 비용이 늘어나요. 100만 원에 갈 수 있었던 해외여행을 120만 원을 주고 가야 하죠. 이에 비해 1달러에 1,000원 하던 환율이 900원으로 내리면 해외여행 비용이 줄어들어요. 100만 원이 필요하던 해외여행을 90만 원으로 갈 수 있으니까요.

> 환율이 내리면 해외여행을 가기 좋아.

수출을 할 때

수출하는 기업은 환율이 오르면 이익을 보고, 환율이 내리면 손해를 봐요. 예를 들어, A 기업이 장난감 한 개를 1달러에 수출한다고 해 봐요. A 기업은 환율이 1달러에 1,000원일 때는 장난감 한 개를 수출할 때마다 1,000원을 벌었지만, 환율이 1,200원으로 오르면 1,200원을 벌어요. 하지만 1달러에 1,000원이던 환율이 900원으로 내리면 A 기업은 장난감 한 개를 수출할 때마다 900원을 벌게 돼요.

> 환율이 오르면 이익, 내리면 손해야.

수입을 할 때

수입하는 기업은 환율이 오르면 손해를 보고, 내리면 이익을 봐요. 예를 들어, B 기업이 미국에서 한 개에 1달러인 가위를 수입할 경우, B 기업은 환율이 1달러에 1,000원일 때는 가위 한 개를 수입할 때마다 1,000원을 미국에 있는 가위 회사에 지불해야 해요. 환율이 1달러에 1,200원으로 오르면 1,200원을 지불해야 하죠. 하지만 환율이 900원으로 떨어지면 900원을 지불하면 돼요.

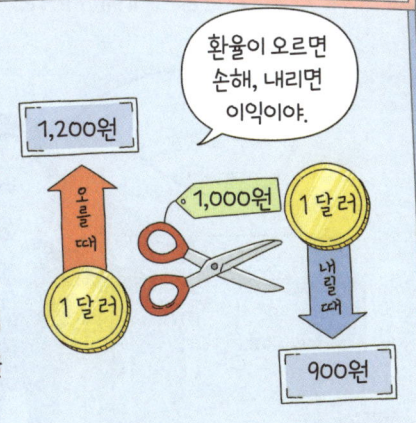

> 환율이 오르면 손해, 내리면 이익이야.

국가 파산

'국가 파산'은 국가가 국가의 빚인 국채를 갚지 못하는 일을 말해요. 국가가 파산하면 국민들의 삶은 심각한 위험에 빠져요. 파산할 위험에 처한 국가는 모라토리엄이나 디폴트를 선언해요.

 **모라토리엄**

모라토리엄은 전쟁, 지진, 경제 공황, 화폐 개혁 등으로 채무를 갚기 어려울 때 국가가 채무의 지불을 뒤로 미루는 거예요. '채무'는 빚이나 부채를 말해요. 그러니까 모라토리엄은 **빚을 진 나라나 기업이 빚을 나중에 갚겠다고 선언**하는 거예요.

1933년에 독일이 선언한 모라토리엄이 가장 유명해요. 제1차 세계 대전의 패전국인 독일이 어마어마한 전쟁 배상금을 갚아 나가다가 결국 은행이 차례로 망하고 화폐 가치가 엄청나게 떨어지는 등 국가가 파산할 위기에 빠지자 모라토리엄을 선언했어요.

1930년대에 세계 경제가 갑작스럽게 나빠지는 대공황이 발생하자 미국 후버 대통령은 모든 나라가 서로 채무 상환을 뒤로 미루자는 '후버 모라토리엄'을 선언했어요.

그 외에도 멕시코, 브라질, 아르헨티나, 두바이 등이 모라토리엄을 선언한 적이 있어요.

디폴트

'디폴트'는 **빌린 돈을 갚기로 한 날짜에 갚지 못하는 상황**을 말해요. 국가는 전쟁이나 내란, 외환 위기 등의 문제로 파산할 위기에 처해 밀린 돈을 내줄 수 없을 때 디폴트를 선언하지요. 아르헨티나는 1990년대에 많은 금액의 외채를 빌렸지만, 국가 채무를 갚지 못하고 결국 2001년에 디폴트를 선언했어요. 2015년에는 그리스, 2017년에는 베네수엘라가 디폴트를 선언했지요.

모라토리엄은 빌린 돈을 갚을 능력이 없어서 나중에 갚겠다는 뜻이지만, 디폴트는 앞으로도 갚을 능력이 없으니 빌린 돈을 아예 갚지 않겠다는 뜻이에요. 그래서 디폴트가 모라토리엄보다 더 심각한 단계이지요. 하지만 어느 쪽이든 약속을 지키지 못했다는 점에서 국가의 신용에 큰 타격을 주어요.

국가 파산제

1995년, 캐나다 핼리팩스에서 열린 G7 정상 회담에서 미국이 제안한 제도예요. 모라토리엄이나 디폴트의 위험에 처한 나라에 '파산 제도'를 도입하자는 내용이지요. 파산 제도는 빚을 갚을 수 없게 된 사람이 다시 경제 활동을 시작할 수 있도록 도움을 주는 제도예요. 미국은 파산을 선언한 나라에 이 제도를 적용해 보자고 했어요. 그러니까 빚이 많은 국가가 파산 신청을 하면 국제 통화 기금(IMF) 등이 돈을 빌려주고, 국가 경제가 다시 건전해질 수 있도록 도움을 주자는 것이지요.

정부의 경제 정책은 왜 중요할까?

경백이
어린이 여러분, 안녕하세요? 전인구 선생님, 오늘은 어떤 주제로 이야기를 나눌까요?

경제왕, 전인구
오늘은 정부의 경제 정책에 대해서 알아보려고 해요. 경백군, 경제 활동을 하는 개인이나 집단을 아는 대로 말해 볼래요?

경백이
음. 제일 먼저 기업이 떠오릅니다.

경제왕, 전인구
하하! 맞아요. 기업은 이익을 얻기 위해서 생산 활동을 하는 집단이에요. 기업 말고 경제 활동을 하는 집단으로는 가계와 정부가 있어요. 가계는 가정을 경제 활동을 하는 주체로 볼 때 부르는 말이에요. 그리고 정부가 있어요.

경백이
정부는 어떤 경제 활동을 하나요?

경제왕, 전인구
정부는 가계와 기업으로부터 거두어들인 세금으로 경제가 발전할 수 있도록 여러 가지 정책을 시행해요. 국가 경제가 잘 돌아가야 국민들이 안심하고 살 수 있기 때문이에요.

경백이
그렇군요. 가계, 기업, 정부는 어떤 관계가 있나요?

경제왕, 전인구
기업이 가계에 일자리와 소득을 제공하면, 가계는 정부에 세금을 내고 기업의 재화와 서비스를 소비해서 기업에 이윤을 줘요. 기업은 이렇게 얻은 이윤 중 일부를 정부에 세금으로 내죠. 정부는 가계와 기업이 낸 세금으로 여러 정책을 펼쳐서 경제를 발전시켜요.

 **경백이**
정부는 어떤 경제 정책을 펼치나요?

경제왕, 전인구
그때그때 달라요. 경기가 과열되면 물가가 너무 오르지 않게 하려고 노력하고, 경기가 침체되면 세금으로 일자리를 만들어서라도 경기가 되살아나도록 노력해요.

 **경백이**
정부가 경제 정책을 실시하지 않으면 어떻게 되나요?

경제왕, 전인구
여러 가지 사회, 경제적 문제가 발생하고 사회가 혼란해질 거예요. 정부는 경제가 어려워지지 않도록 경제 정책을 통해서 국민들이 행복한 삶을 살 수 있도록 도와야 해요.

경백이
오늘도 전인구 선생님 덕분에 정부의 경제 정책이 왜 중요한지 알게 됐어요. 고맙습니다.

정부는 국가 경제 성장을 돕고 국민들이 행복한 삶을 살 수 있도록 경제 정책을 펼쳐요.

국가 경제가 성장하면 국민들의 소득도 늘어나요.
우리나라의 경제 성장과 국민 총생산, 국민 소득,
사회 지표, 경제에 관해 연구하는 경제학파들을 알아보아요.

경제 성장과 사회 지표

경제 성장 | 국민 소득 | 사회 지표 |
경제학파 | 행동 경제학

경제 성장

'경제 성장'은 국민 경제의 능력이 커지는 일로, 재화 및 서비스의 생산이 계속해서 늘어나는 일이에요. 즉, 국민 소득과 국민 총생산 등이 커지는 것을 말해요.

경제 성장의 중요성

국가가 발전하고 번영을 이루려면 경제 성장을 이루어야 해요. **경제가 성장해야 국민들이 안전하고 행복한 삶을 누릴 수 있기 때문이에요.** 경제가 성장하면 일자리가 많아지고 국민의 소득이 높아져요. 국민의 소득이 높아지면 세금을 많이 내고, 은행에 저축하거나 투자를 많이 하게 되지요. 이에 따라 당연히 국가도 부유해져요.

부유한 국가들은 국민들의 교육, 건강, 사회 복지 등 삶의 질을 높이기 위한 정책과 함께 사회 간접 자본에도 적극적으로 투자할 수 있어요. 그러면 자연스럽게 국민들의 생활 수준이 높아져요. 이뿐만이 아니에요. 부유한 국가들은 다른 국가와 더 좋은 조건으로 무역할 수 있어요. 국제적인 재난이나 위기를 극복해야 할 때도 큰 역할을 하지요.

또, 경제가 성장하면 기업은 연구 개발과 경영 혁신에 더 많이 투자할 수 있어요. 투자를 많이 한 기업은 더 좋은 상품과 서비스를 생산하게 되고, 이를 통해 더 큰 이익을 얻을 수 있지요.

경제 성장의 문제점

경제 성장은 국가 발전에 많은 도움을 주지만 그 과정에서 여러 문제가 나타나요. 가장 큰 문제는 **환경 문제**예요. 공장에서 나오는 여러 오염 물질은 환경을 파괴해요. 환경 파괴가 일어나면 환경을 되살리는 데도 많은 돈을 써야 해요.

또 다른 문제점은 **빈부 격차**가 심해지기 쉽다는 거예요. 경제가 성장하면 어떤 국민은 큰돈을 벌 수 있지만 어떤 국민은 오히려 가난해질 수 있어요. 예를 들어, 국가에서 경제를 성장시키기 위해 농산물을 수입하는 정책을 쓴다면 기업가들은 부자가 되지만 농민들은 가난해질 수 있어요. 그 결과 빈부 격차가 심해지고, 사회에 불만을 가진 사람이 많아져 사회가 불안해져요.

경영자와 노동자들의 다툼도 경제 성장 과정에서 나타나는 문제점이에요. 노동자들은 기업이 성장함에 따라 더 많은 임금을 요구하고, 경영자는 가능한 한 적은 임금을 주려고 하지요. 이 과정에서 노동자들은 파업 등을 일으키기도 해요. 또, 경쟁이 점점 심해져서 국민들이 스트레스로 고통받을 수 있어요.

경제 성장은 꼭 필요하지만 그 과정에서 일어나는 문제점에 대처하기 위해서는 국가와 기업들이 함께 방법을 찾아야 해요.

경제 기적을 이룬 우리나라

로버트 루카스 주니어는 1995년에 노벨 경제학상을 받은 미국의 경제학자예요. 그는 1960년에는 국민 소득이나 교육 수준, 경제 상황이 비슷했던 우리나라와 필리핀이 1988년에는 1인당 소득 차이가 3배나 날 정도로 격차가 벌어진 과정을 연구하면서 우리나라의 경제 성장을 '기적'이라고 표현했어요.

 6·25 전쟁과 경제 성장

우리나라는 1950년부터 1953년까지 3년 동안 6·25 전쟁을 겪으면서 매우 가난한 국가가 됐어요. 우리나라 전 국토는 거의 폐허가 돼서 다른 나라의 도움을 받지 않고서는 나라 살림을 꾸려 나갈 수도 없을 정도였어요. 당시 우리나라는 세계에서 가장 가난한 나라에 속했어요.

하지만 우리나라는 그 이후 눈부신 경제 성장을 이루었어요. 지금은 **경제 선진국으로 이루어진 경제 협력 개발 기구(OECD)의 회원국이자 어려운 국가를 돕는 개발 원조 위원회(DAC)의 회원국이 됐지요.** 다른 나라의 도움을 받던 나라에서 가난한 나라를 도울 수 있을 정도로 경제가 성장한 거예요. 이것은 정부, 가계, 기업, 노동자들이 힘을 합쳐 경제를 발전시킨 결과예요. 2021년, 국제 연합 무역 개발 회의(UNCTAD)는 우리나라가 더 이상 개발 도상국이 아니라 선진국이라고 발표했어요. 개발 도상국이 선진국이 된 건 국제 연합 무역 개발 회의가 만들어진 이후에 처음 있는 일이었어요.

전쟁으로 폐허가 된 서울

경제 성장을 이룬 지금의 서울

 1997년 경제 위기

1997년 11월, 우리나라 정부는 **국제 통화 기금(IMF)에 구제 금융을 신청**한다고 발표했어요. 국제 통화 기금은 경제가 어려운 나라에 돈을 빌려주는 기관으로, 회원국이 낸 돈을 모아 두었다가 어려움에 처한 나라에 돈을 빌려줘요. 구제 금융은 국제 통화 기금에서 빌려주는 돈이지요. 국제 통화 기금은 돈을 빌려주는 대가로 우리나라 경제 정책에 간섭했어요.

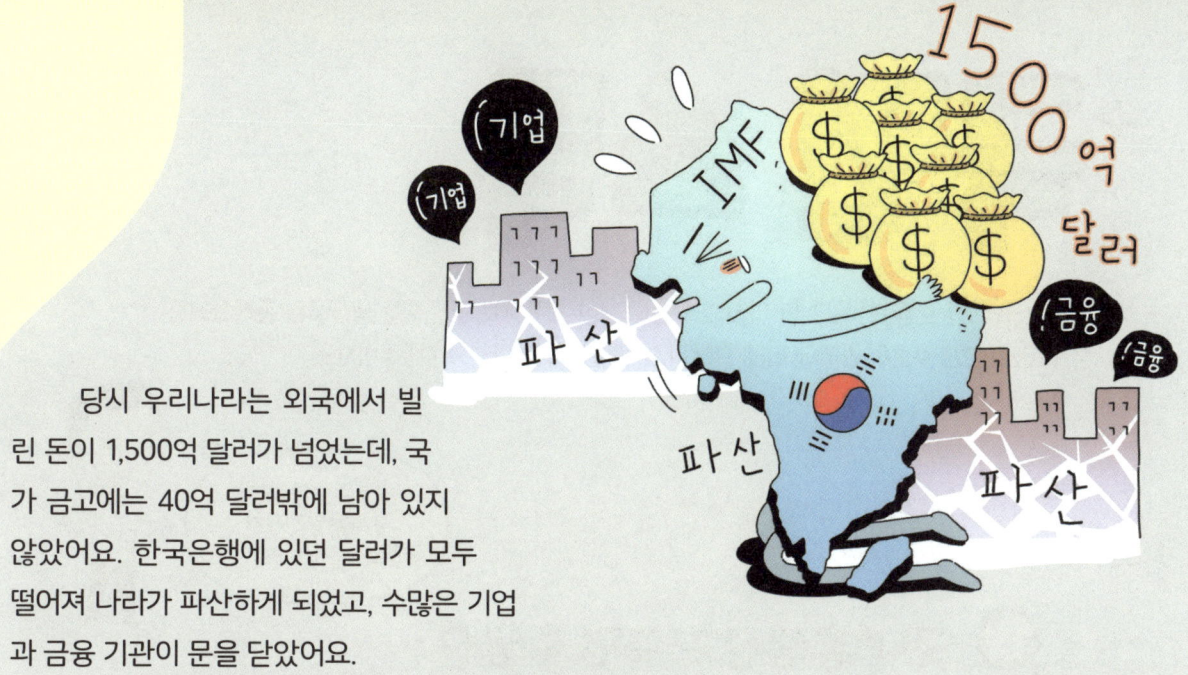

당시 우리나라는 외국에서 빌린 돈이 1,500억 달러가 넘었는데, 국가 금고에는 40억 달러밖에 남아 있지 않았어요. 한국은행에 있던 달러가 모두 떨어져 나라가 파산하게 되었고, 수많은 기업과 금융 기관이 문을 닫았어요.

그 후, 우리나라는 국제 통화 기금에서 빌린 돈을 갚기 위해 엄청난 고통을 겪었어요. 많은 기업과 은행이 사라졌고, 실직자가 거리로 쏟아져 나왔어요. 살아남은 기업들은 생산성을 높이고, 새로운 수출 시장을 찾기 위해 노력했어요. 정부는 일자리를 만들고, 나라의 경쟁력을 높이기 위해 여러 제도를 정비했지요. **2001년, 마침내 국민들의 노력으로 국제 통화 기금에서 빌린 돈을 모두 갚고 국제 통화 기금의 간섭에서 벗어날 수 있었어요.**

 저출산·고령화 사회와 경제 성장

우리나라는 짧은 시간에 눈부신 경제 성장을 이루었어요. 하지만 현재 우리나라 경제 성장에 가장 큰 걸림돌은 저출산·고령화 사회에 접어들었다는 거예요. **저출산은 아기를 적게 낳는다는 뜻이고, 고령화는 노인 인구의 비율이 늘어난다는 뜻**이에요. 저출산·고령화 사회가 되면 일할 수 있는 사람이 줄어들어 노동력이 부족해지고, 정부에서도 노인들의 생계와 건강 유지를 위해 큰 비용을 써야 해요. 그래서 정부에서는 저출산·고령화 문제를 극복하고 해결하기 위해 노력하고 있어요.

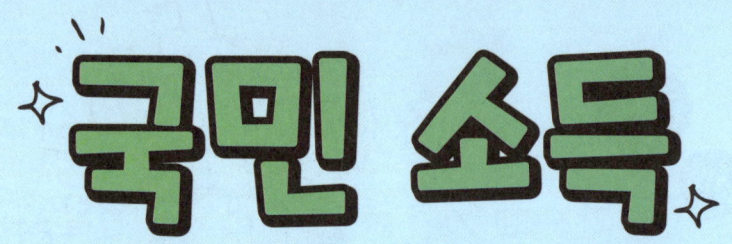
국민 소득

'국민 소득'이란 보통 1년 동안 한 나라의 국민이 생산 활동으로 얻은 최종 생산물의 총액이에요. 한 나라의 경제 수준이 과거에 비해 얼마나 나아졌는지 알아보는 지표들이지요.

대부분의 국가에서는 경제를 발전시켜 국민 소득을 높이려고 해.

 **국내 총생산과 국민 총생산**

국내 총생산(GDP)은 보통 1년 동안 국내에서 생산해 낸 것을 돈으로 계산해서 모두 더한 거예요. 우리나라 사람이든 외국인이든 우리나라 땅에서 생산한 재화와 서비스의 가치예요.

이에 비해 **국민 총생산(GNP)은 보통 1년 동안 한 나라의 국민이 생산해 낸 것을 돈으로 계산해서 모두 더한 거예요.** 우리나라 국적을 가진 사람이 벌어들인 돈은 모두 국민 총생산에 속해요.

예를 들어, 우리나라 가수가 외국에서 공연해서 벌어들이는 돈은 국민 총생산에는 들어가지만 국내 총생산에는 들어가지는 않아요. 반대로 우리나라 프로야구 팀에서 뛰는 외국인 선수가 벌어들이는 돈은 국내 총생산에는 들어가지만 국민 총생산에는 들어가지 않아요.

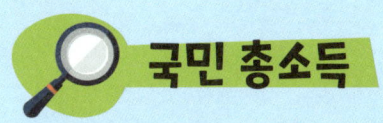 **국민 총소득**

국민 총소득(GNI)은 보통 1년 동안 한 나라의 국민이 생산 활동에 참여해서 벌어들이는 소득이 얼마인지 합한 거예요. 그 나라 국민들만의 소득을 계산한 것이어서 국내에서 일한 외국인의 소득은 빠지고, 외국에 나가 벌어들인 국민들의 소득은 포함시켜요.

국민 총소득이 높다고 해서 반드시 1인당 국민 소득이 높지는 않아요. 국민 총소득을 인구수로 나누기 때문이에요. 그래서 1인당 국민 소득이 높은 나라는 대부분 인구수가 많아요. 국민 총소득이 높다고 해도 1인당 국민 소득이 낮다면, 국민 한 사람 한 사람의 소득은 그리 높지 않은 거예요. 우리나라는 1960년대 초반까지만 해도 1인당 국민 소득이 100달러도 채 되지 않았어요. 세계에서 가장 못사는 나라 중 하나였지요. 하지만 높은 경제 발전과 더불어 1인당 국민 소득도 크게 늘어나 2017년에는 3만 달러를 넘어섰어요.

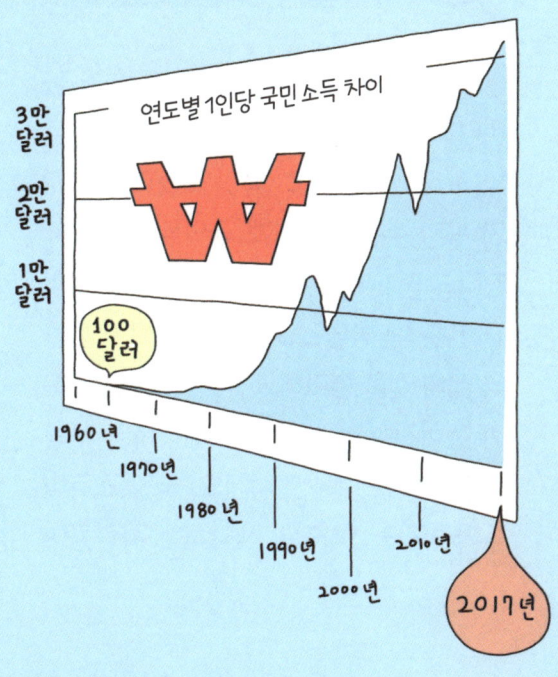

 **경제 성장률**

일정 기간 동안의 국민 총생산 또는 국민 소득의 실질적인 증가율로, **경제가 지난해보다 얼마나 증가했는지를 백분율로 나타낸 거예요.** 예를 들어, '올해 경제 성장률은 3퍼센트'라고 하면 이것은 지난해보다 국민 총생산이나 국민 소득이 3퍼센트 성장했다는 뜻이에요. 대부분의 나라에서는 경제 성장률로 경제 상황을 판단해요. 경제 성장률이 높으면 국가 경제가 좋다고 생각하지요.

사회 지표

'사회 지표'는 한 국가가 어느 정도 발전했는지, 복지 수준은 어느 정도인지 등을 측정하는 지표예요. 국민들의 경제 수준뿐만 아니라 삶의 질 등을 종합적으로 파악할 수 있게 해 주는 기준이에요.

 사회 지표가 필요한 까닭

대부분의 국가는 경제 성장률을 높이려고 노력해요. 경제가 성장하면 국민들의 소득이 높아지고, 국민 소득이 높아지면 복지 수준이 높아져 국민들이 행복해진다고 믿기 때문이에요. 그래서 대부분의 국가에서는 국민 소득을 중심으로 국민들의 삶의 질을 평가해요. 하지만 국민 소득이 높아진다고 해서 반드시 행복한 사람이 많아지는 것은 아니에요. 국민 소득이 높아져도 불행하다고 생각하는 사람들이 늘어나는 나라도 많아요. 그래서 나온 것이 사회 지표예요.

사회 지표는 국민 소득으로 평가할 수 없는 삶의 질과 관련 있는 여러 가지 지표를 조사해요. 시민 참여, 교육, 안전, 주거, 소득, 고용, 삶의 만족도, 환경, 건강, 일과 생활의 균형, 공동체 의식 등을 평가하지요. 사회 지표를 보고 정부는 어떤 복지 정책을 시행하는 것이 국민들에게 도움이 될지 판단해요.

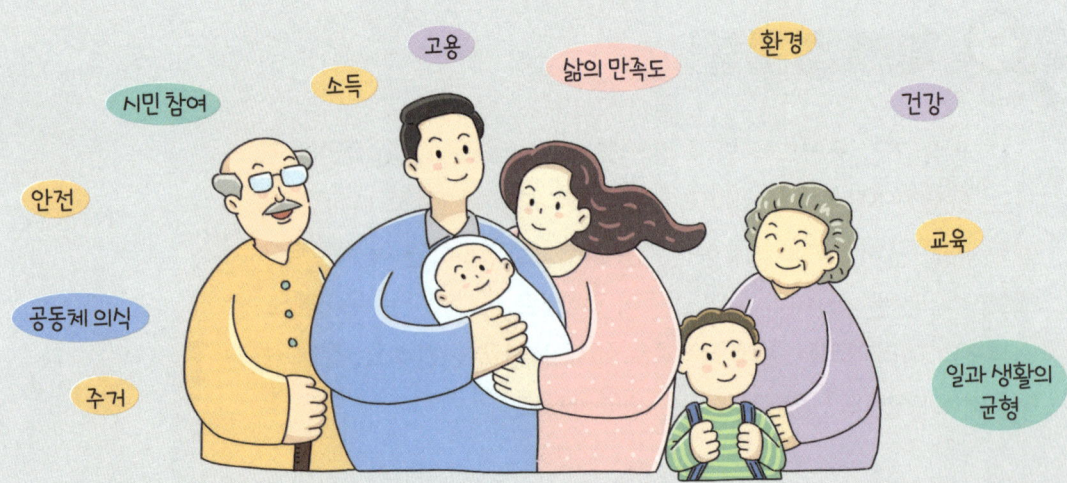

행복 지수

국민 소득 같은 경제적 요소뿐만 아니라 국민들의 행복과 삶의 만족도 등을 모두 포함하여 측정하는 지수예요. 지수는 물가나 임금처럼 해마다 변화하는 사항을 알기 쉽도록 어느 해의 수량을 기준으로 잡아 100으로 하고, 그것에 대한 다른 해의 수량을 비율로 나타낸 수치예요. 가난하지만 행복한 국가로 알려진 부탄에서 처음 만들어서 사용한 '국민 총행복 지수', 국제 연합 산하 자문 기구에서 발표하는 '세계 행복 보고서', 국제 협력 개발 기구(OECD)가 회원국을 대상으로 측정하는 '더 나은 삶 지수', 영국 신경제 재단에서 발표하는 '지구촌 행복 지수' 등이 대표적인 행복 지수예요. '2023 세계 행복 보고서'에 따르면 우리나라 국민들의 행복 지수는 세계 137개국 중 57위예요.

인간 개발 지수

인간 개발 지수는 국제 연합 개발 계획이 1990년에 개발한 지수로, 해마다 교육 수준, 국민 소득, 평균 수명, 유아 사망률 등을 종합해서 평가해요. 국민들의 행복이 소득의 증가에 따라 커지는 것이 아니라 소득을 어디에 어떻게 쓰는지에 따라 달라진다는 것을 보여주는 지수지요. 2021년, 우리나라는 세계 191개국 중 19위를 기록했어요.

국민 삶의 질 지표

국민의 삶을 파악하기 위한 지표로, 2014년에 통계청이 처음 발표했어요. 소득·소비·자산, 고용·임금, 주거 등의 물질적인 부분을 비롯해 건강, 교육, 문화·여가, 가족·공동체, 시민 참여, 안전, 환경, 주관적 웰빙 등 다양한 영역에 대한 조사를 하고 있어요. 통계청에서는 해마다 《국민 삶의 질 보고서》를 발표하고 있어요.

경제학파

인간의 생활에 필요한 재화나 서비스를 생산하고 분배해서 소비하는 모든 활동이 어떻게 하면 안정적으로 잘 이루어질까를 연구하는 사람들이 '경제학자'예요. 비슷한 생각을 가진 경제학자들의 모임을 '경제학파'라고 해요.

고전학파는 애덤 스미스를 따랐어.

고전학파

경제는 시장에 자유롭게 맡겨야 한다고 주장하는 경제학자들이에요. 정부가 경제 활동에 간섭하지 않아야 한다는 주장이지요. 이들은 기업에서 생산된 상품이 시장에서 적절히 나누어져서 소비로 이어지는 모든 활동이 가격이라는 보이지 않는 손에 의해 저절로 조절된다고 주장했어요.

처음으로 경제학 이론을 세웠다고 해서 '고전학파' 또는 '정통학파'라고도 불러요. 고전학파에 속하는 대표적인 학자로는 『국부론』을 쓴 애덤 스미스, 비교 우위를 발견해 자유 무역 이론을 세운 데이비드 리카도, 『인구론』으로 유명한 토머스 맬서스 등이 있어요.

고전학파는 경제학의 기초를 세웠어.

시장에 맡겨라!

애덤 스미스

케인스학파

미국은 제1차 세계 대전이 끝나고 1920년대에 이르러 엄청난 경제 발전을 이루었어요. 그런데 1929년에 갑자기 대공황이 찾아왔어요. 미국 정부는 고전학파의 주장처럼 시장이 저절로 균형을 되찾아 경제가 다시 좋아질 거라고 믿고 기다렸지요. 하지만 경기는 살아나지 않았어요. 이때, 미국의 경제학자 존 메이너드 케인스는 수요가 부족해 대공황이 발생했다며 **정부가 지출을 늘려 사람들의 소득을 올려 주어야 소비가 살아나 수요가 늘어난다고 했어요**. 이를 위해 정부는 일할 수 있는 사람들이 모두 일할 수 있도록 일자리를 많이 만들어야 한다고 주장했어요.

당시 미국 루스벨트 대통령은 케인스의 이론을 받아들여 대공황을 극복할 수 있었어요. 케인스의 이론을 따르는 경제학자들을 '케인스학파'라고 불러요.

통화주의 학파

1970년대는 많은 나라의 경기가 좋지 않은데도 물가가 계속 오르는 스태그플레이션이 계속됐어요. 케인스학파의 이론에 따라 정부의 지출을 늘려도 물가만 더 오를 뿐 경기는 좋아지지 않았어요. 그러자 정부가 시장에 개입하지 말아야 한다고 주장하는 학자들이 나타났어요. 시장이 저절로 돌아가도록 정부가 경제에 깊게 개입하지 말아야 한다는 것이었지요.

이 학자들은 **통화량을 조절해서 시장이 저절로 균형을 찾도록 해야 한다고 주장했어요**. 고전학파처럼 정부가 지출을 가능한 한 적게 해야 한다고 생각한 것이지요. 이 학자들을 '통화주의 학파'라고 해요. 1900년대 후반, 밀턴 프리드먼을 중심으로 시카고 대학 경제학자들이 주장했기 때문에 '시카고학파'라고도 해요.

205

행동 경제학

'행동 경제학'은 사람의 행동을 깊게 관찰하고 분석한 뒤, 그 행동의 결과를 경제학적으로 분석하는 학문이에요.
행동 경제학자들은 고전학파나 케인스학파 등의 기존의 경제학자들이 실제로 벌어지는 경제 상황을 충분히 설명하지 못한다고 주장해요.

 행동 경제학이 나타난 까닭

많은 경제학자들은 사람들이 이성적이고 합리적인 판단을 내린다고 믿고 있으며 이를 바탕으로 경제를 연구해요. 하지만 경제학자들은 실제로 일어나는 다양한 경제 문제를 해결하지 못할 때도 많았어요. 또, 심리학이 발달하면서 사람이 이성적이고 합리적인 판단만 하는 건 아니라는 사실이 밝혀졌어요. 그러자 **사람의 마음이 경제에 어떤 영향을 끼치는지 관심을 갖는 경제학자**들이 나타났어요. 이들이 행동 경제학자들이에요.

행동 경제학자들은 사람이 이성적이고 합리적으로 행동하는 경우가 많지만, 때때로 감정적이고 충동적인 선택을 하는 경향이 있다고 주장해요. 행동 경제학에서는 '손실 회피', '소유 효과', '닻 내림 효과', '심리적 회계' 같은 것들을 연구해요.

손실 회피

사람들은 이익을 보는 것보다 손해를 보지 않기 위해 더 많이 노력해요. 이것을 '손실 회피'라고 해요. 예를 들어, 자신이 가진 주식이 조금만 올라도 가격이 떨어질 모른다는 걱정에 팔거나, 주식이 폭락해 손해를 보고 있는데도 언젠가 다시 오를 것이라는 기대를 갖고 팔지 않는 것이죠.

소유 효과

사람들은 똑같은 물건이라도 다른 사람이 가진 물건보다 자기가 가지고 있는 물건을 더 좋다고 생각해요. 이것을 '소유 효과'라고 해요. 예를 들어, 2,000만 원짜리 자동차를 소유하고 있는 사람은 자신의 자동차가 자신이 소유하지 않은 5,000만 원짜리 자동차보다 더 가치가 있다고 생각해요.

닻 내림 효과

배가 닻을 내리면 움직이지 않은 것처럼, 절대 바뀌지 않는 생각에 사로잡히는 현상을 '닻 내림 효과'라고 해요. 예를 들어, 똑같은 가방을 A 가게에서는 8만 원에, B 가게에서는 10만 원에서 20퍼센트를 할인해서 8만 원에 판매한다면 소비자는 B 가게에서 사려고 해요. 2만 원을 싸게 산다고 생각하기 때문이에요.

심리적 회계

같은 액수의 돈이라도 사람마다 그 가치를 다르게 매기는 것을 가리켜요. 사람들은 일해서 번 돈은 소중하게 여기고, 길에서 주운 돈은 쉽게 써 버리지요. 또, 목적에 따라 돈의 가치를 따로 매겨요. 간식비는 5천 원, 집의 월세는 50만 원, 식비는 10만 원 등으로 정해 놓고 그 기준대로 소비하지요.

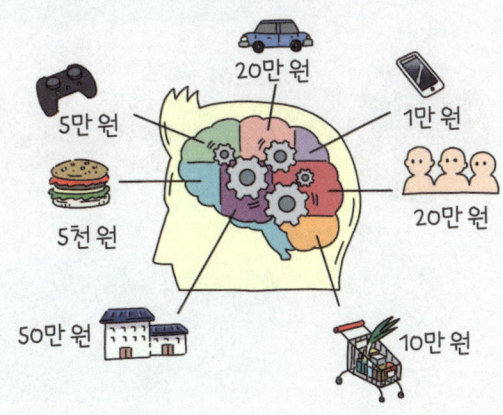

경제왕, 전인구 선생님과 함께하는 톡톡 경제 인터뷰

경제 성장과 행복 지수는 어떤 관계가 있을까?

경백이
안녕하세요? 오늘도 경제왕, 전인구 선생님을 모셨습니다. 전인구 선생님과 경제 이야기를 나누다 보면 저도 경제박사가 된 거 같은 생각이 들어요. 오늘은 어떤 경제 이야기를 들려주실 건가요?

경제왕, 전인구
오늘은 '경제 성장과 행복 지수 사이에는 어떤 관련이 있을까?'라는 주제를 생각해 보는 시간을 가지려고 해요. 우리는 부유한 나라 사람들이 가난한 나라 사람들보다 행복할 거라고 생각하잖아요. 정말 그럴까요?

경백이
저는 부유한 나라 국민들이 더 행복하다고 생각해요. 가난하면 사고 싶은 것도 못 사잖아요.

경제왕, 전인구
하하! 물론 부유한 나라 사람들이 행복할 확률이 높아요. 실제로 행복 지수를 조사하면 부유한 나라의 행복 지수가 더 높게 나와요. 부유한 나라는 안전하고, 환경이 아름답고, 교육 수준과 복지 수준이 높으니까요. 그렇지만 부유해질수록 행복 지수가 낮아지기도 해요.

경백이
부유할수록 행복 지수가 낮아진다고요?

경제왕, 전인구
아주 빠르게 경제 성장을 이룬 나라 중에서 그런 경우가 많아요. 눈부신 경제 성장을 이룬 우리나라도 불행하다고 느끼는 사람들이 예전보다 많아졌지요.

경백이

왜 나라가 경제 성장을 이루었는데 불행한 사람이 많아지나요?

경제왕, 전인구

그것은 경제 성장 과정에서 발생한 문제점 때문이에요. 그중 불행하다고 생각하는 사람이 많아지는 가장 큰 이유는 부유한 사람과 자신을 비교해서 자신을 가난하다고 느끼는 사람이 많아졌기 때문이에요. 이것을 '상대적 박탈감'이라고 해요. 그래서 요즘 많은 국가에서는 복지 정책 등을 통해 상대적 박탈감을 없애기 위해 노력하고 있어요.

경백이

국가가 부유해져도 국민들이 불행하면 안 될 거 같아요. 경제 성장을 하면서도 국민들이 행복할 수 있는 방법이 있을까요?

경제왕, 전인구

최근에는 국민들의 행복과 삶의 질을 개선하는 데 초점을 맞추는 정책들이 많이 나오고 있어요. 경제를 발전시키면서도 행복 지수를 높이기 위해서 경제적, 사회적, 문화적, 환경적으로 균형 잡힌 경제 성장을 해야 해요. 경제 성장의 가장 중요한 목표는 국민들의 행복한 삶이니까요.

경백이

경제를 성장시키면서도 국민들의 행복 지수를 높이는 것이 중요하군요. 전인구 선생님, 오늘도 감사합니다.

국민들이 행복한 삶을 살 수 있도록 경제 정책의 균형을 맞추어야 해요.

다음 물음에 알맞은 답을 찾아 (   ) 안에 쓰세요.

1 1941년에 영국에서 만든, '요람에서 무덤까지'라는 말이 실려 있는 보고서는 무엇일까요? (   )
① 로마 클럽 보고서　② 베버리지 보고서　③ 서비스

2 기초 생활 보험과 의료 보험은 사회 보장 중에 무엇에 속할까요? (   )
① 사회 보험　② 공공 부조　③ 사회 서비스

3 도로, 항만, 통신, 전력 등의 공공시설을 무엇이라고 부를까요? (   )
① 사회 직접 자본　② 순수 산업 자본　③ 사회 간접 자본

4 불공정 거래 행위에 속하지 않는 것은 무엇인가요? (   )
① 자유 경쟁　② 담합　③ 유인

5 경제 활동 인구 중에서 직장을 가지고 일주일에 한 시간 이상 일하는 사람을 가리키는 말은 무엇일까요? (   )
① 실업자　② 취업자　③ 비경제 활동 인구

6 실업률이 낮아지면 물가가 상승하고, 실업률이 높아지면 물가가 하락한다는 사실을 알아낸 학자는 누구일까요? (   )
① 러다이크　② 애덤스　③ 필립스

7 한 나라의 빈곤층과 부유층의 소득 불평등이 얼마나 심한지를 나타내는 지표는 무엇일까요? (   )
① 지니 계수　② 탄성 계수　③ 미분 계수

8 소득 재분배를 위해 만든 제도가 아닌 것은 무엇일까요? (   )
① 조세 제도　② 법률 제도　③ 사회 보장 제도

정답 : 1.② 2.① 3.③ 4.① 5.② 6.③ 7.① 8.②

2 흥미진진 퀴즈타임

다음 문제를 풀어 보세요.

1 세금에 대해 틀리게 설명한 친구의 이름에 ○표 하세요.

모든 국민은 세금을 내야 하는 의무가 있어요.
수지

국가에서 세금을 걷으려면 국회에서 법률을 제정해야 해요.
원영

부가 가치세는 하나의 상품이 만들어지는 전 과정에 붙어요.
예찬

관세는 우리나라 안에서 발생하는 소득에 부과하는 세금이에요.
슬기

2 아래 용어의 뜻을 바르게 연결해 보세요.

비례세 ●　　　　● 돈을 많이 버는 사람이 더 높은 비율로 내는 세금

누진세 ●　　　　● 돈을 많이 버는 사람이나 적게 버는 사람이나 똑같이 일정 비율로 내는 세금

역진세 ●　　　　● 돈을 많이 벌수록 더 낮은 비율로 내는 세금

아래 내용이 맞으면 ○표, 틀리면 ✕표 하세요.

1 인플레이션은 수요가 많아지고 공급이 부족할 때 일어나요. (　　)

2 디플레이션은 물건을 사려는 사람이 줄어들어 상품이나 서비스의 가격이 계속해서 떨어지는 현상이에요. (　　)

3 스태그플레이션은 경기는 좋은데 물가가 계속 내려가는 현상이에요. (　　)

4 시장 경제 체제에서는 경기가 좋은 호황과 경기가 나쁜 불황이 돌아가면서 나타나요. (　　)

5 확장 정책은 공공사업을 벌여 일자리를 만들고 세금을 줄여 사람들이 소비할 수 있는 돈을 늘리는 정책이에요. (　　)

6 재정 정책은 중앙은행이 국가 경제를 안정적으로 성장시키기 위해 통화량이나 이자율을 조정하는 정책이에요. (　　)

7 중앙은행에서는 경기가 지나치게 나빠지면 통화량을 줄여요. (　　)

8 지급 준비율은 일반 은행이 예금된 돈의 일부분을 중앙은행에 의무적으로 맡기는 비율을 말해요. (　　)

9 환율이 오르면 수출하는 기업에 유리하고 수입하는 기업에 불리해요. (　　)

10 디폴트는 한 국가가 빌린 돈을 약속한 날짜에 모두 갚았다고 선언하는 거예요. (　　)

정답 : 1.○ 2.○ 3.✕ 4.○ 5.○ 6.✕ 7.✕ 8.○ 9.○ 10.✕

4 흥미진진 퀴즈타임

다음 빈칸에 알맞은 단어를 찾아 ◯로 묶어 보세요.

1 보통 1년 동안 한 나라의 국민이 생산해 낸 것을 돈으로 계산해서 모두 더한 것을 ○○ ○○○이라고 해요.

2 ○○ ○○는 한 사회가 어느 정도 발전했는지, 복지 수준은 어느 정도인지 측정하는 지표예요.

3 ○○○○는 경제는 시장에 자유롭게 맡겨 놓아야 한다고 주장하는 경제학자들이에요.

4 미국의 경제학자 ○○○는 경제 대공황을 극복하려면 정부가 지출을 늘려야 한다고 주장했어요.

국	민	총	생	산	민
가	사	나	대	한	고
케	행	회	어	국	전
인	동	경	지	린	학
스	이	제	이	표	파

정답 : 1. 국민 총생산 2. 사회 지표 3. 고전학파 4. 케인스

PART 4
금융과 투자

- 금융의 이해
- 디지털 금융
- 투자의 기초
- 현명한 자산 관리

금융은 우리 생활에서 아주 중요한 역할을 해요.
금융, 신용, 금융 기관, 인터넷 전문 은행,
인터넷 결제 서비스에 관해 알아보아요.

1장
금융의 이해

금융 | 신용 | 은행의 탄생 |
금융 기관의 종류 | 인터넷 은행 | 인터넷 결제

금융

금융은 돈을 돌려쓴다는 뜻으로, 돈을 빌리고 이자를 내거나 돈을 빌려주고 이자를 받는 것을 관리하는 일을 말해요. 돈은 금융 회사를 통해 이쪽 저쪽으로 흘러 다니게 돼요.

금융 회사는 고객에게 돈을 받아 기업에 투자하는 회사야.

 **금융의 중요성**

금융 회사는 여윳돈이 있는 사람들에게서 맡아 놓은 돈을 당장 돈이 필요한 사람들에게 빌려주어요. 그리고 돈을 빌려 간 사람에게 이자를 받아서 자기 몫의 수고비를 떼고 저축한 사람에게 예금 이자를 주어요. 또, 금융 회사는 **고객들이 예금한 돈을 기업에 투자하고, 그 이익을 고객들에게 돌려주는 일**을 해요.

만약 금융 회사가 없으면 어떻게 될까요? 여윳돈이 있는 사람들은 투자할 곳을 찾지 못하고, 돈이 필요한 사람들도 돈을 빌릴 수 없을 거예요. 집을 살 돈이 부족해도 돈을 빌릴 수 없고, 기업은 사업을 시작하고 성장시키는 데 필요한 자본을 구하기 어렵겠죠? 그렇게 되면 제대로 생산 활동을 할 수 없어 국가 경제를 발전시킬 수 없게 돼요.

금융 회사에는 은행만 있는 것이 아니에요. 보험 회사, 증권 회사, 신용 회사, 투자 회사 등도 금융 회사에 속해요.

🔍 금융의 역사

메소포타미아

금융이 처음 시작된 곳은 메소포타미아 문명이에요. 메소포타미아 문명은 약 5,000년 전에 티그리스강·유프라테스강 유역을 중심으로 번영한 고대 문명이에요. 메소포타미아 사람들은 점토판에 글씨를 써서 남겼는데, 그중에는 '이 점토판을 가진 사람에게 은을 주라'는 내용이 기록된 것이 있었어요. 이 점토판이 화폐와 같은 역할을 한 거예요.

고대 그리스

고대 그리스 도시 국가에도 은행과 비슷한 역할을 하는 곳이 있었어요. 바로 신전이에요. 고대 그리스 도시 국가들은 금이나 은으로 만든 화폐를 썼는데, 전쟁이 잦았기 때문에 전쟁에 나가는 시민들은 화폐를 신전에 맡겼어요. 신전에 있는 사제들은 돈을 보관해 주는 대신에 보관료를 받았지요. 나중에는 시민들이 맡긴 화폐보다 보관료로 받은 화폐가 더 많았다고 해요.

17세기 이후

사회가 발전하면서 사람들은 돈을 더 안전하게 보관하기 위해 은행을 만들었어요. 17세기에는 주식을 거래하는 세계 최초의 증권 거래소가 네덜란드 암스테르담에 만들어졌어요. 같은 시기에 유럽 국가들은 중앙은행을 세워 화폐를 발행하고 통화량을 조절했어요. 그 후 보험 회사, 투자 회사, 신용 카드사 등이 생겼고, 오늘날에는 스마트폰으로 간편하게 디지털 금융 서비스를 이용하고 있어요.

신용

신용은 믿음이 있다는 뜻으로, 어떤 사람이 하는 행동이나 말을 믿을 수 있을 때, '신용이 있다'라고 해요. 특히 경제에서는 거래한 재화나 서비스의 대가를 앞으로 갚을 수 있다는 것을 보이는 능력을 가리켜요.

 ## 신용의 중요성

신용이 있다는 것은 돈을 빌려줘도 떼일 걱정 없이 돌려받을 수 있다는 뜻이에요. 그래서 신용이 있다고 평가를 받으면 금융 기관에서 돈을 빌리기 쉬워요. 은행에서는 신용이 있는 사람에게만 돈을 빌려주기 때문이에요. 신용 카드 회사에서도 신용이 있어야 신용 카드를 발급해 주고, 통신 회사에서도 신용이 있으면 스마트폰으로 전자 상거래를 할 때 돈을 먼저 내주기도 해요.

이렇듯 경제와 관련된 신용은 사람들의 생활에 큰 영향을 미쳐요. 한 번이라도 은행 거래를 한 사람은 모두 신용 점수가 매겨져요. 그리고 금융 회사는 금융 거래를 할 때마다 사람들의 신용을 평가해요. **금융 회사에서 돈을 빌리고서 정해진 날짜에 맞춰 이자와 원금을 갚았다면 신용 점수가 올라가요. 하지만 제날짜에 갚지 못하면 신용 점수가 낮아져요.** 신용 점수가 낮아지면 필요할 때 금융 회사의 도움을 받을 수 없어요.

신용 카드는 무엇인가?

신용 카드는 카드 회사에서 먼저 물건값을 지불하고, 나중에 카드를 쓴 사람이 카드 회사에 물건값을 갚는 방식이에요. 신용 카드가 있으면 현금을 들고 다니지 않아도 편리하게 물건을 구입할 수 있어요. 값비싼 물건을 샀다면 몇 달에 나누어 갚는 '할부'라는 제도를 이용할 수 있지요. 만약 100만 원짜리 냉장고를 10개월 할부로 샀다면 한 달에 10만 원씩 10개월간 갚으면 돼요.

근대적인 신용 카드의 탄생

지금과 거의 비슷한 신용 카드는 1950년에 미국에서 처음 생겼어요. 1949년에 미국의 사업가 프랭크 맥나마라가 뉴욕의 한 식당에서 식사를 했는데, 지갑을 집에 놓고 와서 곤욕을 치른 적이 있었어요. 이듬해 맥나마라는 다이너스 클럽이라는 신용 카드를 만들어 가맹점과 회원을 모집했어요. 신용 카드만 있으면 현금이 없어도 필요한 물건을 사고 나중에 한꺼번에 돈을 갚으면 된다는 것이었죠. 다이너스 클럽은 200여 명의 회원과 14개의 가맹점으로 시작됐지만 금방 전국적으로 퍼져 나갔어요.

신용을 잘 관리하는 방법

신용을 잃으면 돈이 급하게 필요할 때 은행에서 아예 돈을 빌릴 수 없거나 아주 비싼 이자를 내고 빌려야 해요. 신용 카드를 사용할 수도 없지요. 신용을 잘 관리하기 위해서는 은행에서 너무 많은 돈을 빌리지 않도록 하고, 은행에서 돈을 빌린 경우에는 이자를 정해진 날짜에 내는 것도 중요해요. 신용 카드를 사용할 때는 충동적으로 사용하지 않도록 신중해야 해요.

은행의 탄생

은행은 사람들이 예금한 돈을 개인이나 기업에 빌려주고 이자를 받아요. 그 이자의 일부를 예금한 사람에게 주지요. 은행처럼 돈을 빌려주고, 이자를 받는 곳은 아주 오래전부터 있었어요.

은행의 역사는 아주 길구나!

고대 은행

최초의 은행업에 관한 기록은 3,700년 전에 만들어진 '함무라비 법전'에 나와요. **함무라비 법전은 바빌로니아 왕국의 함무라비왕 때 만들어졌는데, 은이나 곡식을 빌려주고 받을 수 있는 이자에 관한 규정**까지 정해져 있었어요. 또한, 고대 그리스와 로마 제국, 고대 중국, 고대 인도에서도 돈을 보관하고 빌려주는 곳이 있었다는 기록이 있어요.

르네상스 시기의 은행

르네상스 시기에 피렌체, 루카, 시에나, 베네치아, 제노바 등 이탈리아 중부와 북부의 부유한 도시에는 은행업을 하는 사람들이 있었어요. 그중 피렌체의 메디치 가문이 가장 유명해요. **조반니 데 메디치는 1397년에 이탈리아에서 가장 유명한 은행 중 하나인 메디치 은행**을 세웠어요. 그 뒤 메디치 가문은 은행업으로 막대한 부를 쌓고 피렌체를 지배했어요.

함무라비 법전

고대 바빌로니아 사람들은 은이나 곡물을 빌리고서 비싼 이자를 내야 했어.

우리 메디치 가문은 예술가들을 적극 후원했지.

근대 은행의 등장

오늘날과 비슷한 은행은 16~17세기에 영국에서 시작됐어요. 영국 사람들은 튼튼한 금고가 있는 금 세공업자에게 금화를 맡기고 '골드스미스 노트'라고 하는 금 보관증을 받았어요. 골드스미스 노트는 지폐처럼 사용됐는데, 점차 **금 세공업자들은 골드스미스 노트를 발행하고, 이자를 받기 시작했어요.** 그리고 금화를 맡긴 사람들에게 이자를 지급했지요. 이 금 세공업자들이 지폐를 발행하는 은행업자가 된 거예요.

중앙은행의 탄생

중앙은행은 화폐를 발행하고 나라 안의 화폐의 양을 조절하는 은행이에요. 지금과 같은 **중앙은행은 1694년에 영국에 처음 생겼어요.** 당시 영국의 왕인 윌리엄 3세는 잉글랜드 은행을 세우고 다른 은행에서는 지폐를 발행할 수 없도록 했어요. 곧이어 다른 나라들도 중앙은행을 설립했어요. 미국의 연방 준비 제도, 프랑스의 프랑스 은행, 우리나라의 한국은행 등이 중앙은행이에요.

잉글랜드 은행

우리나라 은행의 역사

우리나라 역사에 등장하는 **최초의 은행은 '객주'**예요. 객주는 다른 지역에서 온 장사꾼들이 묵어가는 장소로, 장사꾼의 물건을 맡아 팔거나 물건을 팔 사람과 살 사람을 이어 주는 곳이었어요. 나중에는 상인들에게 돈을 빌려주기도 하고, 저금을 하면 이자를 붙여 주는 등 은행 업무를 보았어요. 우리나라 최초의 근대적인 은행은 1896년에 세워진 조선은행이고, 중앙은행인 한국은행은 1909년에 세워졌어요.

한국은행

금융 기관의 종류

보험 회사, 증권 회사, 상호 저축 은행, 협동조합, 우체국 등도 은행과 비슷한 업무를 하는 금융 기관이에요.

중앙은행

중앙은행은 화폐를 발행하고, 나라 안에서 실제로 쓰고 있는 돈의 양을 조절해요. 또, 정부에서 필요한 돈을 빌려주기도 하고, 다른 나라와 거래할 때 필요한 외국 돈을 나라를 대표해서 관리해요. 이 밖에 일반 은행의 돈을 맡아 두거나 대출을 해 주기도 해요. 우리나라의 중앙은행은 한국은행이에요.

일반 은행

우리가 예금을 하거나 돈을 빌릴 때, 또는 세금을 낼 때 이용하는 은행은 대부분 일반 은행이에요. 일반 은행은 사람이나 회사를 대신해서 돈을 보내고, 받고, 내주는 일도 해요. 우리나라 돈과 외국 돈도 바꿔 주어요.

특수 은행

특수 은행은 특별한 목적을 위해 세워진 은행이에요. 농민과 어민을 위한 농협 은행과 수협 은행, 중소기업을 지원하는 기업 은행, 우리나라의 주요 산업에 돈을 대주는 산업 은행, 수출입과 해외 투자를 도와주는 한국 수출입 은행 등이 있어요.

보험 회사

보험은 재해나 사고에 대비하는 제도예요. 보험 회사는 사람이 죽었을 때를 대비하는 생명 보험, 사고가 났을 때를 대비하는 손해 보험 등을 취급해요.

증권 회사

여러 회사가 발행한 주식을 개인이나 기관들이 사고팔 수 있도록 도와주어요. 또한, 채권을 사고파는 일을 도와주는 일도 해요.

상호 저축 은행

소득이 높지 않은 사람이나 중소기업을 경영하는 사람들을 위해서 돈을 빌려주거나 저축을 하도록 도와주어요.

협동조합

협동조합에 가입한 회원들을 대상으로 예금을 받으며, 돈을 빌려주기도 해요. 새마을 금고, 농업 협동조합, 신용 협동조합 등이 있어요.

우체국

주로 우편 업무를 보지만 금융 기관의 역할도 해요. 예금을 하거나 돈을 빌려주기도 하고, 보험을 팔기도 해요.

인터넷 은행

요즘은 스마트폰으로 은행 거래를 많이 한대요.

인터넷 은행은 은행 점포에서 이루어지던 모든 금융 서비스를 인터넷상에서 처리하는 은행이에요. 은행 점포를 거의 만들지 않기 때문에 점포를 유지하는 데 필요한 돈을 줄일 수 있어요.

 온라인 뱅킹에서 모바일 뱅킹으로

통신 기술이 발달하면서 **집 안에서도 편하게 금융 거래를 할 수 있는 시대**가 됐어요. 은행이나 현금 자동 인출기를 찾아 나설 필요 없이 전화나 팩스, 인터넷 등을 이용하여 금융 서비스를 이용하는 것을 온라인 뱅킹이라고 해요.

1983년, 스코틀랜드 은행은 인터넷을 이용한 '홈링크' 서비스를 개발해 고객들이 개인 컴퓨터로 자신의 계좌에 남아 있는 돈을 확인하거나 돈을 다른 곳으로 보내고, 공과금을 내는 등의 금융 서비스를 이용할 수 있게 했어요.

1992년에는 스칸디나비아반도의 노르디아 은행이 세계 최초로 모바일 뱅킹 서비스를 시작했지요. 모바일 뱅킹은 인터넷 접속이 가능한 스마트폰이나 태블릿 등을 이용하여 직접 은행에 갈 필요 없이 어디에서든 은행 업무를 볼 수 있게 도와주는 서비스예요. 모바일 뱅킹 이용자 수는 스마트폰 사용이 늘어나면서 엄청난 속도로 늘어났어요. 이제는 은행이 인터넷 안으로 들어온 거죠.

인터넷 전문 은행의 등장

1995년, 미국에 최초의 인터넷 전문 은행이 생겼어요. 인터넷 전문 은행은 **오직 인터넷을 통해서만 이용하는 은행**이에요. 완전히 새로운 은행이라는 뜻으로 '네오뱅크'라고도 불러요. 우리나라는 2017년에 인터넷 전문 은행이 문을 열었어요.

인터넷 전문 은행은 모든 은행 서비스를 인터넷으로 할 수 있어요. 은행을 찾아가지 않아도 되기 때문에 가까운 곳에 은행이 없어도 금융 거래를 쉽게 할 수 있을 뿐만 아니라, 아무 때나 금융 서비스를 받을 수 있어서 매우 편리하지요. 또, 점포를 운영하지 않기 때문에 비용을 줄일 수 있어서 거래 수수료를 낮출 수 있어요. 하지만 컴퓨터를 잘 다루는 사람이 은행 프로그램에 침입하여 돈을 빼내 가는 일 등이 일어날 수 있기 때문에 주의해야 해요.

인터넷 전문 은행은 편리해.

현금 자동 지급기는 언제 생겼나?

1960년대, 영국 런던의 발명가 존 셰퍼드 배런은 주말에 쓸 돈을 찾기 위해 바클레이스 은행을 찾았어요. 그런데 이미 문이 닫힌 뒤였어요. 그는 그 순간 초콜릿 자판기를 떠올렸어요. 자판기에 초콜릿 대신 현금을 넣어 두면 언제든 돈을 찾을 수 있어 편리할 테니까요. 바클레이스 은행은 존 셰퍼드 배런을 직원으로 채용했고, 1967년에 세계에서 처음으로 바클레이스 은행 엔필드 지점에 현금 자동 지급기를 설치했어요. 처음에는 사람들이 현금 자동 지급기를 믿지 못해서 많이 이용하지 않았어요. 하지만 곧 편리한 현금 자동 지급기를 이용하기 시작했고, 지금은 전 세계 어느 국가에서든 쉽게 찾을 수 있답니다.

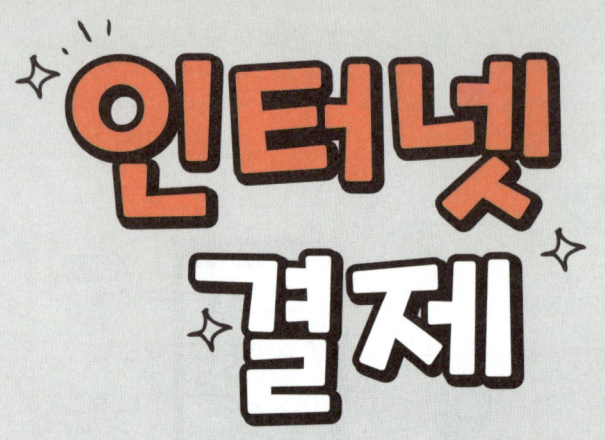

결제는 돈을 주고받아 상품을 거래한 사람 사이의 거래 관계를 끝맺는 일이에요. 인터넷 결제는 이 거래 관계를 인터넷에서 주고받을 수 있게 만든 시스템이에요.

 전자 결제 시스템

1970년대에 서비스 요금이나 상품 대금을 지불할 때 현금 대신 신용 카드나 지로 등으로 처리할 수 있는 전자 자금 이체(EFT) 시스템이 개발됐어요. 하지만 전자 자금 이체 시스템은 여러모로 불편했어요. 즉시 결제가 이루어지지도 않았고 복잡했거든요. 1990년대에는 인터넷으로 물건을 사고파는 전자 상거래 시장이 매우 커졌어요. 이에 따라 **인터넷에서 간편하게 결제할 수 있는 시스템**의 필요성이 커졌지요. 1994년에 미국에서 퍼스트 버추얼이라는 인터넷 결제 시스템이 도입되었어요. 전자 우편을 통해 신용 카드로 결제할 수 있는 시스템이었지만 여전히 불편했어요.

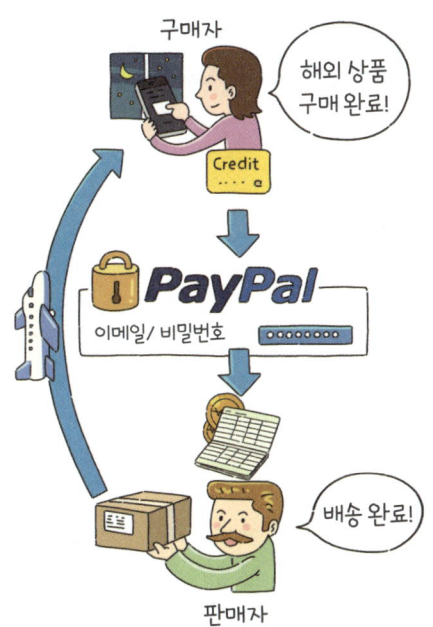

세계 최초의 간편 결제

미국의 기업 '페이팔'은 1998년에 전자 결제 시스템의 문제점을 해결한 간편 결제 시스템을 만들었어요. 간편 결제 시스템은 복잡한 보안 절차를 거쳐야 했던 다른 전자 결제 서비스들보다 훨씬 간편했어요. 계좌 번호나 신용 카드 번호 같은 위험한 정보를 보여 줄 필요 없이 **이메일 주소와 비밀번호만 입력하여 인터넷 거래**를 끝낼 수 있었기 때문이에요. 페이팔에서는 판매자와 구매자가 서로 다른 나라의 돈을 사용하더라도 환전을 통해 결제해 주기 때문에 편리하게 거래할 수 있어요.

 간편 결제 서비스의 종류

간편 결제 서비스를 이용하면 **언제 어디서나 빠르고 간편하게** 결제할 수 있어요. 현금이나 신용 카드도 필요 없어요. 온라인뿐만 아니라 스마트폰에서도 사용할 수 있지요. 그래서 스마트 결제라고도 해요. 스마트폰이나 스마트워치 등 모바일 기기에 은행 계좌나 신용 카드 정보를 저장한 뒤 지문이나 비밀번호를 입력하면 바로 결제할 수 있어요.

스마트 결제를 하는 방식에는 몇 가지가 있어요. 그중 신용 카드 정보를 담은 스마트폰을 신용 카드 결제 단말기에 대면 결제가 되는 방식이 있어요. 또, 앱에서 생성한 바코드를 매장 리더기에 스캔하면 바로 결제가 되는 방식도 있어요. 이 방식은 매장에 바코드 스캐너가 있어야 결제할 수 있어요. 이 밖에 큐알(QR) 코드를 이용하는 방식도 있어요. 이 방식은 가맹점에서 큐알 코드를 제시하고 고객이 모바일 기기 등으로 스캔하거나, 고객이 큐알 코드를 제시하고 가맹점이 리더기로 스캔하면 결제가 된답니다.

신용 관리는 왜 중요할까?

경백이
안녕하세요? 오늘도 경제왕, 전인구 선생님을 모시고 신용 관리의 중요성에 대해 알아보겠습니다.

경제왕, 전인구
반갑습니다. 경제왕, 전인구입니다.

경백이
선생님, 어른들은 신용이 중요하다는 말을 많이 하십니다. 그런데 어린이들도 신용 관리가 필요할까요?

경제왕, 전인구
물론입니다. 신용은 어린 시절부터 쌓아 가야 해요. 신용은 한마디로 믿음이라고 할 수 있어요. 사람과 사람 사이에 믿음이 없다면 어떻게 될까요? 경백군은 '양치기 소년' 이야기를 들어본 적이 있지요?

경백이
네. 책으로 읽은 적이 있어요. 양치기가 거짓말을 여러 번 해서 마을 사람들이 양치기를 믿지 않게 되었고, 결국 양치기는 늑대에게 양을 모두 잃어버렸다는 내용이잖아요.

경제왕, 전인구
맞아요. 그 이야기처럼 사람들에게 믿음을 잃어버리면 모든 것을 잃어버릴 수 있어요. 특히 현대 사회에서는 신용이 없으면 경제 생활을 할 수 없어요.

경백이
그렇다면 어린이들은 평소에 어떻게 신용을 관리해야 할까요?

경제왕, 전인구

어린이들도 일상생활에서 신용을 관리하는 방법을 배워야 해요. 일상생활에서 신용을 관리하는 가장 좋은 방법은 거짓말을 하지 않는 거예요. 또, 약속을 지키는 것도 거짓말을 하지 않는 것 못지않게 신용을 관리하는 좋은 방법이에요.

 **경백이**

거짓말을 하지 않고, 약속을 잘 지키는 저는 신용이 높은 사람이네요.

경제왕, 전인구

하하! 경제에서 신용을 지킨다는 것은 돈이나 물건을 빌려 쓰고 약속한 날짜에 갚는 것을 말해요. 예를 들어, 용돈이 모자라 엄마에게 1,000원을 빌리고 다음 달에 갚겠다고 했으면 그 돈을 반드시 갚아야 해요. 만약 엄마에게 돈을 갚지 않으면 어떻게 될까요?

 **경백이**

엄마한테 야단을 맞아요. 그리고 다음번에 엄마에게 돈을 빌리기가 어려워질 거예요.

경제왕, 전인구

맞아요. 어린 시절부터 아무리 작은 돈이라도 빌린 돈은 반드시 갚아야 해요. 그래야 신용을 쌓을 수 있어요.

 **경백이**

선생님, 어린이들이 신용을 관리할 수 있는 방법을 알려 주셔서 감사합니다. 저도 신용의 소중함을 잘 알고, 신용을 꼭 지키도록 하겠습니다.

신용을 관리하는 것은 매우 중요합니다. 신용을 잃으면 경제 생활을 하기 어렵기 때문입니다.

정보 통신 기술이 발전하면서 금융 거래를 하는 방법이 다양해졌어요.
이번 장에서는 핀테크, 블록체인, 가상 화폐 같은
디지털 금융에 대해 알아보아요.

2장
디지털 금융

핀테크 | 블록체인 | 가상 화폐 |
디파이와 엔에프티

핀테크

핀테크는 금융을 뜻하는 영어 단어 파이낸스(Finance)와 기술을 뜻하는 영어 단어 테크놀로지(Technology)를 합친 말이에요.
금융과 기술이 합쳐진 금융 서비스 산업이라는 뜻으로, 정보 통신 기술의 발전으로 새로운 방식의 금융 거래 방식이 개발되면서 생겨난 용어예요.

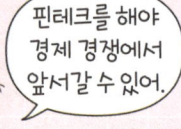

핀테크를 해야 경제 경쟁에서 앞서갈 수 있어.

핀테크가 필요한 까닭

정보 통신 기술은 눈부신 발전을 거듭하고 있어요. 금융 회사들은 정보 통신 기술을 받아들여 **인터넷 결제, 간편 결제 같은 새로운 금융 결제 시스템**을 만들었어요.

핀테크를 하지 못한 국가와 기업은 다른 국가와 기업과의 경쟁에서 뒤처질 수 있어요. 예를 들어, 우리나라는 2020년까지 전자 상거래를 할 때 공인 인증서가 필요했어요. 공인 인증서는 온라인에서 사용하는 신분증과 비슷한 거예요. 하지만 공인 인증서는 전자 상거래를 할 때 매우 불편했을 뿐만 아니라 다른 나라 사람들이 우리나라 상품을 구입할 수 없게 만들었어요. 핀테크를 제대로 하지 못해 손해를 본 거예요.

금융 회사들은 새로운 핀테크 기술을 이용해 인터넷 뱅킹, 모바일 뱅킹과 앱카드 등의 금융 서비스를 개발하고 있어요. 또, 고객의 개인 정보, 신용도, 금융 사고 등을 분석하여 고객에게 꼭 알맞은 금융 서비스를 제공하기도 해요.

 핀테크의 예

오픈 뱅킹

공동 결제 시스템이라고도 해요. 예전에는 은행 업무를 보려면 각각의 은행 점포를 모두 방문해야 했어요. 인터넷 애플리케이션이 만들어진 이후에도 은행마다 다른 애플리케이션을 설치해야 했지요. 하지만 오픈 뱅킹은 하나의 은행 애플리케이션으로 모든 은행 업무를 처리할 수 있어요.

로보어드바이저

로보어드바이저는 로봇과 금융 전문가(advisor)를 뜻하는 영어 단어가 합쳐진 말이에요. 예전에는 금융 거래나 투자를 할 때면, 금융 전문가를 직접 찾아가 상담했어요. 하지만 새로운 핀테크 기술인 로보어드바이저 서비스를 이용하면 인공 지능이 나에게 가장 알맞은 금융 투자를 할 수 있도록 도와주어요.

슈퍼앱

하나의 애플리케이션으로 저축, 대출, 투자 등의 각종 금융 업무부터 쇼핑, 예매, 채팅까지 사람이 살아가는 데 필요한 모든 서비스를 제공하는 금융 서비스예요. 슈퍼앱은 특히 중국, 인도, 동남아시아 사람들이 많이 이용하고 있어요. 중국 인터넷 기업 텐센트가 운영하는 위챗은 한 달에 10억 명 이상이 이용할 정도로 규모가 큰 대표적인 슈퍼앱으로 평가받고 있어요.

블록체인

블록체인은 영어 단어 블록(Block)과 체인(Chain)을 합친 말로, 거래 내용이 담긴 블록이 사슬처럼 연결되어 있다는 뜻이에요. 가상 화폐로 거래할 때 일어날 수 있는 해킹을 막기 위한 기술로 공공 거래 장부라고도 해요.

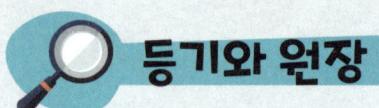
등기와 원장

집이나 토지 같은 주요 자산을 거래할 때 누구의 소유인지를 기록해 놓아서 다툼을 방지하기 위한 제도를 등기라고 해요. 그리고 등기 제도에 따라 그 자산이 누구의 소유인지를 적어 놓은 문서가 '원장'이에요. 여러 사람이 하나의 자산에 대해 자신에게 권리가 있다고 서로 다툴 때는, 정부가 관리하고 보관하는 원장에 기록된 내용대로 법률상 권리가 있다고 보증해 주어요. 그렇기 때문에 잃어버리지 않도록 원장은 잘 관리되어야 해요.

원장을 분산해서 저장하는 까닭

세계의 거의 모든 국가는 주요 자산에 관해 하나의 원장을 작성해 보관하는 단일 원장 방식으로 등기 제도를 운용해 왔어요. 하지만 원장이 하나이기 때문에 원장이 사라지거나 가짜 원장이 만들어지는 경우도 생겼지요.

만약 사람들 사이에 일어나는 거래 내용이 원장에 바로 기록되고, 이 원장을 사회 구성원 모두가 나누어 보관할 수 있다면 어떻게 될까요? 원장이 사라질 위험도 없어지고, 가짜 원장을 만들 수도 없을 거예요.

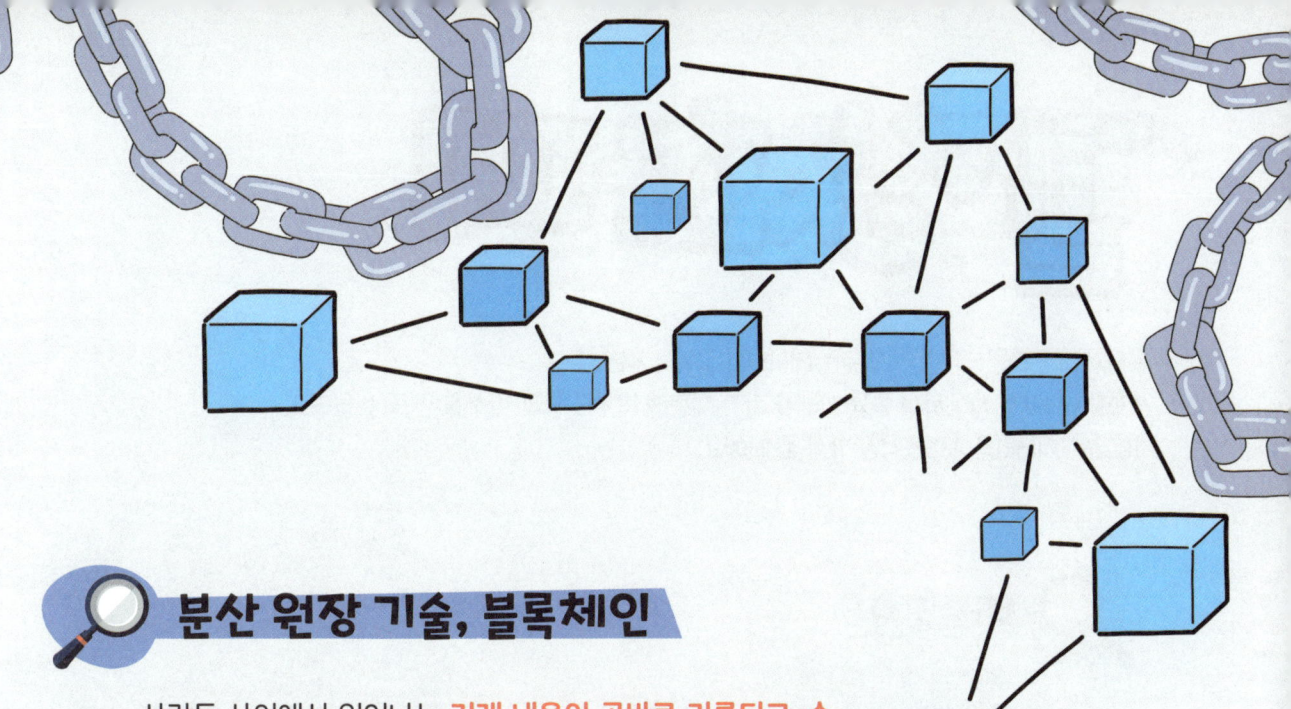

분산 원장 기술, 블록체인

사람들 사이에서 일어나는 **거래 내용이 곧바로 기록되고, 수많은 컴퓨터에 똑같이 저장되는 기술이 블록체인**이에요. 인터넷에 연결된 컴퓨터에 저장된 블록체인은 거래가 이루어질 때마다 그 정보가 담긴 새로운 블록이 만들어지고, 그 블록을 서로 이어 주지요. 그리고 동시에 지구 전체에 퍼져 있는 수많은 컴퓨터에 저장돼요. 그래서 누군가 이를 모조리 없앨 수도 없고, 가짜를 만들 수도 없지요.

블록체인과 금융

블록체인은 금융 거래에 큰 도움을 주는 기술이에요. 사실 금융 거래를 할 때는 조심해야 해요. 원장이 잘못됐거나 영수증이 없다면 어느 한쪽에서 큰 손해를 볼 수 있거든요. 그래서 대개 금융 거래를 할 때는 정부 기관이나 은행 같은 믿을 만한 기관을 이용해요.

이에 비해 **블록체인은 모든 거래 내용을 투명하게 공개하고 안전하게 저장**할 수 있어서 정부 기관이나 은행을 통하지 않고도 안전하고 빠르게 거래할 수 있어요. 거래가 필요한 사람끼리 직접 거래하기 때문에 비용도 거의 발생하지 않아요. 또한, 블록체인 기술을 이용해서 화폐를 만들기도 하는데, 이 화폐는 전 세계 어디서나 쓸 수 있으며 간편하고 빠르게 거래할 수 있어요.

가상 화폐

돈 대신에 온라인에서만 거래되는 데이터의 일종이에요.
암호화된 기술을 사용하여 금융 거래를 하기 때문에 함부로 가짜 화폐를 만들 수 없어요.
비트코인, 이더리움이 대표적인 가상 화폐예요.

비트코인

가장 대표적인 가상 화폐로, 2009년에 사토시 나카모토라는 사람이 개발했어요. **블록체인 기술이 바탕이 되어 만들어진 화폐**예요. 사토시 나카모토는 중앙은행에서 발행하는 화폐는 정부가 마구 찍어 낼 위험이 있다고 생각했어요. 화폐를 마구 찍어 내면 인플레이션이 발생하고, 돈의 가치가 떨어져요. 그래서 사토시 나카모토는 발행되는 비트코인의 총량을 2,100만 개로 제한했어요.

또한, 비트코인은 환전을 하지 않고도 전 세계 어디에서나 빠르게 거래할 수 있어요. 은행을 통해 거래하지 않기 때문에 수수료도 거의 들지 않죠. 또, 블록체인 기술을 이용하기 때문에 안전성이 높아요.

하지만 아직 우리나라에서는 비트코인이 실생활에서 화폐처럼 사용되지는 않아요. 비트코인으로 거래할 수 있는 곳이 많지 않기 때문이에요. 비트코인은 주식처럼 거래소를 통해서 거래되고 있어요.

비트코인은 블록체인 기술로 만든 가상 화폐야.

비트코인 채굴

비트코인은 나카모토 사토시가 만들어 놓은 어려운 수학 문제를 풀면 그 대가로 얻을 수 있어요. **비트코인을 얻는 방법이 광산에서 광부가 금을 캐는 과정과 비슷하다고 해서 채굴이라고 불러요.**

비트코인은 처음 4년 동안은 수학 문제를 풀 때마다 50비트코인을 얻을 수 있었어요. 그 이후에는 4년마다 채굴할 수 있는 비트코인이 절반씩 줄어들게 되어 있어요.

처음에는 비트코인을 얻기 위해 암호를 푸는 것이 어렵지 않았지만, 지금은 매우 어려워요. 컴퓨터의 성능이 아주 좋아야 하고, 전기 요금도 많이 들지요. 그래서 비트코인을 전문적으로 채굴하는 회사도 생겼어요. 현재 채굴할 수 있는 비트코인은 10퍼센트도 남아 있지 않아요.

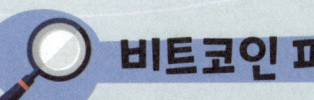
비트코인 피자데이

2010년 5월 22일, 비트코인이 처음으로 거래 수단으로 사용됐어요. 미국의 한 프로그래머가 비트코인 1만 개로 피자 두 판을 구매한 거예요. 그래서 이 날을 기념해 '비트코인 피자데이'라고 해요. 그 후 비트코인의 가치가 어마어마하게 올랐어요. 지금은 비트코인 1만 개의 가치가 수천억 원이나 된답니다. 그래서 비트코인을 디지털 금이라고 부르기도 해요.

 엘살바도르의 법정 화폐

엘살바도르의 대통령

2021년 9월, 엘살바도르의 대통령은 비트코인을 엘살바도르의 법정 화폐로 채택했어요. **비트코인으로 세금이나 공과금을 낼 수 있고, 은행에 저축할 수 있으며, 시장에서 현금처럼 사용할 수 있도록 했지요.**

하지만 아직까지 비트코인의 가치는 끊임없이 오르락내리락하면서 불안정해요. 이 때문에 안정적으로 국가 경제를 경영할 수 없어요. 실제로도 비트코인의 가치가 폭락하면서 엘살바도르가 큰 손실을 보기도 했어요.

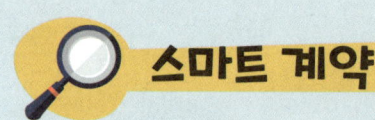 스마트 계약

스마트 계약은 거래할 사람들이 거래 조건을 블록체인에 기록하고, 서로 조건이 맞으면 자동으로 계약을 맺게 해 주는 프로그램이에요. 1994년에 컴퓨터 프로그래머 닉 자보가 만들었는데, 그는 음료수 자판기에 동전을 넣으면 그 즉시 음료수가 나오는 시스템을 보고 아이디어를 떠올렸어요.

현실에서 계약을 맺으려면 수많은 서류를 작성한 뒤, 직접 서명해야 하고, 다시 서명한 서류를 주고받아야 하고, 때로는 중개인이 필요해요. 또, 거리가 너무 멀면 계약을 맺기가 쉽지 않아요. 스마트 계약은 이런 모든 **복잡한 절차 없이 조건만 맞으면 지구 반대편에 있는 사람들과도 즉시 거래할 수 있어요.** 하지만 닉 자보의 스마트 계약은 블록체인 기술이 개발되기 전까지는 이론으로만 머물러야 했어요. 블록체인 기술이 나온 뒤에는 다양한 곳에서 스마트 계약이 실행되고 있지요.

닉 자보

 이더리움

이더리움은 스마트 계약을 할 수 있도록 블록체인 기술로 만든 가상 화폐예요. 2015년에 캐나다의 프로그래머인 비탈릭 부테린이 만들었어요. 비트코인은 블록체인에 단순한 거래 기록만이 남기 때문에 금융 거래 이외에는 쓸 수 있는 곳이 많지 않았어요. 이에 비해 이더리움은 다양한 거래에 쓰이고 있어요. 그래서 이더리움을 2세대 블록체인이라고 해요.

이더리움은 계약 내용을 블록체인에 남겨 놓기 때문에 바꿀 수가 없어요. 거래를 하고 싶은 계약 내용이 궁금하면 누구나 확인할 수 있으며 거래 조건이 맞으면 매우 빠르게 계약할 수 있어요. 이뿐만 아니라 이더리움을 통한 스마트 계약은 은행이나 중개소를 통하지 않고 직접 계약을 할 수 있어서 수수료가 거의 들지 않아요. 이더리움은 계약을 체결하면서 '이더'라는 것을 제공하는데, 이것이 비트코인과 같은 가상 화폐 역할을 하고 있어요.

비탈릭 부테린

 **비트코인과 이더리움의 차이점은?**

비트코인은 처음부터 사람들이 쓰는 화폐를 대신하기 위해 만들어졌어요. 이에 비해 이더리움은 블록체인 기술을 바탕으로 스마트 계약을 체결하려는 목적으로 만들어진 거예요. '이더'라는 가상 화폐도 금융 거래보다 스마트 계약을 맺는 데 더 이용되지요.

차이점

비트코인	이더리움
• 주로 화폐로 사용	• 스마트 계약에 사용
• 거래 중심 경제 활용	• 다양한 경제적 활용
• 블록 생성 시간 느림	• 블록 생성 시간 빠름
• 상대적으로 높은 수수료	• 상대적으로 낮은 수수료

디파이와 엔에프티

디파이(DeFi)는 인터넷에 연결만 하면 블록체인 기술로 다양한 금융 서비스를 제공하는 것을 말해요. 엔에프티(NFT)는 교환과 복제가 불가능하여 각각 하나밖에 없는 고유성과 희소성을 지니고 있는 블록체인 기술이에요.

 웹 3.0과 디파이

인터넷을 처음 이용하던 시기를 웹 1.0시대라고 하는데, 이때는 이용자가 인터넷에서 정보를 찾아 읽기만 했어요. 그 뒤, 웹 2.0시대가 되면서 이용자도 자신만의 콘텐츠를 만들어 인터넷에 올릴 수 있게 됐지요. 많은 사람이 적극적으로 글을 쓰고 영상을 만들어 인터넷에 올렸어요. 블로그, 위키피디아 등이 웹 2.0시대에 속해요. 하지만 콘텐츠를 제공한 사람들이 그 대가를 제대로 받지는 못했어요.

웹 3.0시대에는 블록체인 기술을 이용해 콘텐츠를 만든 주인이 자기 콘텐츠에 권리를 증명하는 블록을 붙여 스스로 관리하며 돈을 벌 수 있어요. 스마트 계약을 이용해 다양하게 활용할 수도 있지요. **블록체인 기술로 연결된 공동체를 이용해 자신이 만든 콘텐츠를 직접 관리할** 수 있기 때문이에요.

웹 3.0시대에는 은행이 필요 없을 수도 있어요. 이런 상태를 탈중앙화 금융 시스템, 즉 디파이라고 해요. 자신의 정보를 넘길 필요가 없고, 수수료도 없어요.

웹 1.0시대 → 웹 2.0시대 → 웹 3.0시대

디파이와 금융 서비스

　　디파이는 은행, 증권사, 카드사 같은 금융 기관이 필요하지 않아요. 그래서 은행 계좌나 신용 카드가 없어도 인터넷에 연결할 수만 있다면 **블록체인 기술로 예금은 물론이고 결제, 보험, 투자 등의 다양한 금융 서비스를 이용**할 수 있어요.
　　디파이는 거래 내용이 블록체인에 기록되기 때문에 예금자를 비롯한 모든 정보를 필요로 하는 사람들에게 투명하게 제공할 수 있어요. 또, 인터넷만 연결되면 누구나 금융 거래를 할 수 있기 때문에 거래 비용을 줄일 수 있어요. 하지만 해킹을 당했을 때는 책임을 질 사람이 없는 것이 문제예요.

엔에프티와 창작물

　　엔에프티는 '대체 불가능 토큰'이라는 뜻으로, 블록체인을 바탕으로 만든 가상 화폐예요. 각 엔에프티는 하나밖에 없고, 복제할 수도 없어요. 그래서 **주로 예술품, 게임, 음악 같은 창작물에 엔에프티를 발행**해요. 한마디로 창작물이 진품이라는 것을 보증하는 증명서라고 할 수 있어요.
　　엔에프티를 발행하면 창작물을 만든 사람의 권리를 보호할 수 있어요. 창작물이 누구의 소유인지가 표시되며 누구에게 판매됐는지가 블록체인에 저장되기 때문이에요. 엔에프티를 발행한 사람은 블록체인 기반의 스마트 계약 서비스를 이용해서 빠르고 간편하게 거래할 수 있어요.

경제왕, 전인구 선생님과 함께하는 톡톡 경제 인터뷰

신용을 어떻게 관리하면 좋을까?

경백이
안녕하세요, 어린이 여러분? 오늘은 지난 시간에 이어 신용에 대해 계속 알아보겠습니다. 전인구 선생님, 안녕하세요?

경제왕, 전인구
어린이 여러분, 반갑습니다.

경백이
전인구 선생님, 지난번에 신용이 나빠지면 경제 생활을 할 수 없다고 하셨잖아요? 좀 더 자세히 설명해 주실 수 있나요?

경제왕, 전인구
경제학에서 신용은 돈이나 물건을 빌리고 약속한 날짜에 갚는 것이라고 했지요. 은행에서는 돈을 빌려줄 때 약속한 날짜에 돈을 갚을 수 있는지 신용을 꼼꼼하게 평가해요. 그런데 돈을 빌리려는 사람의 신용평가가 나쁘면 어떻게 될까요?

경백이
돈을 빌려주지 않겠지요.

경제왕, 전인구
맞아요. 이뿐만 아니에요. 은행에서 빌린 돈을 약속한 날짜에 갚지 못하면 신용 불량자가 될 수 있어요. 신용 불량자가 되면 회사에 취업하는 것도 힘들어져요. 다른 나라로 여행도 가지 못하고요. 신용이 나쁘다고 평가를 받으면 신용 거래를 할 수도 없어요.

경백이
신용 거래가 뭐예요?

경제왕, 전인구

신용 거래는 미래에 갚기로 약속하고 상품, 돈, 서비스 등을 받는 거예요. 예를 들어, 신발을 사고 신발값은 한 달 뒤에 갚기로 하는 것이지요. 신용 카드가 대표적인 신용 거래예요. 신용 평가가 나쁘면 신용 카드를 만들 수 없어요.

 **경백이**

어른들은 정말 신용 카드를 많이 이용하는 거 같아요.

경제왕, 전인구

맞아요. 요즘 신용 카드를 쓰지 않는 어른은 거의 없을 거예요. 신용 카드를 쓸 때는 자신이 그 돈을 갚을 수 있는지 먼저 생각해 보아야 해요.

 **경백이**

신용 카드도 꼼꼼히 따져보고 써야 하네요.

경제왕, 전인구

맞아요. 그러니 어린이 여러분은 신용 카드를 쓰지 않더라도 신용을 잘 관리하는 버릇을 들여야 해요. 만약 돈을 빌리게 되면 약속한 날짜에 꼭 돈을 갚아야 해요. 작은 돈이라도 약속한 날짜에 갚지 않는 버릇이 들면 어른이 돼서도 신용 관리를 하지 못해 경제 활동에 문제가 생길 수 있어요.

 **경백이**

오늘도 전인구 선생님을 모시고 신용이 왜 중요한지, 신용을 어떻게 관리해야 하는지 알아보았습니다. 감사합니다.

신용 관리를 잘하지 못하면 신용 불량자가 되어 경제 활동에 많은 어려움을 겪습니다.

돈은 시간이 지날수록 가치가 떨어져요. 그래서 사람들은 투자를 통해 돈을 불리려고 해요. 저축과 투자의 차이와 투자의 중요성, 투자의 위험을 줄이는 방법에 대해서 알아보아요.

3장
투자의 기초

저축 | 투자 | 투자의 종류 |
투자 원칙 | 투자의 위험

저축

저축은 소득 중에서 소비로 지출하지 않는 돈을 모아 놓는 것입니다. 혹시 돈이 필요할 지도 모를 미래에 대비하는 것이지요.

 저축이 필요한 까닭

살다 보면 꼭 목돈을 쓸 일이 생겨요. 미래를 위해 공부를 해야 할 때, 결혼을 하거나 집을 사야 할 때 목돈이 필요하지요. 또, 회사가 망할 수도 있고, 갑자기 실업자가 될 수도 있어요. 게다가 몸이 아프거나 나이가 많아지면 돈을 벌기가 힘들어져요. 사람들은 그럴 때를 대비해 은행에 저축하지요.

은행에 돈을 맡기면 은행에서는 돈이 필요한 사람이나 기업에 빌려주고, 기업은 그 돈으로 새로운 사업을 하거나 생산을 늘릴 수가 있어요. 또는 더 좋은 상품을 만들려고 새로운 기술을 개발할 때 쓸 수도 있지요. 그러면 일자리가 늘어나고 가정의 소득도 늘어나 결국 국가 경제가 좋아지게 돼요. 그리고 돈은 집에 보관하는 것보다 은행에 저축하는 것이 안전하기도 해요.

은행은 돈이 필요한 사람이나 기업에 돈을 빌려주는 대가로 이자를 받아요. 은행은 그 돈의 일부를 저축한 사람에게 이자로 주어요. **이자는 크게 단리와 복리로 나눌 수 있어요.** 단리는 다음 기간에 저축할 때 이자를 원금에 더하지 않는 방법이고, 복리는 원금에 붙은 이자를 원금에 더하여 그 합계액을 다음 기간의 원금으로 하는 방법이에요.

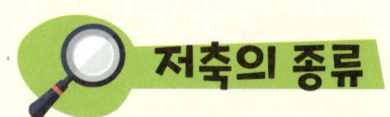 

저축의 종류

은행에 저축을 하려면 계좌를 만들어야 해요. 은행에서는 일정 기간 돈을 저축하면 미리 약속한 이자를 주어요. 은행마다 이자율이 다르기 때문에 어떤 은행이 얼마나 이자를 주는지 살펴보아야 해요. 저축 상품은 크게 보통 예금과 정기 예금, 정기 적금으로 나눌 수 있어요. 정기 예금과 정기 적금은 정해진 기간보다 빨리 돈을 찾게 되면 약속한 이자보다 훨씬 적은 이자를 받아요.

- **보통 예금** 필요할 때마다 언제든지 돈을 찾을 수 있지만 이자가 적어요.
- **정기 예금** 큰돈을 정해진 기간 동안 한꺼번에 맡겨 놓는 저축이에요. 이자가 보통 예금보다 많아요. 기간이 길어질수록 이자가 더 많아지는 특징이 있어요.
- **정기 적금** 정해진 날마다 매달 일정 금액을 저축한 뒤, 미리 약속한 날에 한꺼번에 찾는 저축이에요. 조금씩 돈을 모아 목돈을 만들기 좋은 방법이에요.

예금자 보호 제도

1997년, 우리나라의 금융 회사가 파산해서 수많은 사람이 저축한 돈을 돌려받지 못한 적이 있어요. 그래서 2009년, 정부는 사람들이 안심하고 은행에 저축할 수 있게 예금자 보호법을 제정했어요. 금융 회사가 예금을 지급할 수 없을 때, 예금 보험 공사가 대신하여 **원금과 이자를 합쳐서 1인당 최고 5,000만 원까지 예금을 지급**해 주는 법이에요. 하지만 모든 금융 회사의 금융 상품을 보호해 주지는 않아요. 그래서 저축 상품을 선택할 때는 예금자 보호법의 보호를 받을 수 있는지 꼼꼼히 살펴보아야 해요.

이익을 얻기 위하여 어떤 일이나 사업에 자본을 대거나 시간이나 정성을 쏟는 것을 말해요. 경제적 이익을 위해 주식이나 채권 등을 구입하는 것도 투자에 속해요.

투자의 필요성

사람은 태어나서 살아가는 동안 돈을 계속해서 써야 해요. 기본적으로 먹고, 입고, 잠잘 곳에 쓸 돈이 필요할 뿐만 아니라 공부하고, 결혼하고, 아이를 낳아 기르는 데도 돈이 많이 들어요.

대부분의 사람은 일을 해서 돈을 벌어 생활해요. 하지만 노인이 되면 일을 그만두게 되고, 소득도 아주 빠르게 줄어들어요. 그런데 평균 수명이 늘어나면서 노인으로 지내는 기간이 매우 길어졌어요. 또, 여러 가지 이유로 돈을 벌 수 없는 상황이 생길 수 있어요. 예를 들어, 아프거나 다치거나 일자리를 잃으면 돈을 벌 수 없지요. 돈이 없으면 제대로 된 생활을 할 수 없기 때문에 사람들은 돈을 되도록 많이 모아 놓으려고 노력해요.

그런데 시간이 지날수록 물가는 계속 오르는데 돈을 모아 놓기만 하고 모은 돈을 불리지 않으면 어떻게 될까요? 물가가 오르면 돈의 가치는 떨어져요. 돈의 가치가 떨어지면 같은 물건을 살 때 더 많은 돈을 써야 해요. **물가가 오르더라도 재산이 줄지 않도록 하기 위해서는 투자를 통해서 돈을 불려 나가야 해요.**

 ## 투자를 하기 전에 알아 두어야 할 것

많은 사람이 저축을 통해서 돈을 불려요. 하지만 저축은 이자가 적기 때문에 돈을 불리려면 시간이 오래 걸려요. 게다가 물가가 많이 오르면 실제로는 돈의 가치가 떨어지기 때문에 저축으로는 돈을 불리기가 어려워요. 그래서 사람들이 돈을 불리기 위해 미래에 이익을 낼 수 있는 부동산, 주식, 채권 등을 구입하는 거예요.

하지만 투자를 자칫 잘못하면 손해를 볼 수 있어요. 부동산, 주식, 채권 등은 구입한 가격보다 떨어질 수 있기 때문이지요. 그래서 경제 상황은 앞으로 어떻게 될 것인지, 이익을 볼 가능성이 있는지, 안전한 자산인지 등을 살펴보고, 이를 바탕으로 투자를 해야 해요. 만약 손해를 본다면 **투자의 결과는 온전히 자신의 책임**이에요. 그 누구도 보상해 주지 않아요. 그래서 투자를 하기 전에 공부를 많이 해야 해요.

 ## 미래를 위한 투자

부동산, 주식, 채권 등에만 투자할 수 있는 것은 아니에요. 더 많은 돈을 벌기 위해서 **능력이나 기술, 지식, 건강 같은 데에도 투자**할 수 있어요. 어린이들이 공부나 운동을 열심히 하고 특별한 재능을 키우는 것도 투자에 속해요. 친구들과 사이좋게 지내는 것도 마찬가지예요.

모든 나라가 어린이들을 훌륭한 어른으로 성장시키기 위해 교육에 많은 투자를 하고 있어요. 어린이들은 미래에 나라를 발전시킬 수 있는 자산이기 때문이지요.

투자의 종류

사람들은 주식, 채권, 펀드, 부동산 등에 투자를 해요. 그중 주식과 펀드는 예금보다 이익은 높은 편이지만 위험성도 높기 때문에 손실을 볼 수 있어요.

주식

주식은 주식회사가 회사 운영에 필요한 돈을 마련하기 위해 여윳돈이 있는 투자자로부터 돈을 받고 이익이 발생하면 이익 분배금을 주겠다는 증서예요. 주식을 구입한 사람은 그 **주식의 수만큼 주식회사의 수익을 나누어 가져요.** 회사가 잘되면 많은 이익을 얻을 수 있지만, 회사가 파산하면 주식에 투자한 돈을 모두 잃을 수도 있어요.

펀드

개인 → 전문 투자자

펀드는 '어떤 목적을 이루기 위해 모은 돈'이라는 뜻이에요. 투자자들이 맡긴 돈을 모아 금융 회사가 대신 주식 등에 투자하는 상품을 말해요. 펀드는 자신이 직접 투자하는 것이 아니라 **전문가가 투자를 대신**해 주기 때문에 수수료를 내야 해요. 그럼에도 주식처럼 원금을 잃거나 손해를 볼 수 있어요.

금

금은 아주 오래전부터 돈처럼 쓰였어요. 색이 영원히 변하지 않고, 누구나 가지고 싶어 했기 때문이에요. 그리고 **세계 어디에서나, 원하는 시기에 쉽게 거래할 수 있어요.** 하지만 금 가격은 자주 바뀌기 때문에 사고파는 시기가 맞지 않으면 손해를 볼 수 있어요.

예술품

값비싼 미술품 등은 시간이 지날수록 값이 오르는 경우가 많아요. 특히 유명한 작가의 작품이나 희귀하고 독특한 작품은 가치가 매우 높지요. 예술품은 직접 거래하기보다 전문가에게 맡겨서 거래를 하는 경우가 많은데, 가짜 예술품에 투자하면 큰 손해를 볼 수 있어요.

고흐의 그림은 1,00억 원이 넘는대.

채권

채권은 국가, 지방 자치 단체, 기업에서 발행하는 증서예요. 도로, 지하철, 건설, 공공 주택 같은 건물을 지을 때 필요한 자금을 빌리기 위해 발행해요. 채권에는 자금을 빌리는 기간, 이자율, 원금이 표시되어 있어요. 약속한 날짜가 되면 원금과 약속된 이자를 받을 수 있지요. 만약 채권을 발행한 기관이 빌린 돈을 갚지 않거나, 시장 금리가 올라 내가 약속받은 금리가 시장 금리보다 낮으면 손해를 볼 수 있어요. 하지만 정부나 은행 등에서 발행하기 때문에 주식 투자보다는 안전성이 높아요.

부동산

토지나 주택, 건물처럼 옮길 수 없는 재산을 부동산이라고 해요. 미래에 가격이 올라갈 것을 기대하고 토지나 주택, 건물 등을 구매하는 것이 부동산 투자예요.

그런데 부동산 가격은 경제, 지역, 시장 조건, 인구 변화, 국가 정책 등에 영향을 받아요. 경제 상황이 좋지 않아서 부동산 가격이 급격히 떨어지면 손해를 볼 수 있어요.

불완전 판매

은행이나 투자 회사 등의 금융 회사는 다양한 금융 상품을 만들어 팔아요. 그런데 금융 상품이 이익을 낼 수도 있지만 손해를 볼 수도 있다는 사실을 고객에게 충분히 알리지 않을 때가 있어요. 이렇게 **위험성을 알리지 않고 금융 상품을 판매하는 일**을 불완전 판매라고 해요.

불완전 판매로 피해를 보지 않으려면 저축과 투자의 차이점을 잘 알아야 해요. 금융 회사에서 권유하는 상품이 안전하다고 주장해도 원금을 손해 볼 가능성이 있다면 저축이 아니라 투자 상품이에요. 손해를 볼 수 있다는 사실을 알고서 투자했다면 손실은 온전히 투자를 결정한 사람의 책임이에요.

모든 금융 상품은 고객에게 설명서를 보여 주면서 충분히 설명해야 해요. 만약 설명서에 '원금 손실 위험이 있습니다'라는 문구가 있다면 저축이 아니라 투자 상품이에요. **모든 투자 상품은 높은 수익을 올릴 수도 있고 원금이 줄어들 수도 있어요.** 그러므로 먼저 그 상품이 안전하게 잘 투자하고 있는지 등을 철저히 알아본 후 가입해야 해요.

불완전 판매 때문에 생길 수 있는 일

금융 회사는 고객들에게 금융 상품에 대해 정확하게 설명해서 고객의 이익을 보호해야 해요. 잘못하면 소비자들이 전 재산을 잃을 수도 있기 때문이에요. 2011년에 10여 개의 저축 은행이 부동산에 투자하여 큰 손실을 입어 문을 닫게 되었어요. 이 과정에서 예금자 보호를 받을 수 없는 투자 상품에 투자한 사람들이 돈을 모두 돌려받지 못한 적이 있어요. 저축 은행 직원들이 위험성이 있는 투자 상품인데도 마치 예금이나 적금인 것처럼 판매했기 때문에 많은 사람이 큰 손해를 보았지요.

저축이냐? 투자냐?

근로 소득자와 사업 소득자는 소득이 생기면 그 소득을 가지고 여러 가지 계획을 세워요. 언제 어디에 얼마만큼 돈을 쓸지, 얼마나 저축을 하고 어디에 투자를 할지 등을 정하는 거지요. 미래를 위해서는 저축과 투자 계획을 잘 세우는 것이 중요해요. 그래서 사람들은 돈을 불리기 위해 저축과 투자 중에서 어느 것이 좋을지 고민하지요.

저축과 투자 중에서 선택해야 할 때는 먼저 목적을 생각해야 해요. 생활하면서 꼭 필요한 돈이나 짧은 기간 안에 쓸 일이 정해져 있는 돈은 은행에 저축하는 것이 좋아요. 이에 비해 미래를 대비하고 이익을 많이 내기 위한 목적일 때는 투자를 하는 것이 좋지요. 특히 **큰돈이 필요한 부동산 등에 투자를 하기 위해서는 먼저 목돈을 모으는 것이 중요해요.**

은행에 저축을 하면 손해를 입을 염려가 적어지고, 이자도 받을 수 있어요. 그리고 필요할 때 바로 쓸 수 있어요. 만약 은행이 파산하더라도 5,000만 원까지는 원금과 이자를 예금 보험 공사에서 보상해 주지요.

그럼에도 위험성이 있는 주식이나 부동산에 투자를 하는 이유는 은행에서 주는 이자보다 더 많은 돈을 벌 수 있기를 기대하기 때문이에요. 하지만 투자는 손해를 보거나 모두 잃어버려도 보상을 받을 수 없어요.

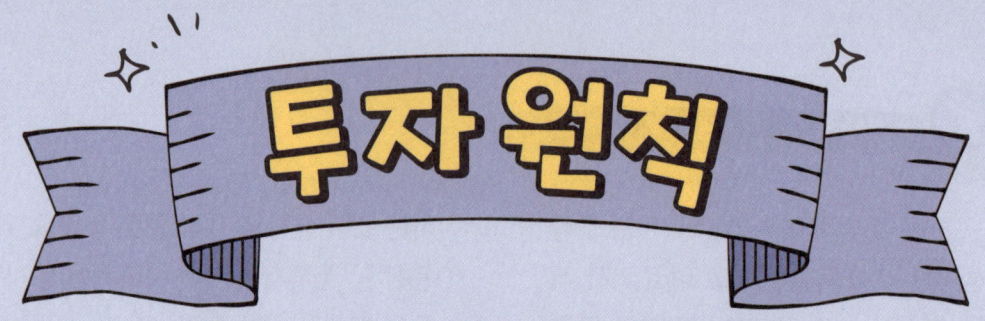

워런 버핏은 역사상 가장 돈을 많이 번 투자자 가운데 한 명이에요.
자신이 정한 투자 원칙을 지키면서 수십 년간 놀라운 수익률을 기록했어요.
뛰어난 투자자인 워런 버핏의 투자 원칙을 배워 볼까요?

 1. 장기 보유의 원칙

워런 버핏의 투자 원칙은 단순해요. **좋은 기업의 주식을 가격이 쌀 때 사서 오랫동안 가지고 있는 것**이었어요. 그는 코카콜라, 아메리카 익스프레스, 질레트, 애플 같은 기업의 주식을 오랫동안 가지고 있다가 엄청난 수익을 거두었어요.

2. 복리의 마법 원칙

워런 버핏은 약 60년 동안 해마다 20퍼센트의 수익률을 올렸다고 알려져 있어요. 이렇게 엄청난 돈을 벌 수 있었던 이유는 긴 세월을 통해 복리의 마법을 실현한 데 있었다고 해요.

복리의 마법은 중요한 투자 원칙 중 하나로, 투자를 했을 때 이익이 발생하면 그 이익을 다시 투자하여 더 많은 이익을 내는 것을 말해요. 예를 들어, 1만 원을 투자하고 일 년에 10퍼센트의 이익을 얻을 수 있다면, 일 년 후에는 1,000원의 이익이 발생해요. 이 이익을 다시 원금에 투자하면, 원금이 모두 1만 1,000원이 되는 거예요. 다음 해에는 1만 1,000원의 10퍼센트인 1,100원의 이익이 발생하고, 이것을 다시 원금에 투자하면 원금이 1만 2,100원이 되는 거예요. 이런 식으로 시간이 흐를수록 원금이 더 커지고, 그에 따른 이익 또한 커지는 현상이 복리의 마법이에요. 따라서 **투자를 할 때는 긴 시간을 두고 투자를 계획하는 것**이 좋아요.

3. 기업 분석의 원칙

워런 버핏은 **투자할 기업에 대해 철저하게 연구**해요. 기업의 장점과 경영 상태, 기업가의 도덕성을 파악하여 그 기업이 성장할 수 있는지를 꼼꼼하게 검토하고 투자해요. 그중에서 기업의 가치에 비해 주식의 가격이 싼 기업에 투자해서 큰 수익을 올렸어요.

투자의 위험

모든 투자에는 위험이 따라요. 높은 수익을 올릴 수도 있지만 투자한 돈을 모두 잃을 수도 있어요. 그래서 많은 투자자가 투자의 위험을 줄이면서도 큰 수익을 낼 수 있는 투자 대상을 찾으려고 노력해요.

 높은 위험과 높은 수익의 관계

어떤 투자자는 **손해를 볼 위험성이 높아도 미래에 돌아올 수익률이 높으면 투자해요.** 예를 들어, 애플이나 구글 같은 세계적인 회사도 처음에는 수익을 낼 수 있는 회사인지 아무도 알지 못했어요. 새로운 분야의 일을 시작하는 회사에 투자하는 것은 큰 수익을 얻을 수도 있지만 큰 손실을 볼 수도 있기 때문이지요. 하지만 애플이나 구글이 미래에 큰 수익을 낼 수 있을 것이라고 믿고서 투자한 사람들은 엄청난 돈을 벌었어요. 그래서 사람들이 손해가 날 것을 각오하고서 미래에 큰 수익을 낼 수 있는 기업을 찾아내서 투자하는 거예요.

부동산 등에 투자하는 것도 위험성이 높아요. 집이나 땅 같은 부동산은 경제와 정치 상황에 큰 영향을 받고, 구입하는 데 큰돈이 들어요. 하지만 부동산 가치가 올라가면 높은 수익을 얻을 수도 있고, 땅이나 집을 빌려주면 정기적인 수익이 생기기 때문에 많은 사람이 위험성이 높아도 부동산에 투자해요.

 ## 일론 머스크와 투자의 위험

미국의 기업인 일론 머스크는 2002년에 '페이팔'이라는 회사를 팔아서 엄청난 돈을 벌었어요. 그는 보통 사람들도 화성을 탐험하기 위해서 우주를 오가는 로켓 발사 비용을 대폭 낮춰야 한다고 생각했어요. 그래서 '스페이스X'라는 회사를 세우고, 한 번 쓰고 버렸던 로켓을 다시 쓰는 방법을 찾았어요. 거의 모든 사람이 스페이스X가 실패할 것이라고 생각했어요. 하지만 페이팔의 공동 창립자 피터 틸을 포함한 몇 명의 투자자는 일론 머스크가 세운 스페이스X의 가치를 믿고서 투자했어요. 처음에는 스페이스X에서 쏘아 올린 로켓이 연달아 폭발하는 등 수많은 실패를 겪었어요. 하지만 2012년, 스페이스X의 로켓이 마침내 우주로 나갔다가 다시 지상에 무사히 착륙했어요. 또, 민간 기업 최초로 우주 정거장에 우주선을 보내는 데도 성공했지요.

이제는 미국 항공 우주국(NASA)이 스페이스X에 로켓을 쏘아 달라고 부탁할 정도예요. 2022년, 성공적으로 발사된 우리나라의 달 탐사선 다누리호 역시 스페이스X의 로켓을 이용했어요.

현재 스페이스X의 가치는 어마어마해요. 이와 함께 스페이스X에 투자한 사람들도 어마어마한 수익을 거두었지요. **높은 위험을 감수한 결과 높은 수익을 얻은 것이에요.**

실패에도 불구하고 계속 도전해야 합니다.

투자는 왜 중요할까?

경백이
안녕하세요? 톡톡 경제 인터뷰 시간입니다. 오늘도 전인구 선생님과 재미있는 경제 이야기를 해 보겠습니다. 오늘의 주제는 무엇인가요?

경제왕, 전인구
오늘은 투자의 중요성에 대해 이야기를 나누어 보려고 해요. 경백군도 '투자'라는 말은 많이 들어보았지요?

경백이
네, 부모님께서 주식 투자를 하셔서 투자에 관해 들어본 적이 있어요. 그런데 투자는 어떻게 돈을 버는 것인가요?

경제왕, 전인구
투자는 일을 하지 않고 돈을 버는 방법이에요. 미래에 이익이 날 만한 것들을 사 놓는 거지요. 대표적으로, 주식이나 부동산 투자가 있어요. 주식이나 부동산의 가격이 올라가면 이익을 얻지요. 하지만 투자는 손해를 볼 수도 있어요.

경백이
왜 투자가 손해를 볼 수 있나요?

경제왕, 전인구
미래에 일어날 일을 정확하게 모르기 때문이에요. 투자를 할 때는 미래에 이익을 가져다줄 수 있다고 믿는 주식이나 부동산을 사지만, 여러 가지 이유로 그 가치가 떨어지거나 아예 없어질 수 있어요. 그래서 투자를 하기 위해서는 공부도 많이 해야 해요. 최대한 손실을 보지 않도록 조심해서 투자를 결정해야 하기 때문이에요.

경백이

투자를 잘할 수 있는 방법은 있나요?

경제왕, 전인구

먼저 경제에 대해서 잘 알아야 해요. 제가 앞에서 여러 번 강조했듯이 책과 신문을 읽으면서 우리가 살아가는 세상에서 어떤 일이 일어나는지 관심을 기울여야 해요. 호기심을 가지고 우리 주변에서 일어나는 일을 살펴보도록 해요.

경백이

공부 말고 실제로 투자하는 방법을 연습할 수 있나요?

경제왕, 전인구

물론이에요. 용돈을 모아 관심 있는 기업의 주식을 조금 사 보는 것도 좋은 방법이에요. 만 14세 미만은 본인이 직접 계좌를 만들기 힘든 만큼, 부모님의 도움을 받아야 해요. 주식의 가격이 오르내리는 것을 보면서 경제 공부를 해 볼 수 있어요. 그러면 투자는 이익을 얻을 수도 있고, 손해를 볼 수도 있다는 것을 알게 될 거예요.

경백이

아하! 좋은 방법이네요. 저도 부모님과 의논하여 제가 투자하고 싶은 회사를 골라 주식을 사서, 주식 투자가 무엇인지 공부해 봐야겠어요. 전인구 선생님, 오늘도 좋은 말씀 감사합니다.

투자는 이익을 볼 수도 있고, 손해를 볼 수도 있어요. 그래서 투자를 하기 전에는 경제뿐만 아니라 세상에 대해서 공부를 많이 해야 해요.

투자의 위험을 줄이면서 높은 수익을
얻으려면 내 자산을 어디에 투자해야 할까요?
자산 관리의 중요성과 원칙에 대해서 알아보아요.

4장
현명한 자산 관리

자산 관리 | 자산 관리의 원칙 | 분산 투자 |
재무 위험 관리 | 주식 투자

자산 관리

자산은 경제적 가치가 있는 모든 재산을 가리키는 말이에요.
자산에는 예금이나 보험 같은 금융 자산과 주택이나 토지 같은 실물 자산이 있어요.
자산 관리는 자산을 마련하기 위해서 소득을 바탕으로 저축과 투자 등에 관한 계획을 세우고 실천하는 것을 말해요.

자산 관리의 필요성

사람은 한평생 돈을 계속 쓰면서 살아요. 하지만 일을 해서 돈을 벌 수 있는 기간은 정해져 있지요. 게다가 소득이 거의 없는 노인으로 긴 시간을 보내요. 아프거나 다쳐서 갑작스럽게 돈이 필요할 때도 있어요. 그래서 돈을 벌기 시작할 때부터 자신의 소득을 바탕으로 자산 관리를 시작해야 해요. 미래에 행복하고 안정된 삶을 살기 위해서 자산 관리는 반드시 해야 해요.

언제 돈이 필요할지, 돈을 어떻게 소비할지, 돈이 얼마나 필요할지 등을 예상하고, 그에 따라 자산을 만들기 위해 저축을 해야 할지, 투자를 해야 할지 등을 정하고 실천해야 해요.

자산을 모으는 방법은 여러 가지가 있어요. 자산에는 '금융 자산'과 '실물 자산'이 있어요. 금융 자산에는 예금, 주식, 보험, 연금 등이 있고, 실물 자산에는 귀금속, 자동차, 부동산 등이 있어요. 금융 자산을 모아서 실물 자산에 투자하는 경우가 많아요.

생애 주기별 주요 경제 생활

생애 주기는 시간의 흐름에 따라 개인이나 가족의 경제 생활이 변해 가는 단계예요. 생애 주기에 따라 소득과 소비는 달라져요.

유년기

부모의 도움을 받아 생활하고, 교육을 받는 시기예요. 주로 용돈을 받아서 생활하기 때문에 수입이 거의 없어요. 대부분 소비 활동만 해요. 이 시기는 미래를 준비해야 하는 시기예요. '용돈 기입장 쓰기'나 '용돈 벌기' 같은 활동을 통해서 바람직한 경제 생활을 익히는 연습을 하는 것이 중요해요.

청년기

직업을 갖고 돈을 벌기 시작하는 시기예요. 이 시기는 소득이 높지 않은 사람이 많아요. 그렇기 때문에 소득에 알맞게 소비하고, 신용을 잘 관리해야 해요. 자산 관리 계획을 잘 세워 결혼을 하거나 부모로부터 경제적으로 독립할 계획을 세우고 실천해야 할 시기이기도 해요.

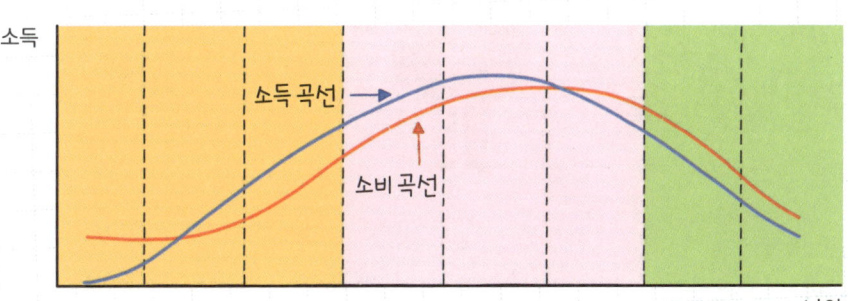

장년기

30대에서 50대까지의 시기를 말해요. 소득이 가장 많은 시기이지만 결혼을 하고, 집을 사고, 자녀를 키우고 교육해야 하기 때문에 소비도 많아요. 또, 저축과 투자 등을 통해 노년기의 생활에 대비해야 하는 시기이기도 해요.

노년기

나이가 들고, 직장에서 퇴직한 이후의 시기예요. 장년기에 저축하거나 투자한 자산을 쓰면서 사는 경우가 많아요. 안정적인 일자리를 갖기 어렵기 때문에 소득이 크게 줄어들어요. 이에 비해 의료비 등이 크게 늘어요.

자산 관리의 원칙

자산 관리를 하는 가장 중요한 이유는 필요한 시기에 사용할 수 있는 충분한 돈을 마련하는 것이에요. 자산을 마련하기 위해서는 안전성, 수익성, 유동성을 잘 따져 금융 자산이나 실물 자산을 만들어야 해요.

안전성

돈을 투자하면서 손해 보지 않는 정도를 말해요. 은행에 저축하는 것이 안전성이 가장 높은 편이에요. 이에 비해 주식이나 채권, 부동산 등은 안전성이 낮은 편이에요.

수익성

투자를 통해 수익을 얻을 수 있는 정도를 말해요. 대개 수익성이 높은 투자는 안전성이 낮고 위험성이 높아서 투자한 돈을 잃을 수도 있어요.

유동성

자산을 현금으로 쉽게 바꿀 수 있는 정도를 말해요. 자산을 쉽게 돈으로 바꿀 수 있으면 유동성이 높고, 쉽게 바꿀 수 없으면 유동성이 낮다고 해요. 유동성이 낮으면 손실을 볼 수도 있어요.

안전성이 높으면 수익성이 낮고, 수익성이 높으면 안전성이 낮은 경우가 많아요. 안전성, 수익성, 유동성을 모두 갖추고 있는 자산을 찾는 것은 쉽지 않아요. 그러므로 각 자산이 가지고 있는 특징을 잘 파악한 다음, 투자의 목적이나 기간 등을 잘 생각하고 검토하여 적절한 것을 선택한 후 투자해야 해요.

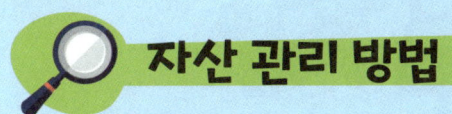
자산 관리 방법

자산을 관리하는 방법에는 자신이 직접 관리하는 **직접 투자**와 전문가들의 도움을 받아서 관리하는 **간접 투자**가 있어요. 자산을 직접 관리하는 사람들은 자신이 직접 무엇에 투자할지 정하고, 안전성과 수익성, 유동성을 따져서 투자해요. 자신이 직접 투자하려면 투자하려는 자산에 대해서 공부해야 할 뿐만 아니라 경제 상황을 잘 알아야 하고, 정치에도 관심을 기울여야 해요. 그래서 많은 사람이 자산을 전문적으로 관리해 주는 금융 전문가나 투자 전문가에게 자산 관리를 맡기는 간접 투자를 선택해요.

펀드 매니저

많은 사람이 자산을 늘리기 위해 주식에 투자해요. 그런데 직접 주식에 투자하기 어렵기 때문에 금융 회사에서 운영하는 펀드에 가입하는 사람이 많아요. **금융 회사에서 모집하는 펀드에 투자하면, 투자를 전문적으로 하는 펀드 매니저들이 그 돈을 여러 곳에 투자해요.** 펀드 매니저가 투자에 성공하여 펀드에 이익이 생기면 투자했던 사람들은 그 이익을 나누어 가져요. 펀드도 주식처럼 손실이 생길 수 있어요. 하지만 주가가 떨어져서 생기는 손실을 펀드 매니저가 책임져 주지 않아요. 주가가 많이 떨어지면 내가 처음 맡긴 돈보다 더 적은 돈을 돌려받게 될 수도 있어요. 그래서 수익률이 높을 것으로 예상되는 펀드를 신중히 골라서 투자해야 해요.

분산 투자

위험을 줄이기 위해서 여러 군데로 나누어서 하는 투자를 말해요. 특히 주식을 살 때 한 분야의 종목에만 투자하지 않고 여러 분야의 종목에 나누어서 투자하는 것을 가리켜요.

> 분산 투자는 자산을 여러 곳에 나누어 투자하는 거야.

 **포트폴리오**

주식, 채권, 부동산, 가상 화폐 등 자산의 종류는 수없이 많아요. 그런데 각각의 자산의 가치는 그대로 있지 않아요. 경기가 호황일 때 가치가 오르는 자산이 있는가 하면, 오히려 경기가 불황일 때 가치가 오르는 자산이 있어요. 어떤 자산은 지진이나 전쟁이 났을 때처럼 경제가 위험해 보일 때 가치가 커지기도 해요. 그래서 **자산을 여러 곳에 나누어서 투자해야 위험을 줄이면서도 안정적인 수익을 낼 수 있어요.**

금융 전문가들은 포트폴리오라는 말을 많이 써요. 경제에서는 개개의 금융 회사나 개인이 보유하는 여러 가지 금융 자산의 명세표 또는 다양한 투자 대상에 나누어서 투자하는 것을 뜻해요.

1981년, 미국의 경제학자 제임스 토빈 교수는 포트폴리오 이론으로 노벨 경제학상을 받았어요. 그는 '달걀을 한 바구니에 몽땅 담아서는 안 된다'라며 포트폴리오 이론을 설명했어요. 달걀이 모두 들어 있는 바구니를 떨어뜨린다면 달걀이 모두 깨지듯이 한 분야에만 투자한다면 투자한 돈을 한꺼번에 잃어버릴 수 있어요.

🔍 성공한 분산 투자의 예

예일 대학교 기금의 데이비드 스웬슨

미국의 예일 대학교 기금 투자를 책임졌던 데이비드 스웬슨은 다양한 자산에 분산 투자한 포트폴리오로 오랜 기간 안정적인 수익률을 거둔 전설적인 투자자예요. 그는 위험성이 아주 높은 자산부터 아주 안전성이 높은 자산에 이르기까지 다양하게 자산을 분산해서 투자했어요.

특히 2008년, 여러 금융 회사가 망했을 때도 적절히 분산 투자한 예일 대학교 기금은 심각한 위기를 겪지 않고 버텨 냈답니다. 데이비드 스웬슨은 1985년에 1조 원가량이던 예일 대학교 기금을 2020년에 무려 35조 원 규모로 키웠어요.

뱅가드 그룹을 세운 존 보글

미국의 존 보글은 뱅가드 그룹을 설립하여 분산 투자로 큰 성공을 거둔 투자자예요. 1974년에 뱅가드 그룹을 설립한 뒤 1975년에 '뱅가드 500'이라는 펀드를 만들었어요. 현재 뱅가드 500 펀드는 누적 수익률 7,000퍼센트를 기록하고 있어요.

존 보글의 분산 투자 전략은 투자의 위험성을 낮추고 수익의 안전성을 높이는 것이었어요. 이를 위해 수수료 등의 거래 비용을 줄이고, 주식을 비롯해 다양한 분야에 분산 투자를 했지요. 그리고 오랫동안 자신이 투자한 종목을 유지했어요.

금융 위기

2008년, 미국의 금융 경제는 심각한 위기에 빠졌어요. 금융 회사들이 신용을 따지지도 않고 가난한 사람들에게 집을 살 수 있는 돈을 마구 빌려주었고, 그 바람에 부동산 가격이 엄청나게 올랐기 때문이죠. 그러자 인플레이션을 걱정한 연방준비제도가 금리를 올렸어요. 금리가 오르자 더불어 이자율도 올라 빚을 갚지 못하는 사람들이 늘어났고, 많은 금융 회사가 엄청난 손실을 보았어요.

재무 위험 관리

재무는 재산이나 돈에 관한 일로, 재무 위험 관리는 자산이 손실 나지 않도록 관리하는 거예요.
자산을 늘리는 것도 중요하지만 큰 손실이 나지 않도록 관리하는 것도 중요해요.

 재무 위험 관리의 중요성

돈을 불리려다 자산의 손실을 입는 경우가 있어요. 주식 투자를 잘못해서 크게 손해를 보기도 하고, 다른 사람의 거짓말에 속아서 사기를 당하기도 해요. 재무 위험은 금융 지식이 부족해서 생기기도 해요. 재무 위험을 줄이려면 자신의 재무 상황을 파악하고, 재무 위험에 빠지지 않도록 관리해야 해요.

재무 위험 관리 방법

보험 가입

재무 위험에 대비할 수 있는 가장 대표적인 관리 방법이에요. 사망, 질병, 장해, 화재, 자동차 사고 등은 자산이 손실 나지 않도록 관리하는 거예요. 자신의 상황에 알맞은 보험을 택해서 일어날지도 모르는 재무 위험을 줄이는 것이 좋아요.

부채 관리

부채는 남에게 진 빚을 말해요. 집이나 자동차를 사거나 사업을 시작할 때 은행에서 돈을 빌리는 경우가 많아요. 그런데 돈을 빌려야 할 때는 갚을 계획을 세우고 빌려야 해요. 만약 돈을 갚지 못하면 신용에 문제가 생겨요.

 보험의 종류

개인 보험은 개인이 자신의 미래를 대비하기 위해서 보험 회사에 가입하는 보험이에요. 생명 보험, 손해 보험, 교육 보험 등이 있어요.

생명 보험
죽거나 아프거나 다쳤을 때 보상받기 위해 가입하는 보험이에요. 보험료는 보상금으로 받을 보험금의 액수, 나이, 건강, 직업 등에 따라 달라져요.

손해 보험
교통사고, 화재, 도난, 자연재해 등으로 입은 피해를 보상받기 위해 가입하는 보험이에요. 화재 보험, 자동차 보험 등이 손해 보험에 속해요.

교육 보험
입학, 진학, 졸업할 때마다 학비를 지급받는 보험이에요. 자녀들이 대학교에 진학할 경우를 대비해서 가입하는 경우가 많아요.

 대출의 종류

대출은 금융 회사에서 돈이 필요한 사람에게 이자를 받고 돈을 빌려주는 거예요. **대출을 받는 사람은 대출 금리에 따라 이자를 내야 해요.** 금융 회사에 따라서 금리와 돌려받는 방법이 달라요. 같은 돈을 빌렸더라도 금리가 높아지면 이자를 더 많이 내야 하고, 금리가 낮아지면 이자를 덜 낼 수 있어요. 대출에는 신용 대출, 담보 대출 등이 있어요.

신용 대출
신용을 담보로 하여 금융 회사에서 받는 대출을 말해요. 금융 회사는 대출을 신청한 사람의 신용을 심사하여 대출 금액과 이자를 결정해요.

담보 대출
부동산 등을 담보로 금융 회사에서 받는 대출을 말해요. 금융 회사는 대출해 준 사람에게 돈을 못 받을 경우를 대비하여 그 사람의 부동산 등을 맡아 놓아요.

주식 투자

주식 투자의 목적은 주식을 싸게 사서 비싸게 팔아 이익을 보려는 거예요.
주식 투자자들은 주로 코스피나 코스닥 같은 증권 시장에서 거래되는 주식을 사고팔아요.

 ## 주식 투자를 많이 하는 까닭

많은 사람이 자산을 늘리려는 목적으로 주식 투자를 하고 있어요. 그 이유는 여러 가지가 있어요.

첫째, 예전에는 주식을 거래하려면 증권 회사에 맡겨야 했지만, 지금은 인터넷만 연결되어 있으면 **컴퓨터나 스마트폰으로 간편하게 주식을 거래**할 수 있게 됐어요. 둘째, 증권 회사를 통해서 주식을 사고팔 때는 수수료가 비쌌어요. 하지만 지금은 인터넷을 통해 거래하면서 **수수료가 없거나 매우 적어졌어요**. 셋째, 인터넷에서 투자 정보, 투자 보고서 등을 쉽게 찾아볼 수 있어요. 그리고 투자자들끼리 인터넷을 통해 서로 필요한 정보를 쉽게 나눌 수 있어요. 넷째, **주식은 적은 돈으로도 투자를 시작**할 수 있어요. 아주 싼 주식부터 아주 비싼 주식까지 주식의 가격은 다양해요.

주식 투자와 심리

주식 가격은 여러 가지 이유로 오르락내리락해요. 대체로 **기업이 이익을 많이 내면 오르고, 기업이 손실을 많이 입으면 떨어져요.** 그런데 높은 실적을 발표한 기업의 주식 가격이 떨어지는 경우도 있어요. 나쁜 소식이 있는 기업의 주식 가격이 오르는 일도 종종 일어나요. 이것은 주식을 사는 사람들의 심리가 주식 시장에 영향을 많이 미치기 때문에 일어나는 일이에요.

높은 실적을 발표한 기업의 주식 가격이 내린 까닭은?

어떤 기업이 높은 실적을 낼 거라는 소식을 많은 투자자가 미리 알고 있다면, 그 기업의 주식 가격은 실적이 발표되기 전에 이미 올라가 있어요. 주식 가격에 그 기업의 실적이 이미 반영되었기 때문이에요. 그래서 실적이 발표된 이후에 오히려 그 주식 가격이 떨어지는 경우도 많아요. 이런 투자 심리를 '기정사실화'라고 해요.

주식 투자를 무리하게 하는 이유는?

주식을 살 때 남들이 사는 주식을 따라 샀다가, 남들이 팔면 따라서 파는 경우가 있어요. 남들에게 뒤처질 것 같은 마음에, 주식을 제대로 평가하지 않고 투자하기 때문이에요. 하지만 다른 사람을 쫓아서 투자하면 잘못된 결정을 내릴 가능성이 아주 커요. 주식 투자를 할 때는 인내심을 갖고 원칙을 지키는 것이 중요해요.

주식 투자에 성공한 투자자들

벤저민 그레이엄

미국의 경제학자이자 투자자인 벤저민 그레이엄은 현재 저평가를 받고 있는 기업의 주식 중에서 미래에 가치가 올라갈 기업의 주식을 사는 것이 높은 수익을 낼 수 있는 방법이라고 했어요. 기업의 가치에 비해 주식 가격이 쌀 때 주식을 샀다가 오를 때까지 기다릴 줄도 알아야 한다는 거예요.

그는 기업의 가치를 분석하지 않고 다른 사람을 따라서 주식을 사거나 팔면 손해를 볼 수 있다고도 했어요. 대부분의 사람이 주식 가격이 오르내리는 것을 보면서 마음이 조급해지기 때문이에요. 따라서 자신의 마음을 잘 다스리기 위해 자제력과 인내심을 길러야 한다고도 했답니다.

주식에 대해 잘 모를 때는 함부로 방망이를 휘두르지 마라.

피터 린치

피터 린치는 '월가의 영웅'이라고 불리는 미국의 투자자예요. 그가 관리했던 마젤란 펀드는 경이로운 수익률을 기록했어요. 특히 월마트와 던킨도너츠가 크게 성장할 것을 알아보고, 사업을 시작하던 시기에 투자해 엄청난 수익을 올린 것으로 유명해요.

그는 생활 속에서 가장 자주 사용하는 상품이나 서비스를 눈여겨보라고 했어요. 투자자가 관심을 가지고 잘 아는 분야의 기업에 투자하는 것이 중요하다는 거죠. 그래야만 그 기업의 가치를 알아보고 주식 가격이 떨어질 때도 함부로 팔지 않고 장기적으로 투자할 수 있다고 했어요.

잘 아는 것에 투자하라.

존 템플턴

　미국의 투자자인 존 템플턴은 투자 회사인 템플턴 그로스사를 설립하고, 전 세계를 상대로 투자하여 글로벌 펀드라는 새로운 분야를 개척했어요. 그는 기업 가치가 낮게 평가된 주식들만 골라내는 뛰어난 안목이 있었어요.

　그는 투자하기에 가장 알맞은 때는 주식 시장의 가능성이 없어 보일 때라고 했어요. 1970년대 말, 미국의 증시가 가장 좋지 못할 때 투자를 시작했는데, 1980년대 초부터 미국 증시는 20여 년 동안 계속 올라서 자신이 옳다는 것을 증명했어요. 1997년 말에 우리나라에 외환 위기가 왔을 때도 우리나라 기업에 투자해 큰 수익을 올렸어요.

월터 슐로스

　미국의 월터 슐로스는 가치주 투자로 많은 수익을 올린 투자자예요. 가치주 투자는 기업의 순이익이나 자산 가치에 비해 가격이 낮은 주식을 사는 것을 말해요.

　그는 중소기업의 재무 상태를 꼼꼼하게 따져 보았고, 기업의 가치보다 싼 주식을 사서 5년간 보유했다가 주식 가격이 2배가 될 때 팔았어요. 한마디로 '싸게 사고, 비싸게 팔기'라는 주식 투자의 원칙을 충실하게 지킨 거예요.

　2001년 은퇴할 때까지 45년간 펀드를 관리했고, 연평균 15.7퍼센트의 수익을 올렸어요. 45년 복리로 계산하면, 무려 721.5배의 수익률을 거둔 거예요.

위기는 곧 기회다!

인내심을 가져라. 주가는 하루아침에 오르지 않는다.

경제왕, 전인구 선생님과 함께하는 톡톡 경제 인터뷰

자산 관리를 왜 해야 할까?

경백이
어린이 여러분 안녕하세요? 오늘도 경제왕 전인구 선생님을 모셨습니다. 전인구 선생님, 반갑습니다. 이번 시간에는 무엇에 대해 알아볼까요?

경제왕, 전인구
지난 시간에 돈을 불리는 투자에 대해 알아보았다면 이번에는 자산 관리에 대해서 알아보려고 합니다. 경백군은 자산이 있나요?

경백이
저는 아직 초등학생이어서 자산이 없어요.

경제왕, 전인구
잘 생각해 봐요. 경백군 이름으로 된 예금 통장이나 돼지 저금통은 있지 않나요?

경백이
예, 있어요. 부모님께서 친척분들이 준 세뱃돈과 남은 용돈을 모아서 예금 통장을 만들어 주셨거든요. 돼지 저금통에도 동전이 꽤 모여 있어요.

경제왕, 전인구
그 예금 통장과 돼지 저금통이 경백군의 자산이에요. 경백군은 은행에 저축한 돈으로 무엇을 할 것인지 생각해 본 적이 있나요?

경백이
대학에 입학할 때 쓰려고 해요. 부모님께서 대학에서 공부하는 비용이 많이 든다고 했거든요.

경제왕, 전인구
매우 잘하고 있군요. 그래야 미래에 필요한 자금을 준비해 둘 수 있어요. 경백군처럼 미래에 무엇을 할 것인지 계획하고 관리하는 것을 '자산 관리'라고 해요. 어릴 때부터 자산을 관리하는 연습을 할 필요가 있어요.

경백이
저축할 만큼 용돈이 많지 않으면 어떻게 해야 해요?

경제왕, 전인구
용돈은 쓰기 전에 저축부터 하고, 나머지를 소비하는 습관을 들이면 돼요.

경백이
그게 쉽지 않은 거 같아요.

경제왕, 전인구
우선 용돈 기입장을 쓰는 연습부터 해 보세요. 예산을 짜고 그에 따라 소비하는 습관을 들이면 낭비하는 부분을 줄일 수 있어요. 그리고 자산 관리를 잘하기 위해 꼭 필요한 것이 있어요. 바로 미래에 어떤 모습으로 살고 싶은지 생각해 보고, 그에 맞추어 자산을 관리하는 것이지요.

경백이
오늘도 좋은 말씀 감사합니다. 저도 미래에 제가 어떤 모습으로 살지 고민해 보아야겠습니다.

돈은 공부를 할 때도, 집을 장만할 때도, 아플 때도 필요해요. 필요할 때 쓸 수 있는 돈이 있으려면 자산 관리를 잘해야 해요. 어린이 여러분들도 지금부터 자산 관리 연습을 해 보아요.

다음 물음에 알맞은 답을 찾아 ( ) 안에 쓰세요.

1 돈이 이쪽에서 저쪽으로 흘러 다니는 것을 무엇이라고 하나요? (   )
① 금융　　　　　② 투자　　　　　③ 자산

2 세계 최초의 증권 거래소를 만든 나라는 어디일까요? (   )
① 미국　　　　　② 영국　　　　　③ 네덜란드

3 현금이 없어도 물건을 사고 나중에 갚을 수 있게 만든 것은 무엇일까요? (   )
① 플래카드　　　② 신용 카드　　　③ 체크 카드

4 다음 중 특수 은행이 아닌 것은 무엇일까요? (   )
① 한국 수출입 은행　② 기업 은행　　③ 인터넷 전문 은행

5 다음 중 은행의 은행, 정부의 은행 역할을 하는 은행은 무엇일까요? (   )
① 한국은행　　　② 인터넷 전문 은행　　③ 국민 은행

6 은행에 속하지 않지만 은행 업무를 하는 기관은 무엇일까요? (   )
① 산업 은행　　　② 기업 은행　　　③ 우체국

7 다음 중 오직 인터넷을 통해서만 은행 업무를 보는 은행은 무엇일까요? (   )
① 한국은행　　　② 인터넷 전문 은행　　③ 새마을 금고

8 세계 최초로 만들어진 인터넷 간편 결제 시스템은 무엇일까요? (   )
① 애플페이　　　② 삼성페이　　　③ 페이팔

정답 : 1.① 2.③ 3.② 4.③ 5.① 6.③ 7.② 8.③

2 흥미진진 퀴즈타임

다음 문제를 풀어 보세요.

1 핀테크에 대해 틀리게 설명한 친구의 이름에 ○표 하세요.

금융과 기술이 결합한 새로운 서비스예요.
수지

핀테크에는 로보 어드바이저, 오픈 뱅킹, 수퍼앱 등이 들어있어요.
원영

지정된 점포에서 고객이 요구하는 금융 서비스만 제공할 수 있어요.
예찬

인터넷 뱅킹, 모바일 뱅킹, 앱 카드 등의 서비스가 있어요.
슬기

2 아래 용어의 뜻을 바르게 연결해 보세요.

블록체인 • • 온라인에서만 거래되는, 컴퓨터 등에 데이터로 남아 있는 화폐

가상 화폐 • • 공공 거래 장부라고도 하는, 금융 거래를 할 때 해킹을 막는 기술

디파이 • • 블록체인 기술을 바탕으로 한 탈중앙화 금융 시스템

정답 : 1. 예찬, 2. ✕

아래 내용이 맞으면 ◯표, 틀리면 ✕ 표 하세요.

1 보통 예금은 필요할 때마다 언제든지 돈을 찾을 수 있어요. (   )

2 정기 예금은 일정 금액을 정해진 날마다 저축한 뒤 미리 약속한 날짜에 한꺼번에 찾는 저축이에요. (   )

3 예금자 보호법은 금융 회사가 예금을 지급할 수 없을 때 예금 보험 공사가 대신하여 원금과 이자를 합쳐서 1인당 최고 5,000만 원까지 예금을 지급해 주는 법이에요. (   )

4 저축은 이익을 얻기 위하여 어떤 일이나 사업에 자본을 대거나 시간이나 정성을 쏟는 것을 말해요. (   )

5 투자는 더 많은 돈을 벌기 위해 손해를 볼 수도 있는 위험을 감수해야 해요. (   )

6 펀드는 금융 회사에서 파는 금융 상품으로, 투자 전문가에게 돈을 맡기고 발생한 수익을 받는 거예요. (   )

7 불완전 판매는 금융 회사에서 위험성을 충분히 알리고 원금을 보장하는 금융 상품을 판매하는 일을 말해요. (   )

8 투자의 원칙 가운데 복리의 마법은 좋은 기업의 주식을 쌀 때 사서 오랫동안 보유하면서 기업과 성장을 함께하는 것을 말해요. (   )

9 투자는 높은 수익을 낼 수도 있지만 투자한 돈을 모두 잃을 수도 있어요. (   )

10 일론 머스크의 스페이스X는 투자 안전성이 매우 높은 기업이었어요. (   )

정답 : 1.◯ 2.✕ 3.◯ 4.✕ 5.◯ 6.◯ 7.✕ 8.✕ 9.◯ 10.✕

다음 빈칸에 알맞은 단어를 찾아 ◯로 묶어 보세요.

1 ◯◯◯◯◯는 다양한 투자 대상에 나누어서 투자하는 일을 뜻해요.

2 위험을 줄이기 위해서 여러 군데로 나누어서 하는 투자를 ◯◯ ◯◯라고 해요.

3 ◯◯ ◯◯는 자산을 마련하기 위해서 저축 및 투자의 방법 등에 관한 계획을 세우고 실천하는 것을 말해요.

4 재산이나 돈에 관한 일을 ◯◯라고 해요.

가	치	자	산	관	리
포	트	폴	리	오	품
저	채	벤	행	상	주
축	은	무	처	재	식
분	산	투	자	권	무

정답: 1. 포트폴리오 2. 분산 투자 3. 자산 관리 4. 재무

PART 5
과학 기술과 함께 발전하는 경제

- 산업 혁명
- 공유 경제와 플랫폼
- 정보 통신 기술의 발전
- 메타버스

증기 기관의 발명을 통해 시작된 산업 혁명은 대량 생산이 가능한 공장을 만들었고, 이후 증기 기관차가 개발되면서 인간의 생산과 이동에 큰 변화를 일으켰습니다. 그 후 일어난 2차, 3차, 4차 산업 혁명이 사람들의 삶을 어떻게 바꾸었는지 살펴봅시다.

1장
산업 혁명

산업 혁명의 시작 | 2차 산업 혁명 | 3차 산업 혁명 |
4차 산업 혁명 | 완전히 새로운 미래

산업 혁명의 시작

과학 기술이 발전하면서 인류의 생산 능력이 폭발적으로 증가한 역사적 시기들이 있어요. 1881년, 영국의 역사학자 아놀드 토인비는 한 강연에서 '산업 혁명'이라는 말을 처음으로 사용하여 인류의 혁신적 발전을 표현했어요.

 1차 산업 혁명

초기의 산업 혁명은 영국에서 시작되었어요. 1769년에 영국에서 제임스 와트가 개량한 증기 기관이 최초의 특허를 얻으면서부터예요. 영국의 기술자 존 케이가 1730년, 기계로 된 직조 장치인 '플라잉 셔틀' 방직기를 만들면서 기계를 사용하여 천을 대량 생산할 수 있는 체제가 만들어지기 시작했어요.

증기 기관이 생기기 전까지 인류는 오직 사람이나 가축의 힘만을 이용해 생산 활동을 해왔어요. 다른 수단은 기껏해야 흐르는 물을 이용해 물레방아를 돌리는 정도였지요. 그런데 석탄으로 물을 끓여서 생기는 증기의 힘으로 작동하는 **증기 기관이 대중화되자, 강력하면서도 지치지 않는 기계의 힘으로 쉬지 않고 24시간 대량 생산**을 할 수 있는 기계화 시대로 접어들었어요.

1차 산업 혁명 18세기	2차 산업 혁명 19~20세기 초	3차 산업 혁명 20세기 후반	4차 산업 혁명 21세기 초반~
증기 기관이 촉발한 기계화 혁명	전기의 발명으로 인한 대량 생산 혁명	컴퓨터와 인터넷 기반으로 디지털 혁명, 지식정보 혁명	인공 지능, 사물 인터넷, 빅데이터 등을 기반으로 초연결 혁명

 공업 도시의 노동자들

증기 기관으로 만들어진 기계를 가진 공장은 24시간 쉬지 않고 돌릴 수 있기 때문에 기계가 돌아가는 것을 보조해야 할 사람도 24시간 필요했어요.

공장에서 일할 사람들을 모집하자, 돈을 벌기 위해 농어촌에 살던 사람들이 대거 몰려들어 공업 도시가 만들어졌어요. 공장 노동자 계급이 엄청나게 늘어난 거죠. 점차 도시의 규모가 커지고 큰돈을 번 사람들이 늘어나면서 기존의 신분 중심의 사회도 바뀌기 시작했어요.

대량 생산하는 공장에서 많은 사람들이 돈을 받고 일하는 방식은 그전에는 없었던 사회 현상이었어요. 그러다 보니 당연히 공장 노동자를 보호하기 위한 제도나 규정도 없었어요. 공장을 지은 자본가들이 자신의 이익을 늘리기 위해 노동자들에게 임금을 조금 주거나 오랜 시간 일을 시키기도 했지요. 어린아이들마저 어른과 똑같이 위험한 환경에서 하루 12시간 이상 일하는 등 아동 노동 문제도 심각하게 발생했어요. 하지만 **공장에서 일하는 어린이들이나 노동자들을 보호해 줄 수 있는 제도는 한참 시간이 흐른 뒤에야 만들어지기 시작**했어요.

대량 생산 공장의 수가 늘어나면서 증기 기관의 원료인 석탄을 비롯한 화석 연료 사용의 증가로 환경 오염 문제도 생기기 시작했어요.

대량 생산으로 일자리가 늘어났지만 다른 문제도 생겨났지.

와트의 증기 기관

2차 산업 혁명

19세기 후반부터 20세기 초에는 전기와 통신, 운송 수단에 혁신적인 발명이 이어졌고 많은 국가의 경제가 크게 성장했어요. 이를 2차 산업 혁명이라고 불러요. 현재 우리가 사용하는 라디오, 텔레비전, 에어컨, 자동차, 비행기 등 수많은 제품의 발명이 대부분 이 시기에 이루어졌답니다.

에디슨과 테슬라

1879년, **토머스 에디슨은 백열전구를 발명**해 사람들의 생활을 바꾸어 놓았어요. 얼마 후 **니콜라 테슬라는 전기를 먼 곳으로 보낼 수 있는 교류시스템을 개발**했어요. 이후 전기를 공급하기 위해 미국 뉴욕과 영국 런던에 화력 발전소가 생겼어요. 그때까지 기름을 사용한 등불로 어둠을 간신히 밝히던 사람들은 전기 에너지로 캄캄한 밤을 환하게 밝힐 수 있게 되었어요. 그러자 사람들은 밤에도 밖을 돌아다닐 수 있었고, 공장도 24시간 기계를 작동할 수 있었어요.

니콜라 테슬라

토머스 에디슨

생산력의 발달과 제국주의

2차 산업 혁명으로 경제 발전을 이뤄낸 국가들은 공장에서 만들어 내는 **많은 상품을 팔 수 있는 시장과 값싼 원료 공급이 필요했어요. 식민지 확보는 이 두 가지 문제를 모두 해결하는 방법**이었죠. 그래서 제국주의가 탄생했어요. 제국주의란 우월한 군사력을 토대로 다른 나라를 침략해서 정치·경제적으로 지배해 식민지로 삼으려는 사상과 정책이에요. 아시아, 아프리카의 많은 국가가 제국주의의 침략전쟁으로 인해 큰 고통을 겪었어요.

내연 기관 자동차의 발명

가솔린 바이크(오토바이)의 최초 모델은 독일의 고틀리프 다임러가 1885년에 만들었어요. 아들이 타고 다니던 나무 자전거에 내연 엔진을 달아 시속 16킬로미터로 달릴 수 있도록 한 '라이트 바겐'을 개발해서 특허를 받았지요. 상업적으로 성공하지는 못했지만, 이 아이디어가 전파되면서 여러 나라에서 다양한 바이크를 개발하기 시작했답니다.

초기의 라이트 바겐

페이턴트 모터바겐

1886년 말, 고틀리프 다임러와 빌헬름 마이바흐는 사륜차인 역마차에 가솔린 엔진을 달았어요. 증기 기관은 연료를 기관 바깥에서 불태워 힘을 얻는 외연 기관이지만, 내연 기관은 기관 내부에서 직접 연료를 불태워 힘을 얻기 때문에 크기는 작고 힘은 더 셌어요. 얼마 후, 석탄보다 적은 양으로도 더 많은 열에너지를 낼 뿐만 아니라 찌꺼기도 남지 않는 석유를 연료로 사용하기 시작했지요.

독일의 카를 벤츠는 **1885년에 최초로 가솔린 엔진을 이용한 내연 기관 자동차인 삼륜차 '페이턴트 모터바겐'을 발명**했어요. 차의 지붕이나 문이 없었지만, 당시로서는 놀라운 기술적 발전이었지요. **카를 벤츠의 자동차 회사는 자동차 사업의 시초**가 되었으며 현재까지 다양한 자동차를 판매하고 있어요. 이러한 자동차의 발달 덕분에 사람이 이동할 수 있는 범위가 넓어지고, 물건의 이동이 더 쉬워지면서, 당시 사회에 여러 가지 변화를 가져왔어요.

카를 벤츠

3차 산업 혁명

20세기 중반부터 컴퓨터와 인터넷 기술이 발달하면서 인류의 생산력은 다시 크게 성장하였으며, 대대적인 변화가 일어났지요. 미국의 경제학자 제레미 리프킨은 2차 산업 혁명 시대가 저물고 3차 산업 혁명이 시작됐다고 설명했어요.

컴퓨터의 발전

1936년, 영국의 **천재 수학자 앨런 튜링이 제2차 세계대전의 적국이었던 독일의 암호를 해독하기 위해 '콜로서스'라는 컴퓨터를 개발**했어요. 그 덕에 앨런 튜링은 '컴퓨터 과학의 할아버지'라고 불리기게 되었지요.

이후 빠르게 발전한 컴퓨터 기술은 다양한 방식으로 경제 발전에 큰 영향을 미쳤어요. 기업은 컴퓨터를 이용해 공장에서뿐만 아니라 사무실 업무까지 많은 부분을 자동화해서 비용을 절감했어요. 기업은 시장을 더 빠르고 정확하게 분석해 올바른 판단을 내리고 시행착오를 줄일 수 있었어요.

앨런 튜링

콜로서스

 인터넷의 시작

1969년 9월 2일, 미국 국방성 산하 방위고등연구계획국(DARPA, 구 ARPA) 프로젝트에 참여한 미국 캘리포니아대학교의 레너드 클라인록 교수팀은 케이블을 이용해 컴퓨터 두 대를 연결해 정보를 주고받았어요. 세계 최초로 패킷 교환 방식을 이용한 컴퓨터 간 통신인 아르파넷은 원래 군사적인 목적으로 만들어졌어요. 대학, 연구소 등과 활발한 군사 관련 정보를 교류하기 위한 목적이었어요. **컴퓨터 간 연결을 통해 일부 컴퓨터가 망가져도 다른 컴퓨터가 이를 대체할 수 있도록 한 '컴퓨터 네트워크'**였지요. 이때 사용한 기술이 오늘날 인터넷의 탄생으로 이어졌어요.

 디지털 혁명

3차 산업 혁명은 인터넷 정보통신 기술이 발전하면서 이루어졌어요. **정보통신 기술이 이렇게 발전할 수 있었던 것은 정보를 표현하고 저장하는 방식을 아날로그에서 디지털로 바꾸었기 때문이에요. 그래서 3차 산업 혁명을 '디지털 혁명'**이라고 부르기도 해요.

현재, 전 세계의 사람들은 어디에 있던 인터넷을 통해 실시간으로 정보를 주고받으며 연락을 할 수 있어요. 또한, 기업은 인터넷을 이용해 시간과 장소의 제한 없이 국경의 영향을 받지 않고 전 세계를 상대로 제품을 판매해요. 고객도 마찬가지로 굳이 상점에 가지 않아도 원하는 제품을 인터넷에 연결된 컴퓨터나 휴대 전화를 통해 쉽게 구매할 수 있지요.

4차 산업 혁명

현재 우리는 빠르게 바뀌는 4차 산업 혁명의 물결 속에서 살아가고 있어요.
2016년, 세계경제포럼의 창립자인 스위스 경제학자 클라우스 슈밥은
인류의 삶과 일하는 방식이 근본적으로 변하고 있다며
인류가 4차 산업 혁명 시대를 살아가는 중이라고 선언했어요.

 4차 산업 혁명을 이끄는 네 가지 기술

어떤 기술이 새로운 산업 혁명을 완성하는 데 가장 크게 이바지했는 지는 4차 산업 혁명이 마무리되어야 확실히 알 수 있어요. 하지만 클라우스 슈밥은 ① 블록체인, 사물 인터넷, 양자컴퓨팅 등의 확장 디지털 기술, ② 3D 프린팅, 첨단소재, 나노기술, 로봇 등의 물질계 재구성 기술, ③ 바이오, 뇌/신경, 가상현실/증강현실 등의 인간 변형 기술, ④ 에너지, 지구, 우주 관련 환경 통합 기술 등 네 가지 분야의 기술을 예로 들었어요.

클라우스 슈밥은 4차 산업 혁명의 특징을 세 가지로 나누어 설명했어요. 첫째, 속도가 기하급수적으로 빠르며 둘째, 국가의 모든 산업과 사회 분야를 포괄하며 셋째, 신기술 개발에 그치지 않고 인류가 살아가는 새로운 시스템을 만드는 것이에요.

클라우스 슈밥

 비대면 시대

2019년 11월, 중국에서 발견된 코로나19 전염병이 2020년부터 전 세계로 퍼져나가기 시작했어요. 코로나19는 엄청난 숫자의 사망자가 발생한 재난이기도 했지만, 다른 한편 4차 산업 혁명을 앞당기는 촉진제가 되었어요. 코로나19로 서로 얼굴을 마주하지 않고 온라

인으로 거래하는 비대면 플랫폼 산업이 활성화됐어요. 직원들이 회사에 출근하지 않고 온라인으로 회의와 업무를 할 수 있도록 다양한 프로그램이 개발되었고, 학생들도 집에서 온라인 수업을 통해 공부했어요. 팬데믹이 끝났지만, 화상 미팅 등을 통해 사람을 만나는 것에 익숙해졌지요.

 4차 산업 혁명 이후의 사회

우리는 아직 4차 산업 혁명 이후의 결과를 정확하게 예측할 수는 없어요. 그러나 지금까지의 흐름을 살펴볼 때 다음과 같은 몇 가지 변화를 예상할 수 있어요.

1. 사물 인터넷(IoT)이 세상의 모든 것을 연결해요.

집, 가구, 가전제품 등 모든 생활용품뿐 아니라 대중교통, 도로, 건물 등을 포함한 도시 전체가 온라인으로 연결돼 각 상황에 가장 잘 기능하는 상태로 조절돼요. 사람들은 개인별로 최적화된 주거, 교육, 의료, 여가 등의 서비스를 받을 수 있어요. 하지만 개인정보보호 및 보안 등에 대한 대비책 마련이 필요해요.

2. 블록체인 기술이 세상을 바꿔요.

블록체인 기술로 인해 새로운 개념의 산업과 비즈니스 모델이 탄생합니다. 참여한 사람들 모두 의사결정에 직접 참여할 수 있을 뿐만 아니라, 투명하고 공평하게 이익을 나누는 모델은 경제 성장과 새로운 일자리 창출로 이어질 수 있어요.

3. 인공 지능과 함께 살아요.

현재 사람이 하는 일 중 많은 부분을 인공 지능을 갖춘 로봇이 대신해요. 지치지도 않고 실수하지도 않는 로봇은 인간보다 생산성이 훨씬 높아요. 하지만 사람들이 로봇에게 일자리를 빼앗기면서 실업률이 높아질 수도 있어요.

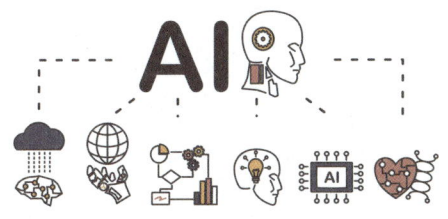

완전히 새로운 미래

4차 산업 혁명은 인간과 인간, 인간과 사물, 사물과 사물을 연결하는 초연결 시대를 만들어요. 단순한 연결을 넘어 디지털, 사물과의 융합을 하게 되지요. 또한, 인공 지능이 인간의 지능을 뛰어넘는 초지능 사회를 맞이하게 될 거예요.

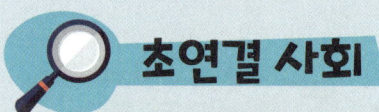

초연결 사회

사물 인터넷은 자동차, 냉장고, 에어컨 등 일상생활에서 사용하는 가전제품을 연결해서 사용자의 신체 상태에 따라 자동으로 조절해요. 자동차는 도로 위의 다른 차들과 통신하며 안전하게 자율 주행하고, 냉장고는 부족한 식품을 스스로 점검해서 자동 주문해요. 에어컨은 사용자의 체온과 건강 상태에 맞춰 온도와 습도를 자동 조절하지요.

사회, 경제, 문화 활동이 현실 세계처럼 이뤄지는 3차원 가상 세계인 메타버스는 전 세계 사람들을 시간과 공간의 제약을 넘어 연결해요. 서울에 살면서 미국 회사에 근무할 수도 있고, 아프리카 사람을 만나 계약을 체결할 수도 있어요. 웨어러블 기술을 통해 지구 반대편에 있는 친구를 다정하게 안아줄 수도, 격렬한 스포츠를 즐길 수도 있답니다.

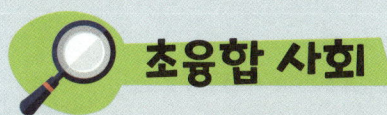 **초융합 사회**

4차 산업 혁명이 전개되면서 디지털과 아날로그 세상이 O2O(Online to Offline)로 하나가 되고 있어요. 특히 사물 인터넷이 널리 쓰이면 우리가 오프라인에서 하는 모든 행동이 데이터가 되어 온라인으로 남게 되고, 온라인에서의 행적 역시 오프라인 현실로 융합될 수 있어요.

지도 데이터를 현실 공간과 연결해서 가장 빠른 길을 알려 주는 차량 내비게이션 서비스, 디지털 가상공간에서 빈 차나 빈방을 찾아 현실에서 이용하는 차량 공유서비스와 숙박 공유서비스도 초융합의 한 예입니다. 초융합 현상은 회사와 공장, 병원의 업무뿐 아니라 여행, 스포츠, 결혼 등 삶의 모든 분야로 퍼져나가고 있어요.

또한, 사물을 다루는 물질적 기술, 효율적 생산과 공평한 분배를 위한 경제, 삶의 의미를 추구하는 인문학이 초융합하는 세상이 다가오고 있어요. 4차 산업 혁명이 완성된 사회는 **현실과 디지털 세계, 그리고 생명체가 조화롭게 융합**할 수 있는 새로운 세상이 될 거예요.

 **초지능 사회**

2016년, 인공 지능 알파고가 인간 세계의 바둑 최강자 이세돌 9단을 이겼을 때 사람들은 크게 놀랐어요.

그리고 2023년, 인공 지능 연구소 오픈AI가 시작한 대화형 인공 지능 서비스인 챗지피티(ChatGPT)는 전 세계 사람에게 충격을 주었어요. 상대방이 말한 내용을 이해하고 기억하면서 대화를 이어 나가는 능력이 마치 사람과 대화하는 것처럼 느껴졌기 때문이에요. 또, 새로운 스타일의 그림을 그리고 소설을 쓰며 **인간만이 할 수 있다고 생각했던 창조의 영역을 넘보는 AI 역시 계속해서 개발**되고 있어요.

인공 지능 알파고와 대국하는 이세돌 9단

경제왕, 전인구 선생님과 함께하는 톡톡 경제 인터뷰

사물 인터넷의 정확한 뜻은 무엇일까?

경백이

어린이 경제 교육의 선구자인 전인구 선생님과 함께 사물 인터넷이 무엇인지, 경제에 어떤 영향을 미치는지 알아보겠습니다. 전인구 선생님, 반갑습니다.

경제왕, 전인구

반갑습니다. 경제왕, 전인구입니다.

경백이

선생님, 미래 경제에 대한 글을 읽다 보면 사물 인터넷이라는 말이 자주 나오는데, 그 말의 뜻이 궁금해요.

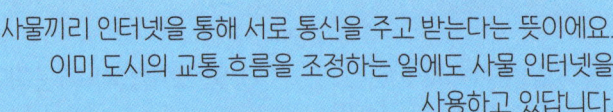**경제왕, 전인구**

사물끼리 인터넷을 통해 서로 통신을 주고 받는다는 뜻이에요. 이미 도시의 교통 흐름을 조정하는 일에도 사물 인터넷을 사용하고 있답니다.

경백이

그럼 사물끼리 인터넷으로 연결된다는 건가요? 그게 가능한가요?

경제왕, 전인구

각 사물이 인터넷에 연결될 수 있도록 고유 아이피 주소를 부여해서 정보를 주고받을 수 있도록 합니다. 그러면 사람과 사물, 사물과 사물 사이에 서로 데이터를 주고받을 수 있게 됩니다.

경백이

서로 데이터를 주고받는 거라면 멀리 떨어져 있어도 가능하겠네요.

경제왕, 전인구
네. 데이터를 주고받을 수 있을 뿐만 아니라, 인터넷이 연결되는 스마트폰이나 컴퓨터로 먼 거리에서 원격 조종도 가능합니다.

 **경백이**
사물 인터넷이 연결된다면 더운 날, 집에 들어가기 전에 스마트폰으로 미리 에어컨을 켜 놓을 수도 있겠네요.

경제왕, 전인구
물론입니다. 집에 아무도 없더라도 집안의 온도 조절이나 가전제품의 자동 작동이 가능해집니다.

 **경백이**
정말 신기하네요. 사물 인터넷으로 도시 전체를 연결할 수도 있겠어요.

경제왕, 전인구
많은 기업들이 이미 사물 인터넷을 이용하여 보다 편리한 생활을 만들기 위해 다양한 제품을 개발 중입니다. 경제 발전에 관심이 있다면 사물 인터넷 관련 기업들을 눈여겨볼 필요가 있습니다.

 **경백이**
선생님 말씀을 들으니 앞으로 사물 인터넷이 발전할수록 우리의 생활도 많이 바뀌게 될 것 같네요. 고맙습니다.

주식 투자를 할 기회가 생긴다면 사물 인터넷 관련 기업 정보를 살펴보고 투자를 고려해 보는 것도 좋습니다.

인터넷과 디지털 플랫폼으로 무장한 IT 기업들이 세상을 빠른 속도로 변화시키고 있어요. IT 기업들은 공유 경제에서 시작했으나, 현재 독점화 현상이 심해지고 있어요. 독점화로 인해 떠오르고 있는 여러 가지 사회 현상들을 알아봅시다.

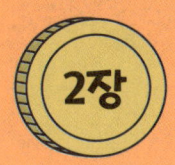

공유 경제와 플랫폼

공유 경제 | 플랫폼 경제 | 플랫폼의 독점 |
긱 경제 | 프로토콜 경제

공유 경제

공유 경제는 경제적 자원을 여럿이 함께 사용하는 것을 뜻해요. 2008년, 미국 스탠퍼드대학교 로렌스 교수는 공유 경제를 제품이나 서비스를 필요한 사람들과 나누어 쓰는 행위라고 정의했어요.

도서관과 플랫폼

공유 경제는 인류의 역사만큼이나 오래전부터 존재했어요. 가장 대표 사례가 바로 도서관이에요. **공유 경제는 참가자들에게 경제적 이익을 줄 뿐만 아니라 자원을 절약하고 환경을 보호할 수 있어 사회 전체에도 유익**해요. 하지만 디지털 혁명이 있기 전까지는 참가자 수나 범위에 한계가 있었죠. 디지털 플랫폼은 공유 경제가 가장 이상적으로 이루어질 수 있는 공간이에요. 1999년, 미국에서 자동차를 직접 소유하지 않고 가까운 곳에서 빌려 쓰는 자동차 공유 회사 '짚카(Zipcar)'가 등장했어요. 2000년대 들어 사무실을 함께 쓰는 위워크(WeWork), 남는 방이나 집 전체를 여행자에게 빌려주는 에어비앤비(airbnb), 개인 소유 차량을 택시처럼 이용할 수 있도록 승차 공유 서비스를 제공하는 우버(uber) 등이 등장했고 갈수록 많아지고 있어요.

대표적인 공유 플랫폼 회사들

공유 경제의 독점화

에어비앤비의 시작은 인간미가 넘치는 단순한 아이디어였어요. 저렴한 가격에 하룻밤 묵어갈 곳이 필요한 사람과 집안의 남는 공간을 제공해 주고 약간의 돈을 벌고 싶은 사람을 서로 연결해 주자는 생각에서 출발했어요. 이렇게 새롭고 편리한 서비스를 제공하면서도 처음에는 수수료를 받지 않았어요.

하지만 에어비앤비는 규모가 커지면서 일반인의 주거 공간을 공유하는 것이 아니라 여행객에게 전문 숙박시설을 중개하는 상업 사이트로 점차 변했어요.

공유 가치를 내세운 다른 많은 플랫폼 기업 역시 공유가 만들어 내는 긍정적 가치보다는 그저 수익만을 최우선 목표로 삼는 상업적 중개회사에 그치고 있어요.

가장 큰 원인은 초기에 플랫폼을 만들 때 비용을 투자한 투자자들의 압박이에요. 플랫폼 기업의 경영자들은 투자자들을 만족시키기 위해 빠른 시간 내에 더 많은 돈을 버는 데 집중하면서 창업을 시작할 때 가졌던 공유 가치를 잃어버렸죠. 공개적으로 정해졌던 플랫폼의 운영 규칙은 소수 경영자에 의해 비밀스럽게 바뀌었어요. 또한, 단순하고 저렴했던 수수료 체계를 복잡하게 바꾸면서 가격을 올렸어요. **모두의 이익을 위한다는 공유 플랫폼의 대부분이 그저 회사를 소유한 소수의 이익만을 추구하는 기업으로 변해**버렸어요.

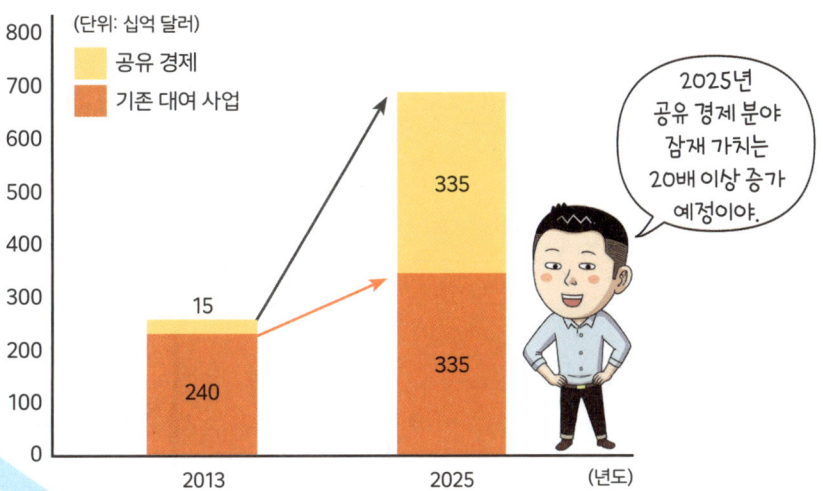

세계 공유 경제 시장 전망

2025년 공유 경제 분야 잠재 가치는 20배 이상 증가 예정이야.

*출처: 프라이스워터하우스쿠퍼스(PwC, 영국 회계컨설팅 기업)

플랫폼 경제

'플랫폼'은 사람이 올라설 수 있는 평평한 판을 뜻하는 영어 단어예요. 그래서 기차를 타는 곳이나 사람이 올라서서 강연하는 곳, 무거운 장비를 올려놓는 곳 등을 플랫폼이라고 불러요. 지금은 무언가의 토대가 되는 틀이나 구조, 체계를 뜻하는 용어로 확장되어, 다양한 분야에서 두루 쓰이고 있어요.

새로운 기술을 알아보는 능력도 있어야 해.

 디지털 플랫폼은 열린 공간

경제에서 말하는 **플랫폼은 규칙만 지킨다면 누구나 참가해 원하는 사회적 활동이나 거래를 할 수 있는 기능을 갖춘 온라인 공간**이에요. 플랫폼 관리자는 이용자들이 편리하고 안전하게 만날 수 있도록 환경을 만들고 유지하는 역할을 하지요. 규칙을 어기는 이용자에게는 벌칙을 주기도 해요. 플랫폼을 만들고 운영하는 비용은 광고비나 수수료를 받아 사용해요.

하지만 현실 세계의 공간은 참가하는 사람의 수에 한계가 있어요. 원하는 상대방을 찾기도 쉽지 않고 각자가 규칙을 따르고 있는지 감시하는 것은 더욱 어려워요. 하지만 디지털 플랫폼에는 사실상 무한대의 사람이 참가할 수 있고, 클릭 몇 번만으로도 내가 원하는 상대방을 쉽게 찾을 수 있어요. 규칙 준수 여부를 감시하기도 오프라인보다 훨씬 쉽지요.

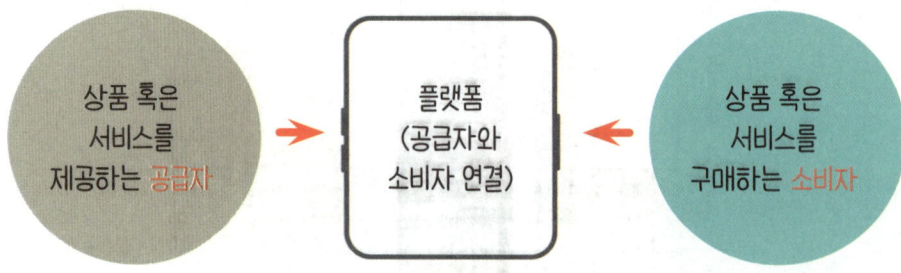

플랫폼 경제의 역사

1995년, 미국 캘리포니아에 사는 피에르 오미디아는 자신이 취미로 수집한 잡동사니를 정리하기 위해 웹사이트를 만들었어요. 그 웹사이트는 생각보다 반응이 좋았고 피에르 오미디아는 자신에게 필요 없는 물건이더라도 누군가는 원할 수 있다는 깨달음을 얻었어요.

1997년에 오미디아는 '이베이(ebay)'라는 이름으로 개인들이 물건을 사고팔 수 있는 본격적인 온라인 경매 플랫폼을 만들었어요. 이후 이베이는 정식 등록자 수가 2억 명이 넘는 세계 최대 규모의 개인 간 온라인 경매 회사로 성장했어요. 이베이는 세계적 규모의 대기업으로 성장한 최초의 디지털 플랫폼 회사가 되었어요.

이베이의 성공 이후, 여러 분야의 플랫폼 회사들이 나타나기 시작했어요. 온라인 플랫폼의 편리함에 많은 사람들이 너도나도 가입했어요. 지금 미국 사람들은 아마존(Amazon)에서 쇼핑하고 페이스북으로 소통하며 우버로 출근하고 에어비앤비로 숙소를 예약하고 여행해요. 알다시피 우버는 공유된 차량의 운전기사와 승객을 연결해 주는 기술 플랫폼 회사예요. 에어비앤비는 숙소 주인과 이용자를 연결해 주는 플랫폼이고요.

우리나라 사람들 역시 카카오톡으로 대화를 나누고 네이버로 메일을 주고받으며 쿠팡에서 쇼핑하고, 배달의 민족에서 음식을 주문한다고 말하지요. 이제 **디지털 플랫폼을 이용하지 않고는 단 하루도 살기 힘든 세상**이 되었어요.

플랫폼의 독점

디지털 플랫폼 기업은 초기에 최대한 많은 이용자를 끌어모으는 데 중점을 둬요. 예전에는 없던 편리한 서비스를 제공하면서도 수수료를 받지 않고 심지어 할인권을 제공하기도 해요. 하지만 일단 해당 분야에서 경쟁자가 사라지고 충분한 사용자 수를 확보하면 태도가 돌변하지요. 그 시점부터 우리가 배웠던 시장 독점의 폐해가 발생하기 시작해요.

 이미 시작된 플랫폼의 독점

하나의 특정 플랫폼이 시장을 독점적으로 지배하면 소비자는 더 이상 비교할 수 있는 기회가 없어져요. 그러면 특정 플랫폼이 정한 규칙을 무조건 따를 수밖에 없겠지요. 예전에는 없던 편리한 서비스를 제공하면서도 처음에 무료로 사용했던 기능들이 차츰 유료로 바뀌기 시작하고, 때로는 불합리할 정도로 높은 가격이라 해도 받아들일 수밖에 없어요. 공짜라고 좋아했던 플랫폼 초기의 혜택들이 값비싼 청구서가 되어 돌아오는 거죠.

그런데 만약 독점적 플랫폼의 기능이 멈춰버린다면 어떤 일이 벌어질까요? 사회는 혼란에 빠지고 맙니다. 예를 들어, 국민 대다수가 사용하는 메신저나 이메일 서비스 플랫폼이 회사 내부 문제로 원활하게 작동하지 못하면 다른 선택권이 없는 사회 구성원들은 꼼짝없이 불편을 겪어야 해요.

카카오라는 플랫폼의 오류로 사람들의 일상이 멈춰 버렸다는 기사를 본 적이 있을 거예요. 카카오처럼 사회를 지탱하는 주요 간접자본의 역할을 공적 감시가 어려운 민간 개별 기업에 맡겨둬도 되는지 사회적 논의가 필요한 상황이에요.

 플랫폼 노동자의 보호

디지털 플랫폼을 매개로 노동력이 거래되는 것을 플랫폼 노동이라고 해요. 대표적으로 배달 노동자, 대리운전 노동자 등을 들 수 있어요. 2022년 기준, 전체 플랫폼 노동자 수는 전체 노동자의 10퍼센트에 달한다고 해요.

플랫폼 독점 기업은 플랫폼 서비스를 위해 일하는 노동자에게 가혹한 조건을 내세울 가능성이 커요.

디지털 플랫폼 기업은 최첨단 인공지능이 오직 최대 이익만을 목적으로 산출한 보수 체계를 강요하면서 노동자를 위험에 빠트리기도 해요. 예를 들어, 플랫폼 배달 노동자들은 특정 시간대에만 높은 배달료를 주는 시스템 때문에 시간에 쫓겨 교통신호를 무시해 가며 위험한 운행을 해요. 그러다가 사고가 발생해도 플랫폼 기업은 정식 고용계약을 하지 않았다는 이유로 책임을 지지 않아요.

플랫폼 노동자들은 근로계약서를 쓰는 회사 직원이 아니기 때문에 회사가 차별 대우를 하거나 일을 주지 않더라도 항의할 수가 없고 노동 관련 각종 보험 혜택을 받기도 어려워요. 현재의 법률로는 새로운 고용 형태인 플랫폼 노동자를 온전히 보호하기 어렵답니다. 사회가 발전하면 그에 맞춰 국민을 보호할 수 있는 새로운 법률이 빠르게 만들어져야 해요.

 플랫폼 노동자와 근로기준법

「근로기준법」은 노동자의 기본적 생활을 보장하기 위해 근로 조건의 각종 기준을 정해 놓은 법률이에요. 노동자는 최저 임금제나 노동 시간, 유급 휴가, 재해 보상 등과 관련해 법적 보호를 받을 수 있지요. 고용주의 부당한 행위에 맞서 노동조합을 결성해 싸울 수도 있고요.

그런데 플랫폼 기업은 플랫폼 노동자가 기업과 동등한 자격의 개인사업자이지, 고용된 플랫폼 기업에 정식 입사를 한 정직원이 아니기 때문에, 「근로기준법」을 적용받지 않는다고 주장해요. 우리나라 법원 역시 명확한 법 조항이 없어 각 사건에 따라 다르게 판단하고 있지요.

4차 산업 혁명 시대에서 플랫폼 노동자들이 노동자의 권리를 보장받으면서 안전하게 일할 수 있도록 보호하는 제도 마련이 시급해요.

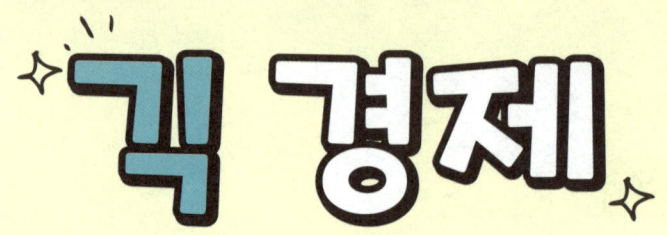

긱 경제

'긱 경제(Gig Economy)'는 기업에서 정규 직원이 아닌 단기계약 노동자에게 주로 일을 맡기고 대가를 지급하는 형태를 의미해요. 디지털 플랫폼은 업무를 처리해 줄 사람을 구하는 기업과 일거리를 찾는 노동자를 빠르고 간편하게 연결해 줘요.

 **긱의 유래**

재즈는 즉흥적인 연주가 특징이에요. 1920년대 미국 재즈 공연장에서는 필요한 연주자를 현장에서 그때그때 구해서 함께 연주할 때가 많았어요. '긱'은 이렇게 즉석 계약으로 섭외한 연주자의 공연을 일컫는 말이었는데, 지금은 1인 프리랜서가 고용주와 단기간 계약을 맺고 일한다는 뜻으로 확대되었어요. 초단기 노동을 제공하는 사람들을 '긱 노동자'라 부르기도 해요.

기업은 필요한 일이 있을 때, 그 일을 해 줄 수 있는 인력을 필요한 시간만큼만 고용하면 되니 비용을 줄일 수 있어요. 노동자는 출퇴근하지 않고도 온라인으로 기업에서 필요로 하는 일을 해 주면 되지요. 게다가 본인이 원하는 시간에 원하는 만큼만 선택해서 일할 수 있답니다.

디지털 플랫폼의 발달로 우리나라뿐만 아니라, 전 세계적으로 긱 노동자가 늘어나고 있는 만큼 긱 노동자에 대한 보호와 권리를 위해 법의 제정이 필요해요.

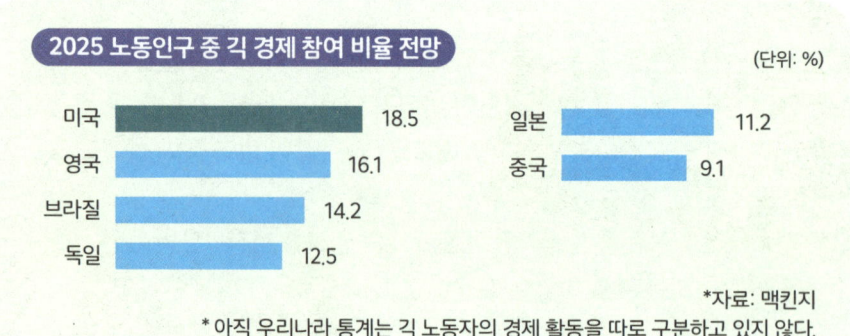

2025 노동인구 중 긱 경제 참여 비율 전망 (단위: %)

- 미국 18.5
- 영국 16.1
- 브라질 14.2
- 독일 12.5
- 일본 11.2
- 중국 9.1

*자료: 맥킨지
* 아직 우리나라 통계는 긱 노동자의 경제 활동을 따로 구분하고 있지 않다.

 ## 온디맨드 플랫폼과 긱 노동자

디지털 혁명으로도 불리는 3차 산업 혁명의 중심에는 IBM이라는 컴퓨터 회사가 있었어요. 윈도우를 만든 빌 게이츠의 마이크로소프트가 성장하기 전까지는 20세기 디지털 관련 산업을 앞장서 이끌던 세계 1위의 다국적 거대 기업이었어요.

20세기 후반에 IBM은 급변하는 디지털 산업의 흐름을 선도하지 못하고 성장이 멈추기 시작했어요. 다행히 2002년, 온디맨드(On-Demand)라는 차세대 혁신 전략을 내놓으며 재도약을 했어요. **누군가가 서비스나 재화를 원하면 즉시 제공하는 형태가 온디맨드 경제**예요. 온디맨드 전략과 플랫폼 기술이 만나면서 인류의 많은 경제 활동이 온디맨드 플랫폼으로 옮겨가고 있어요.

온디맨드 플랫폼 경제는 기업의 필요를 그때그때 개별적으로 충족시켜주는 노동자가 있어야 해요. 긱 노동자는 플랫폼에 의지한 노동자라는 측면에서 플랫폼 노동자와 비슷한 의미로 쓰이기도 하지요. 플랫폼에서 발생하는 개별 수요마다 플랫폼 기업이 제시하는 일의 내용과 대가를 받아들일지를 결정한 후 노동력을 제공하지요.

정규직
- 임금노동자
- 정해진 근무 시간
- 회사에 소속
- 정해진 월급

긱 노동자
- 일한 시간만큼 정산
- 온라인으로 회사와 소통
- 원하는 시간에 원하는 만큼 일함.

플랫폼 대기업의 독점이 점점 심해지고 있어.

일하는 만큼 번다는 배달 라이더는 최근 급부상하는 긱 노동자야.

프로토콜 경제

프로토콜은 플랫폼에 참여한 사람들끼리 모두 함께 규칙을 만들고 이를 지키자는 약속이에요. 그러니까 현재의 플랫폼 경제에 공유 가치를 실현하자는 규칙을 끝까지 지키자는 약속을 더한 시스템이 바로 '프로토콜 경제'예요.

 플랫폼에 프로토콜을 더하다

플랫폼 경제는 전통적인 산업 체계를 허물어트리면서 빠른 속도로 성장하고 있어요. 세계경제포럼은 2025년이 되면 디지털 플랫폼 매출액이 60조 달러에 이르고, 앞으로 10년간 전 세계에서 새롭게 생겨나는 부가가치의 70퍼센트 이상이 플랫폼 경제에서 창출될 것으로 예상했어요. 이미 전 세계 10대 기업 중 절반 이상이 디지털 플랫폼 관련 회사이기도 하지요.

플랫폼 경제의 규모가 빠르게 커지면서 폐해도 많이 발생하고 있어요. 플랫폼 대기업이 시장을 독점하면서 플랫폼 이용자에게 높은 수수료를 부과하고, 노동자에게는 가혹한 노동 환경을 강요하면서 오로지 수익만을 추구하는 실정이거든요. 예를 들어, 기업가치가 100조 원을 넘는 우버의 플랫폼 안에서 일하는 운전기사들의 일부는 최저 임금에도 미치지 못하는 돈을 번답니다.

플랫폼 초기에 참여자들에게 무료로 앱 사용을 제공하던 공유 경제의 가치는 어느새 찾아볼 수 없게 되었죠. 독점적인 기업이 된 경영자의 선의에만 기대어 기존의 공유 경제를 유지하길 바라기는 어려워요. 그래서 프로토콜 경제가 되어야 한다는 이용자들의 의견이 많아진 거랍니다.

전 세계 긱 경제 시장 규모 확대

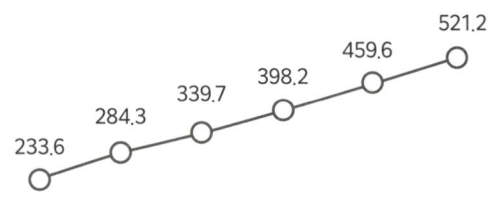

(단위: 조 원)

2018년	2019년	2020년	2021년	2022년	2023년
233.6	284.3	339.7	398.2	459.6	521.2

*자료: 슈타티스타

블록체인과 공유 경제

플랫폼 사업자가 부를 독식하는 플랫폼 경제의 대안으로 참여자 모두가 플랫폼의 주인이 될 수 있도록 도와주는 기술이 있다면 어떨까요? 서로에게 이익이 되는 규칙을 정하고, **플랫폼의 규모가 커지더라도 공유 경제의 가치를 끝까지 지켜내고 운영할 수 있도록 뒷받침해 줄 수 있는 기술이 바로 '블록체인'**이에요. 블록체인 기술은 플랫폼 기업이 공유 경제의 진정한 가치를 실현하는 데 여러 방식으로 도움을 줄 수 있어요. 블록체인으로 구성된 플랫폼은 모든 정보가 플랫폼에 참여한 사람 전체에게 전송되고 검증돼요.

참여자들은 이런 과정을 통해 중개자 없이 당사자들끼리 직접 투명한 거래를 할 수 있답니다. 완료된 거래 정보 역시 다시 전체 참여자가 공유하고 저장해서 거래 당사자의 신용 정보로 활용할 수도 있어요.

이용자 모두에게 투명하게 공개된 블록체인 기반 신원 확인 시스템을 이용해 범죄의 위험을 줄일 수도 있어요. 스마트 계약은 당사자 간의 계약을 확인하고 이행하는 과정을 자동화하여 거래의 효율성을 높여요. 인위적인 개입 없이 미리 정해진 조건에 따라 곧바로 이행되기 때문에 플랫폼의 수익 역시 공정하게 나눌 수 있어요.

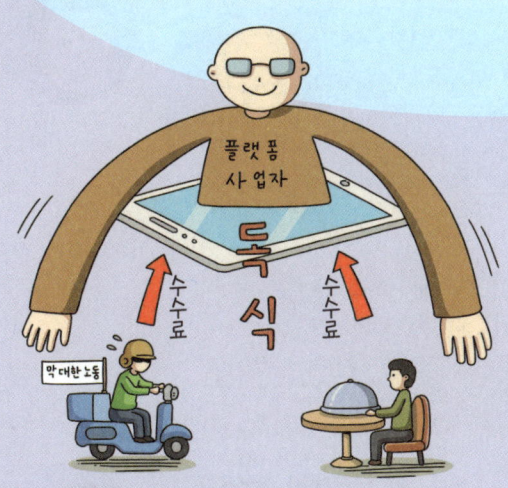
플랫폼 경제

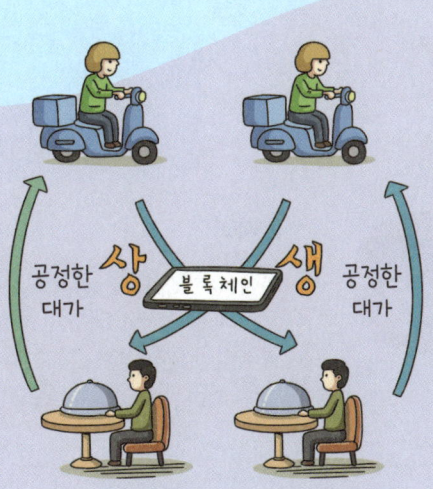
프로토콜 경제

경제왕, 전인구 선생님과 함께하는 톡톡 경제 인터뷰

디지털 플랫폼의 독점은 왜 문제일까?

경백이
어린이 여러분, 안녕하세요? 경제왕, 전인구 선생님을 모시고 디지털 플랫폼의 독점이 왜 문제인지 알아보겠습니다.

경제왕, 전인구
안녕하세요? 디지털 플랫폼에 관한 이해를 돕기 위해 예를 들어 볼게요. 경백 군은 '배달의 민족' 앱에 들어가서 치킨을 주문하는 경우가 있지요?

경백이
네, 가끔 있어요. 근데 치킨 얘기를 하시니까 갑자기 치킨 먹고 싶네요.

경제왕, 전인구
하하. 앱에 접속하면 많은 치킨 브랜드와 다양한 종류의 치킨 메뉴가 있죠? 이렇게 디지털 플랫폼에서는 여러 치킨 가게와 여러 주문자가 함께 평등한 상태에 놓여 있어서 서로를 선택한다고 할 수 있죠.

경백이
아하, 치킨을 예를 들어 설명해 주시니 이해가 쏙쏙 되네요. 그런데 요즘 뉴스에서는 독점 디지털 플랫폼 회사에 대한 규제법을 만들어야 한다는 의견이 나오던데요? 사람들이 같은 앱을 쓰면 서로 편하지 않나요?

경제왕, 전인구
우리나라 전 국민이 쓰고 있다고 해도 과언이 아닌 '카카오톡'을 예로 들어 볼게요. 카카오톡은 전화번호만 알면 서로 연결하고, 이미지도 쉽게 주고받을 수 있지요. 사용료도 무료이고 사용 방법도 편해서 순식간에 많은 이용자를 확보했지요.

경백이
저도 친구들과 단톡방을 만들어서 이야기를 주고받아요. 약속 시간도 정하고요. 그래서 카카오톡이 하루라도 멈추면 우리나라가 제대로 돌아가지 않을 수 있다고 말하는 사람도 있대요.

경제왕, 전인구
그래요. 독점 디지털 플랫폼이 된 카카오톡은 서서히 가격을 올리거나 무료 서비스를 유료로 바꾸고 있어요. 이용자들이 쉽게 다른 디지털 플랫폼으로 바꿀 수 없기 때문이죠.

경백이
그래서 독과점 기업을 정부에서 단속하듯 독점 디지털 플랫폼에 대한 대책도 마련하려는 거군요.

경제왕, 전인구
맞아요. 디지털 플랫폼을 규제하는 법을 빨리 제정해야 한다는 의견이 점점 많아지고 있어요. 머지않아 법의 제정이 이루어질 것으로 예상돼요.

경백이
오늘은 디지털 플랫폼의 역할과 독점 디지털 플랫폼의 문제점에 대해 알아보았습니다. 고맙습니다.

디지털 플랫폼도 결국 기업이 운영하는 것인 만큼, 독점보다 기업끼리의 경쟁을 통해 소비자들에게 더 나은 서비스를 제공할 수 있어야 합니다.

4차 산업 혁명을 이끄는 디지털 기술이
인류의 생활을 빠르게 바꾸고 있어요. 이로 인해
세계의 경제 시스템과 사회 구조 역시 크게 변화할 거예요.

정보 통신 기술의 발전

인공 지능의 발전 | 자율 주행 자동차 | 스마트 시티

인공 지능의 발전

인공 지능은 인간의 지능이 필요한 일을 컴퓨터가 인간의 인지 기능과 비슷하게 처리할 수 있도록, 인간의 지능을 컴퓨터에 복제하는 것이라고 할 수 있습니다.

머신 러닝

과거의 컴퓨터는 인간이 미리 정해 준 방법으로 구성된 소프트웨어 프로그램으로 복잡한 숫자 계산이나 문서 작성 같은 일을 훌륭하게 해냈습니다. 숫자나 글자에 예상을 벗어나는 변화가 많지 않아 방법을 구성하는 규칙을 무한정 만들 필요가 없었기 때문이죠. 하지만 인간이 모든 규칙을 만들어 컴퓨터에 담는 것은 사실상 불가능하겠죠? 인공 지능 연구는 새로운 방법을 찾지 못해 한동안 침체되었어요.

그러다 기계 학습을 찾아냈어요. **컴퓨터가 데이터를 학습해서 가장 나은 방법을 스스로 찾는 기술이 기계 학습, 즉 머신 러닝**(Machine Learning)입니다. 예를 들어, 컴퓨터에게 고양이 사진을 찾아내게 하려면 예전에는 고양이 모습을 특정해 줘야 했어요. 하지만 머신 러닝을 통해 컴퓨터에게 다르게 생긴 고양이 사진을 여러 장 보게 한 다음, 고양이의 공통된 특징을 찾아내도록 학습시켰어요. 그 결과, 고양이라는 단어만 말해도 다양한 종류의 고양이 사진을 찾아낼 수 있는 인공 지능이 탄생했어요. 하지만 정확도가 그리 높지 않았고, 일정 범위를 벗어나는 문제는 해결하지 못했답니다.

딥 러닝을 통한 획기적인 발전

2012년, 딥 러닝 인공 지능 알렉스넷(AlexNet)이 사진 속에서 얼마나 사물을 잘 구분해 내는지를 겨루는 대회에서 우승한 적이 있어요. 그전에도 머신 러닝 인공 지능들이 계속 대결을 벌였지만, 정답률은 74퍼센트 정도에서 정체되어 그 이상 단 1퍼센트도 올리기 힘들었죠. 그런데 딥 러닝 학습 과정을 거친 알렉스넷이 84퍼센트의 정답률을 기록한 거예요. 현재 딥 러닝 인공 지능은 90퍼센트의 정답률을 훨씬 넘어서며 사람과 가까운 시각 인지 능력을 보여 주고 있어요.

딥 러닝은 이전의 머신 러닝과 달리 **과제와 목표만을 제시하고, 방법을 찾는 것은 온전히 컴퓨터에 맡기는 방식**이에요. 여러 층으로 배열된 인공신경망이 해법을 찾기 위해 인터넷을 통해 얻은 많은 정보를 분석하지요. 그래서 학습 과정을 마친 인공 지능이 어떤 방법을 사용했는지 인간은 알 수 없어요. 딥 러닝은 정보통신 기술의 발달로 학습할 수 있는 빅데이터가 많이 쌓인 데다, 컴퓨터의 성능 또한 높아진 덕분에 완성될 수 있었답니다.

인공 지능의 위험성

제프리 힌턴 교수

챗지피티처럼 사람과 대화를 나누고, 그림을 그려 주는 인공 지능이 현실처럼 가상 세계를 그려 내는 걸 보면 이제 마블 영화 속 자비스와 같은 인공 지능이 곧 현실화될 것 같아요. 컴퓨터 과학자인 제프리 힌턴 교수는 알렉스넷의 개발을 이끈 딥 러닝 인공 지능 학계의 대부입니다. 구글에서 10년 이상 최첨단 인공 지능 개발을 지휘하던 그가 돌연 사표를 냈어요. 그는 "평생 인공 지능을 연구한 것을 후회한다."라면서 "인공 지능이 살인 로봇으로 탄생할 날이 두렵다."라고 말했어요. 이어서 "**세계 최고 과학자들이 인공 지능 기술을 통제할 방법을 찾는 것만이 유일한 희망**"이라고 강조했어요.

반대로 미국의 미래학자인 레이 커즈와일은 인공 지능이 질병, 빈곤, 기후 위기 등 인류의 모든 문제를 해결할 수 있다고 믿어요.

레이 커즈와일

자율 주행 자동차

자율 주행 자동차는 인간의 도움 없이 스스로 운행하는 차를 말해요. 탑승자는 운전하는 대신 차에서 다른 일을 할 수 있겠죠. 2040년에는 세계 교통량의 75퍼센트가 자율 주행으로 이루어질 거라고 예측하기도 해요.

 테슬라와 웨이모의 대결

웨이모(Waymo)는 자율 주행 기술을 개발하는 구글의 자회사예요. 2017년에 미국 애리조나 피닉스에서 자율 주행 차량 호출 서비스를 시범 운영했고, 2018년에는 '웨이모 원'이라는 브랜드로 상업용 자율 주행 택시 서비스를 개시했어요. 2022년에는 미국 샌프란시스코에서 안전 요원이 운전석에 탑승하지 않는 완전 무인 자율 주행 차량 서비스에 대한 허가를 받아 시험 주행을 하고 있지요.

테슬라(Tesla)는 일론 머스크가 2003년에 공동 설립한 미국 전기자동차 제조 및 청정에너지 회사예요. 2014년, 테슬라는 특정 상황에서 차량이 자동으

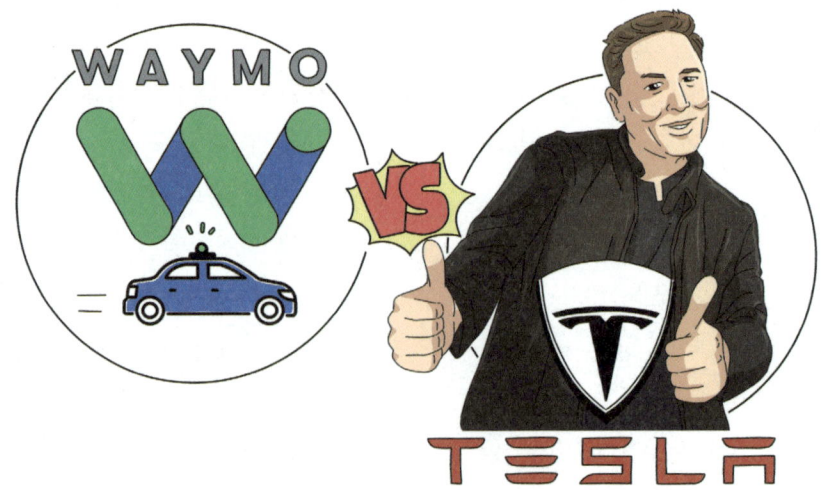

로 방향과 속도를 조종하고 제동하는 오토파일럿 시스템을 세계 최초로 도입했어요. 테슬라의 오토파일럿은 운전 보조시스템 수준으로, 운전자는 항상 주의를 기울이고 운전대를 잡을 준비를 해야 하는 한계가 있어요. 테슬라는 오토파일럿 시스템에 계속해서 새로운 기능을 추가하며 완전 자율 주행에 도전하고 있답니다.

테슬라와 구글 웨이모는 완전 자율 주행차 개발 분야의 선두에서 서로 다른 방식으로 치열하게 경쟁하고 있어요. 두 회사 모두 수년 내에 완전 자율 주행 서비스를 완성해 공개할 거라며 장담하고 있어요.

웨이모 자율 주행 자동차의 원리

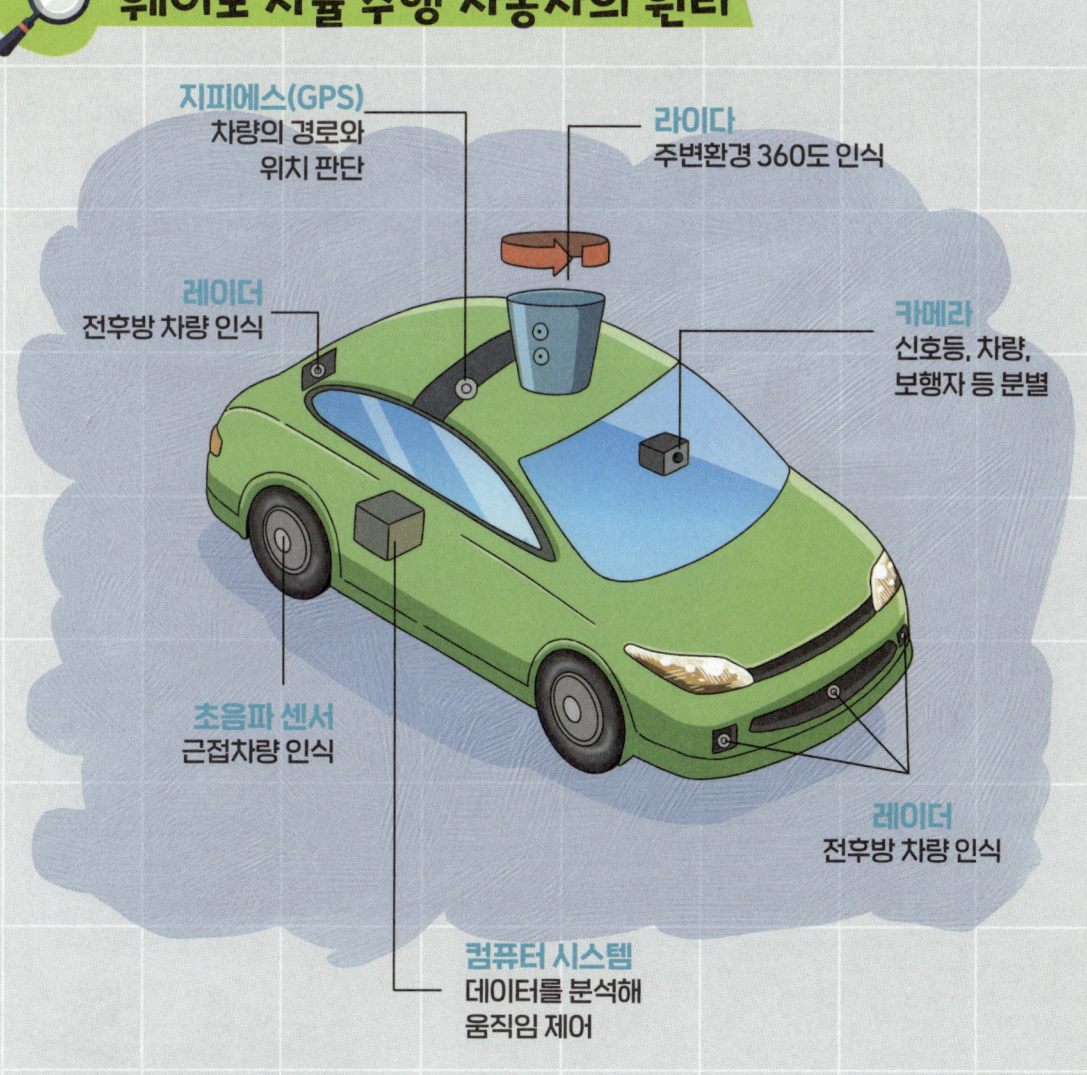

라이다와 카메라

사람이 운전하지 않는 자동차가 안전하게 도로 위를 달리려면 자율 주행 인공 지능에게 주변 상황을 파악할 수 있는 눈을 달아줘야 해요. 갑작스럽게 끼어드는 사람이나 차량을 피하려면 빠른 속도로 정확하게 주변을 볼 수 있어야 하니까요.

웨이모는 라이다를 사용해요. 라이다는 고출력 레이저 펄스를 발사한 뒤 돌아오는 시간을 분석해서 주변을 인식해요. 라이다는 정밀한 레이저 펄스를 사용하기 때문에 사물의 형태나 위치, 운동 방향, 속도까지 정확하게 파악할 수 있답니다.

테슬라는 우리에게 친숙한 카메라를 사용해요. 카메라는 라이다처럼 정밀하게 사물을 인식할 수 없어서 머신 러닝 인공 지능을 이용해 카메라가 수집한 정보를 분석하죠. 테슬라는 세계에서 다섯 번째로 강력한 슈퍼컴퓨터 '도조(Dojo)'를 개발해서 이를 훈련하고 있답니다.

웨이모는 정밀도가 떨어지는 카메라를 안전이 절대적으로 중요한 자율 주행 기술에 사용할 수 없다고 주장해요. 실제로 한 테슬라 차량의 자율 주행 인공 지능이 하늘에 뜬 보름달을 신호등의 노란불로 인식해 속도를 줄이려는 모습이 알려져

화제가 된 적이 있어요. 반면에 테슬라의 일론 머스크는 레이저를 사용하는 라이다가 날씨의 영향을 쉽게 받고, 가격이 비싸며, 기술 완성에 시간이 너무 오래 걸린다며 비판해요. 과연 어느 기술이 경쟁에서 승리하여 인류에게 완전 자율 주행이라는 선물을 안겨 줄지 무척 흥미진진하네요.

사라지는 직업들

머지않아 완전 자율 주행 무인 자동차가 상용화되면 버스 기사, 트럭 운전사, 택시 기사 등 **운전과 관련된 직업 또한 사라질 거예요.** 우리가 최첨단 기술의 발전과 사회의 변화를 미리 공부하고 대비해서 앞으로의 직업을 고민해야만 하는 이유입니다.

사물 인터넷은 4차 산업 혁명을 이끄는 핵심 기술이라고 할 수 있어요.
사물 인터넷을 바탕으로 편리한 스마트 홈을 만들 수 있어요. 사물 인터넷에 클라우드 서비스가 더해지면 스마트 시티도 만들 수 있게 될 겁니다.

서로 연결된 사물들은 고유 아이피(IP) 주소를 할당받아 정보를 주고받을 수 있어요. 사람과 사물, 사물과 사물 사이에서도 실시간으로 데이터를 주고받으며 현장 상황에 따라, 또는 사용자의 의도에 따라 기능을 조절해요. 거리와 상관없이 스마트폰으로 필요한 기기를 조종할 수 있고, 사람의 개입 없이도 인터넷에 연결된 기기끼리 서로 알아서 정보를 교환하며 최대의 성능을 발휘하지요.

사물 인터넷으로 연결된 스마트 홈에서는 자동차가 주차장으로 들어오는 순간, 현관문의 잠금장치가 해제되고 난방기기가 집안의 온도를 조절하며 조명이 켜져요. 냉장고는 부족한 식재료를 파악해 인터넷으로 주문하고, 유통 기한이 지난 식재료는 버리기도 해요. 텔레비전은 사용자가 즐겨보는 프로그램을 인식해서 바로 채널을 맞춰 주고 시청자에 따라 선호하는 화질로 보여 줘요. 침대나 소파, 가구, 운동 기구까지 모든 것이 **사용자가 누구인지에 따라 개인별 맞춤 기능으로 작동하는 신기한 세상**이 펼쳐지지요.

클라우드 서비스

클라우드는 인터넷 통신으로 연결된 거대한 저장 능력을 가진 고성능 컴퓨터에 개별 사용자가 데이터를 저장한 뒤 필요할 때마다 꺼내 쓰는 서비스예요. 각각의 컴퓨터와 연결된 많은 종류의 통신장비를 구름 모양으로 뭉뚱그려 표시하던 업계의 관행에서 클라우드라는 명칭이 생겨났어요. 애플의 아이클라우드, 네이버의 마이박스 등이 개인이 이용할 수 있는 대표적인 클라우드 서비스예요.

클라우드 서비스를 이용하면 개인이 들고 다니는 IT 기기들이 더 얇고 가벼워져요. **필요한 데이터는 클라우드에 저장해 놓고 필요할 때만 꺼내 쓸 수 있어서 고용량의 저장장치를 장착할 필요가 없거든요.** 데스크톱에서 하던 작업을 노트북에서 이어서 할 때도 데이터를 복사하고 전송하지 않아도 됩니다. 데이터뿐만 아니라 필요한 프로그램 소프트웨어까지 꺼내어 쓸 수 있는 서비스를 이용하면 자신의 노트북에는 윈도우 같은 운영시스템만 깔려 있으면 되지요.

스마트 시티

사물 인터넷과 클라우드 기술이 가장 큰 효과를 발휘하는 분야가 바로 스마트 시티예요. 사물 인터넷이 인간의 신경망처럼 도시 구석구석까지 연결되어 교통이나 환경, 화재 같은 문제 상황에 관한 데이터를 클라우드에 전송해요. 고성능의 클라우드 서버 컴퓨터는 전송받은 데이터를 분석하여 미리 대비책을 마련하거나 실시간으로 처리할 수 있어요. 예를 들어, 신호등에 설치된 센서가 교통 패턴에 대한 데이터를 수집해 전송하면, 클라우드에 저장된 데이터를 슈퍼컴퓨터가 분석하여 차량의 흐름을 최적화하고 혼잡을 줄여 사람들이 도시를 더 쉽고 편하게 다닐 수 있게 해 주지요.

사우디아라비아에 건설 예정인 네옴 시티는 홍해 인근 사막 위에 서울의 44배 크기로 건설되는 대규모 스마트 시티예요. 2030년에 완공될 예정이며, 친환경으로 설계된 미래형 도시랍니다.

네옴 시티 예정지.
붉은 선을 따라 도시가 건설될 예정이다.

경제왕, 전인구 선생님과 함께하는
톡톡 경제 인터뷰

앞으로 사라지게 될 직업은 무엇일까?

경백이

어린이 여러분, 안녕하세요? 경제왕, 전인구 선생님을 모시고 앞으로 사라지게 될 직업과 새로 생기게 될 직업에 대해 알아보겠습니다.

경제왕, 전인구

한국고용노동원의 자료에 따르면, 인공 지능이나 로봇이 사람을 대체하게 될 확률이 높은 직업들은 다음과 같습니다. 청소원, 매표소 판매원, 주차 관리원, 주유원, 종이 생산직, 콘크리트공, 패스트푸드원, 음식 배달원, 가사 도우미 등입니다.

경백이

저도 알아요. 이미 패스트푸드점에서는 키오스크로 주문 받고 있거든요.

경제왕, 전인구

또한, 사람들의 생활이 달라짐에 따라 사라지는 직업들도 있지요. 점점 종이로 된 책을 읽는 사람들보다 스마트폰으로 글을 읽는 사람들이 많아지고 있어요. 또, 책을 만드는 종이를 얻기 위해 나무를 벤다는 것은 환경에도 좋지 않다고 여기기 때문에 종이 생산직도 사라질 것 같아요.

경백이

오랫동안 그 직업을 가지고 일하신 분들도 많을 텐데……. 안타깝네요.

경제왕, 전인구

그런 면도 있죠. 이번에는 인공 지능이나 로봇이 사람을 대체하기 어려운 직업들을 알아볼까요? 회계사, 항공기 조종사, 투자 분석가, 자산운용가, 변호사, 변리사, 기업 임원, 컴퓨터시스템 및 네트워크 보안 전문가, 보건 위생 및 환경 검사원, 대학교수, 전기·가스 및 수도 관리자 등이에요.

경백이

우아, 제 꿈 중 하나가 비행기 조종사인데, 그 직업이 바로 사라지지는 않겠네요?

경제왕, 전인구

하지만 장기적으로 무인 자율 운행 기술이 크게 발전한다면 자동차처럼 비행기도 무인 조종이 가능할지도 모르지요. 어른이 되었을 때 빨리 사라질 직업보다는 좀 더 오래갈 직업을 갖는 것을 목표로 삼는 것이 좋을 듯해요.

경백이

인공 지능이나 로봇을 많이 사용하는 시대가 오면, 머리 아프게 공부하지 않아도 될 줄 알았는데……. 오히려 공부를 더 많이 해야 할 것 같네요.

경제왕, 전인구

이미 'N잡러'라고 해서 여러 개의 직업을 동시에 가지는 사람들이 많아요. 경제적 자유를 꿈꾸며 재테크를 공부해서 자산을 늘릴 수 있으니까요.

경백이

오늘은 전인구 선생님과 함께 인공 지능과 로봇의 발달로 사라질 확률이 높은 직업과, 로봇이나 인공 지능이 대체하기 어려운 직업에 대해 알아보았습니다. 감사합니다.

여러분이 어른이 되었을 때 세상이 어떻게 바뀔까요? 내 적성에 맞으면서도 좋은 대우를 받을 수 있는 직업을 찾기 위한 공부를 미리 하세요.

가상 세계인 메타버스는 어떻게 시작되었고,
어떤 기술들로 구현될까요?
또, 앞으로 우리가 살아갈 세상을 어떻게 바꿀지 살펴볼게요.

메타버스

가상 세계 탄생 | 페이스북과 메타 | 메타버스와 웹3.0

가상 세계 탄생

메타버스는 '초월한, 더 높은'이라는 뜻의 영어 단어 메타(Meta)와 '세계'라는 뜻의 영어 단어 유니버스(Universe)가 합쳐진 말이에요. 1992년에 출간된 닐 스티븐슨의 디스토피아 공상과학 소설 『스노 크래시』에서 처음 등장한 단어예요.

온라인 게임에서 시작된 메타버스

2021년 기준, 전 세계를 통틀어 가장 이용자 수가 많은 메타버스 플랫폼은 어디일까요? 바로 로블록스, 마인크래프트, 포트나이트 등이에요. 로블록스는 자신만의 게임을 만들거나 다른 사용자가 만든 게임을 즐기는 디지털 가상공간이에요. 월간 이용자 수가 2억 명에 달합니다. 마인크래프트는 레고처럼 블록으로 조립된 세상에서 뭐든지 만들고 무슨 일이든지 할 수 있어요. 월간 이용자가 1억 4,000만 명이 넘어요. 포트나이트는 3인칭 슈팅 생존게임에서 메타버스 플랫폼으로 진화했어요. 이용자 수 또한 1억 명에 가까워지고 있어요.

이렇게 참여도가 높은 게임 메타버스 플랫폼의 공통점은 바로 이용자들의 적극적인 참여예요. 이용자가 마음껏 자신의 창의성을 발휘해 독창적인 창작물을 만들 수 있는 샌드박스 크리에이터 시스템 덕분이지요. 누구든 자기가 원하는 창작물을 만들어 메타버스에서 판매도 하고 구입도 할 수 있어요. 이용자들이 활발하게 창작물을 만들수록 메타버스의 이용자 수가 늘어나는 효과가 발생해요.

게임 로블록스의 홍보 이미지

 메타버스에서 무엇을 할까?

미국 샌프란시스코의 벤처기업인 린든 랩은 2003년에 인터넷 가상 세계 서비스 '세컨드 라이프(Second Life)'를 개발했어요. 사용자들은 디지털 가상 세계에서 자신의 캐릭터를 만들어 현실에서 하지 못했던 일을 할 수 있어요. 멋진 집에서 반려동물을 기르고 값비싼 샴페인을 터뜨리며 호화로운 삶을 즐기거나 누군가를 만나 새로운 사랑을 나눌 수도 있지요. 가상 세계 속의 화폐인 '린든달러'는 현실 세계의 실제 돈으로 환전할 수 있어요.

메타버스 안에서 사이버머니가 오고가는 만큼 경제적인 효과에 대해서도 많은 기업들이 관심을 가지고 있답니다. 실제로 플랫폼 생태계 안에서 큰돈을 번 사업가의 사례가 알려지면서 아마존을 비롯한 세계적인 대기업들도 가상 점포를 만들어 제품이나 서비스를 판매하는 경로로 활용하기도 했어요.

자신을 대리하는 아바타가 현실처럼 업무를 처리하고, 휴식을 취하고, 경제 생활을 하는 3차원 디지털 가상 세계가 메타버스입니다. 앞으로 우리는 메타버스 속에서 친구를 사귀고 학교에 다니고 돈을 버는 등 많은 활동을 하게 될 거예요.

이미 구찌, 나이키 등의 유명 브랜드들이 메타버스 안에 가상 상점을 만들어 제품 판매와 홍보를 했으며, 가상공간인 메타버스 안의 땅도 서로 사고팔고 있어요.

메타버스의 가상 도시 모습

페이스북과 메타

마크 저커버그는 페이스북이라는 회사명이 "미래는 고사하고 현재 하는 일들도 대표하지 못한다."라며 변화가 필요하다고 말했어요. 회사명을 '메타'로 바꾸면서, 메타의 목표는 사람들이 디지털 가상환경에서 자유롭게 일하고 소통할 수 있는 메타버스를 구축하는 것이라고 선언했어요.

 ## 마크 저커버그의 창업

페이스북을 창업한 마크 저커버그를 다들 알지요? 그는 열아홉 살이던 2003년에 하버드대학교의 컴퓨터를 해킹해서 여학생들의 얼굴 사진을 확보했어요. 그런 다음 인터넷에 이상형 월드컵 형식의 웹사이트 '페이스매시'를 만들었다가 학교로부터 징계를 받았어요. 이후에 그는 본격적으로 하버드 인맥 쌓기 서비스인 더페이스북 사이트 운영을 시작해 오늘날에 이르렀어요.

더페이스북은 처음엔 하버드대학교 학생들만 이용하다가 점차 미국과 캐나다의 전체 대학교로 영역을 넓혀갔어요. 2004년 2월, 저커버그는 서비스 이름을 '페이스북'으로 바꿔 친구들과 함께 회사를 창업했어요. 2005년 9월에는 고등학생, 2006년 9월에는 13세 이상으로 이메일 주소만 있다면 누구나 가입할 수 있게 단계적으로 서비스의 문턱을 낮췄어요. 그러자 페이스북은 무서운 속도로 성장했어요. **세계 최대의 SNS로 성장한 페이스북의 2023년 기준 전체 이용자 수는 무려 30억 명이 훌쩍 넘어요.**

마크 저커버그

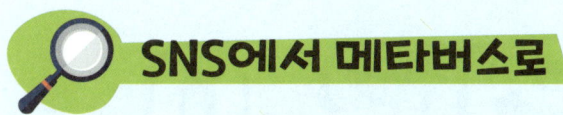

SNS에서 메타버스로

페이스북은 인스타그램, 왓츠앱 등을 소유한 소셜 미디어 업계의 세계 최강 기업이 되었어요.

하지만 2018년, 이용자들의 개인정보가 유출되는 사건이 일어났어요. 2021년에는 회사의 이익을 위해 혐오 발언이나 음모론, 가짜뉴스 같은 유해 정보를 일부러 걸러 내지 않았다는 내부 고발자의 증언이 나오면서 회사 이미지에 커다란 타격을 받았지요.

2021년 10월, 페이스북의 최고경영자 마크 저커버그는 회사 이름을 '메타(Meta)'로 변경한다고 발표했어요.

글로벌 시장조사업체인 프레시던스 리서치가 발표한 보고서에 따르면, 메타버스 시장 규모가 2030년에 1조 3,000억 달러를 넘어설 것으로 전망해요.

과연 메타로 이름을 바꾼 페이스북이 메타버스 플랫폼에서도 선두기업이 될 수 있을까요?

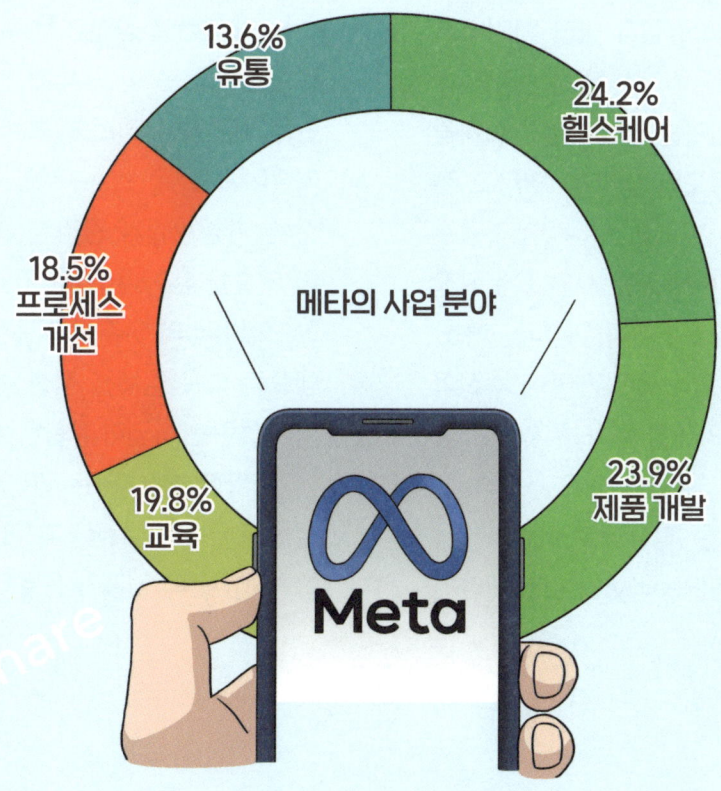

메타의 사업 분야
- 24.2% 헬스케어
- 23.9% 제품 개발
- 19.8% 교육
- 18.5% 프로세스 개선
- 13.6% 유통

메타버스와 웹3.0

메타버스는 웹3.0 덕분에 이용자들의 수가 많이 늘었어요.
웹3.0은 데이터를 만든 각각의 개인이 온전히 소유권을 행사하고 공정한 보상을 받는 인터넷 환경이에요.
개인과 조직이 플랫폼에 의존하지 않고 직접 소통하고 거래하는 사용자 중심의 시스템이죠.

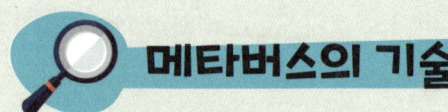

메타버스의 기술

메타의 최고경영자 마크 저커버그는 가상현실(VR), 증강현실(AR) 등의 휴먼 인터페이스 기기를 통해 마치 현실처럼 메타버스의 자유도를 높일 수 있다고 주장해요. **간편한 안경을 쓰는 것만으로도 현실 세계와 메타버스를 자유롭게 오갈 수 있는 기술 혁명이 머지않았다**는 거죠. 실제로 관련 연구와 제품 개발에 수십억 달러에 달하는 막대한 돈을 투자하고 있답니다.

가상현실은 컴퓨터로 만든 가상(Virtual)의 현실(Reality)이에요. 메타버스는 가상현실 공간에서 이루어져요. 증강현실(AR)은 현실 세계 위에 디지털로 만든 이미지나 정보를 겹쳐서 보여 주는 기술이에요.

가상현실과 증강현실의 장점을 합친 기술을 혼합현실(MR)이라고 해요. 영화 〈아바타〉의 우주선 조종실에서 홀로그램으로 띄운 물체를 직접 손으로 조작하거나 옮기는 장면이 혼합현실이에요.

확장현실(XR)은 VR, AR, MR의 장점을 모두 모아서 현실과 가상 세계를 결합하고 인간과 기계가 상호작용할 수 있는 기술이에요. 대체현실(SR)은 현재와 과거의 영상을 혼합해 실존하지 않는 인물이나 사건 등을 구현해서 사용자가 현실처럼 느끼게 하는 기술로, 가상현실과 뇌과학이 융합된 기술이에요. 이러한 기술들이 모여 메타버스가 이루어진답니다.

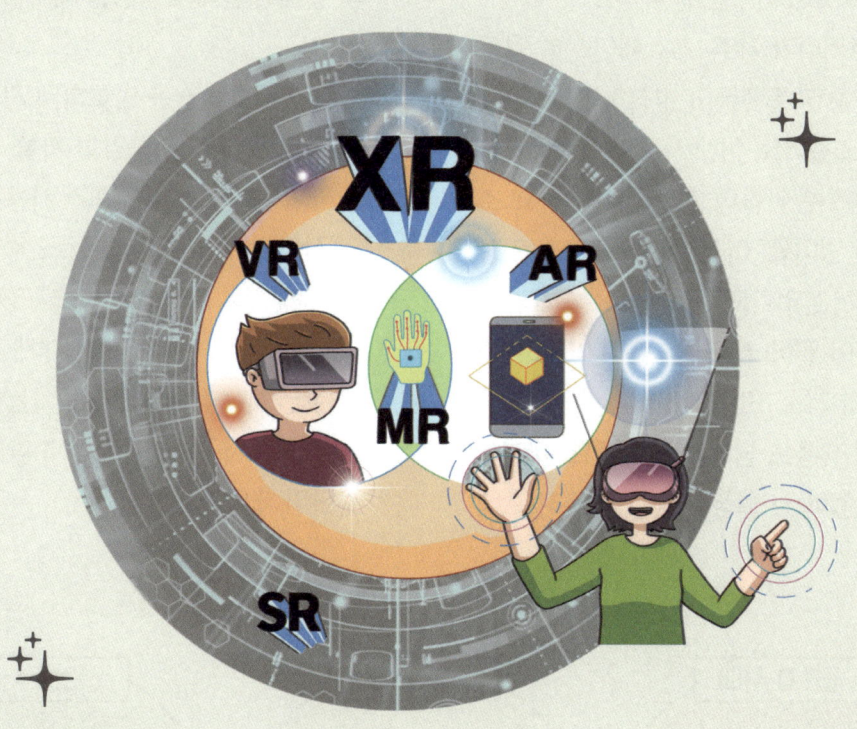

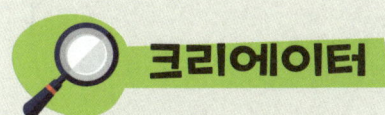
크리에이터

메타버스 환경은 기존에 경험해 보지 못했던 새로운 가상 환경이에요. 하지만 아무리 최첨단 기술로 무장하더라도 플랫폼은 형식에 지나지 않아요. 메타버스에서도 **실질적인 내용을 만드는 것은 크리에이터의 역할**이에요.

그렇다면 콘텐츠를 만드는 크리에이터가 되기 위해 무엇이 필요할까요? 바로 창의성이에요. 현실의 경계를 넘어 마음껏 상상력을 발휘하면서도 비판적 사고를 할 줄 알아야 하죠. 세계의 다양한 문화와 사상에 관한 이해력을 높이고 창의성을 키워 메타버스 시대의 주인공이 되어 보세요.

 ## 플랫폼의 독점을 막는 시스템

인터넷이 처음 등장했던 때를 웹1.0 시대라고 해요. 그때의 인터넷 사용자는 웹사이트의 운영자가 제공하는 정보를 수동적으로 찾아 읽기만 했어요.

그러다가 유튜브나 페이스북 같은 콘텐츠 공유 플랫폼이 발전하면서 웹2.0 시대가 열렸어요. 이젠 사용자가 능동적으로 콘텐츠를 만들어 정보를 제공하고 소통할 수 있어요. 여러분도 유튜브에 영상을 찍어서 올리기도 하고 페이스북에 계정을 만들어 글이나 사진을 올리기도 하죠? 사용자가 정보 소비자이면서 생산자 역할을 하며 유통도 담당하는 거예요. 하지만 한계가 있어요. 열심히 영상을 올려도 내 소유권을 행사하기 어렵고, 다른 플랫폼으로 콘텐츠를 옮기기도 어려워요. 플랫폼 기업은 높은 수수료를 부과하면서 콘텐츠의 실제 주인에게 공정한 대가를 지급하지 않아요.

웹3.0 기술은 암호화폐 지불 시스템과 스마트 계약, 탈중앙화 자율 조직을 구성하여 메타버스 생태계가 사용자 중심으로 작동할 수 있도록 해 줘요. **투명하게 데이터의 소유권을 증명하고 거래를 보장**해 주는 거죠. 가상자산은 대체 불가능 토큰(NFT) 기술로 위조가 불가능한 고유성을 확보해서 가치 저장과 교환의 새로운 수단이 돼요.

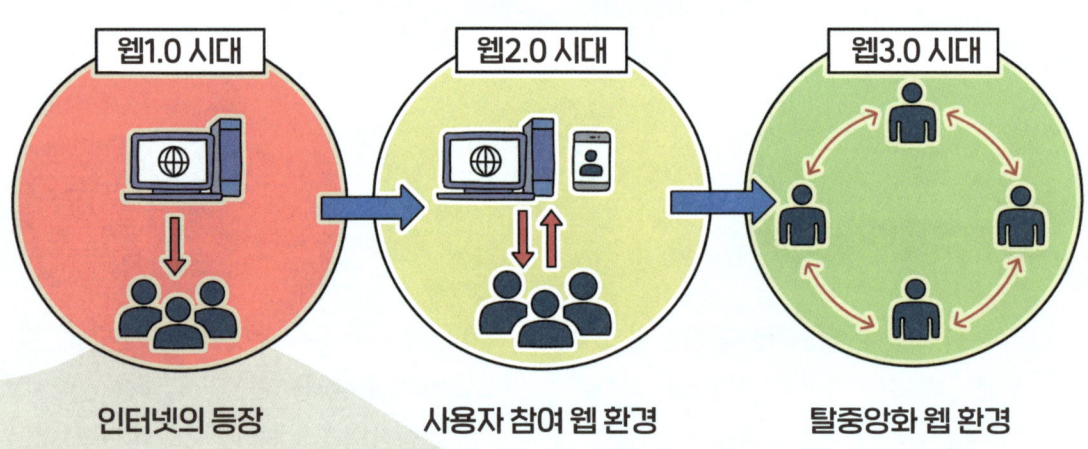

웹3.0의 시대가 다가오고 있어!

🔍 메타버스와 웹3.0의 결합

메타버스는 시간과 공간의 제약을 뛰어넘은 가상 세계에서 현실과 상호작용하며 사회적·경제적 활동을 할 수 있는 환경이에요. 메타버스 구성원은 자유롭게 디지털 신세계를 모험하다가 친구들을 사귈 수 있고 마음이 맞는다면 커뮤니티를 만들 수도 있어요. 다른 구성원의 새로운 수요를 발견하고 경제적 거래도 할 수 있어요. 가상 세계에서 맺어지는 계약은 당사자끼리 합의한 내용에 따라 이행되고 권리가 누구에게 돌아가는지 명확해야 해요. 메타버스가 운영되는 규칙도 전체 사용자의 합의에 따라 관리되어야 해요.

웹1.0에서 웹2.0으로 진화하면서 사용자가 적극적 참여자로 변화했어요. 웹2.0에서 웹3.0으로의 진화는 어떤 결과를 가져올까요? 웹2.0에서 유튜브, 페이스북 같은 플랫폼 기업의 중앙집권적 시스템을 가졌었다면, 웹3.0에서는 분산형 사용자 권력 시스템으로 변화할 거라고 합니다.

웹3.0의 분산형 연결 시스템

메타버스에서는 무엇을 할 수 있을까?

경백이

어린이 여러분, 안녕하세요? 경제왕, 전인구 선생님을 모시고 가상 세계인 메타버스에 대해서 알아보겠습니다.

경제왕, 전인구

메타버스는 '초월한, 더 높은'이라는 뜻의 '메타'와 '세계'라는 뜻의 '유니버스'가 합쳐진 말이에요. 즉, 현실 세계를 초월한 가상의 세계라는 뜻이지요.

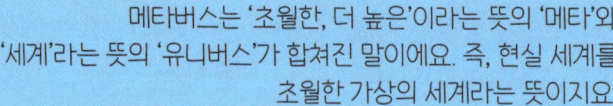

경백이

저는 처음에 새로 나온 온라인 게임 이름인 줄 알았어요.

경제왕, 전인구

하하. 메타버스는 로블록스, 마인크래프트, 포트나이트 등의 온라인 게임에서 시작되었어요. 2003년에는 가상 공간에서도 현실 세계와 같은 생활의 모든 분야가 구현되는 〈세컨드 라이프〉라는 3차원 게임이 개발되었는데, 수천만 명의 사용자가 가입하면서 가상현실 프로젝트의 유행을 이끌었어요.

경백이

그럼 메타버스 안에서 다른 사람들과 만날 수도 있나요?

경제왕, 전인구

물론이죠. 메타버스는 코로나19 팬데믹 기간에 더욱 큰 관심을 받았어요. 멀리 떨어져 살고 있는 친구의 아바타와 만나서 이야기할 수도 있었고, 회사 담당자들의 아바타끼리 모여서 회의를 할 수도 있었기 때문이지요.

경백이
실제 물건을 팔기도 하나요?

경제왕, 전인구
나이키, 구찌, 돌체앤가바나 같은 유명 패션 브랜드들이 메타버스에 상점을 열고 있어요. 메타버스 내에서 이루어진 다양한 프로모션으로 자사 제품을 가상 체험해 본 소비자들이 진짜 물건을 살 거라고 생각했지요. 메타버스에서의 모든 거래는 대체 불가능 토큰(NFT)으로만 이루어지므로 초등학생들이 직접 물건을 구입하기는 좀 힘들어요.

경백이
단순히 홍보만을 위해서도 메타버스 플랫폼을 만드나요?
서울시 메타버스 플랫폼 광고를 본 적이 있어요.

경제왕, 전인구
물론이죠. 서울시 메타버스는 세계 최초로 시가 만든 메타버스 플랫폼으로, 2021년부터 다양한 체험 활동을 늘리며 운영하고 있어요. 서울시 외에도 다양한 홍보 마케팅을 위해 들어와 있는 기업과 기관들이 많아요.

경백이
저도 메타버스에 접속해서 여러 가지를 찾아봐야겠어요. 오늘은 전인구 선생님과 함께 메타버스에서 할 수 있는 일을 알아보았습니다. 감사합니다.

메타버스는 초기에 많은 관심을 받았지만, 지금은 관심이 좀 줄어들었지요. 하지만 장기적으로 메타버스는 어떤 방식으로든 우리들의 생활에 영향을 미칠 거예요.

다음 물음에 알맞은 답을 찾아 (　) 안에 쓰세요.

1 1차 산업 혁명을 촉발시킨 발명품은 무엇일까요? (　　)
① 전기　　　　② 바퀴　　　　③ 증기기관

2 1936년, 영국의 천재 수학자 앨런 튜링이 제2차 세계대전의 적국이었던 독일의 암호를 해독하기 위해 개발한 최초의 컴퓨터는 무엇일까요? (　　)
① 콜로서스　　② 에니악　　　③ 애드삭

3 경제적 자원을 혼자 소유하지 않고 함께 사용하는 경제는 무엇일까요? (　　)
① 긱 경제　　② 공유 경제　　③ 독점경제

4 플랫폼 사업자가 부를 독점하는 폐해를 없애기 위한 대안으로 떠오르는 프로토콜 경제를 이루는 데 필요한 기술은 무엇일까요? (　　)
① 블록체인　　② 증강현실(AR)　　③ 사물 인터넷(IoT)

5 페이스북을 창업한 사람은 누구인가요? (　　)
① 제프 베이조스　　② 마크 저커버그　　③ 빌 게이츠

6 컴퓨터가 처음 등장한 때는 언제일까요? (　　)
① 1950년대　　② 1960년대　　③ 1970년대

7 2016년, 바둑 분야의 인간 챔피언 이세돌을 4승 1패로 물리친 인공 지능의 이름은 무엇일까요? (　　)
① 왓슨　　② 딥블루　　③ 알파고

8 책상, 전등, 창문 등 모든 사물에 통신 기능이 있는 센서를 부착해서 인터넷으로 연결하는 기술을 뭐라고 할까요? (　　)
① 블록체인　　② 사물 인터넷　　③ 인공 지능

정답 : 1.③ 2.① 3.② 4.① 5.② 6.① 7.③ 8.②

2 흥미진진 퀴즈타임

1 다음 물음에 알맞은 답을 찾아 (   ) 안에 쓰세요.

❶ 영국의 역사학자 아놀드 토인비가 처음 쓴 용어로, (   )은 과학이 발전하면서 인류의 생산 능력이 폭발적으로 증가한 역사적 시기들을 일컬어요.

❷ 2차 산업 혁명으로 공장에서 대량 생산한 물건이 쏟아지자 이것을 사 줄 소비자들이 필요했어요. 새로운 시장과 값싼 원료 공급지를 얻기 위해 (   )를 개척하기 시작했어요.

❸ 아마존, 이베이, 우버, 에어비앤비처럼 상품 혹은 서비스를 제공하는 공급자와 그것을 구매하는 소비자를 연결해 주는 기업을 (   ) 기업 이라고 해요.

2 아래 용어의 뜻을 바르게 연결해 보세요.

용어	뜻
가상현실 (VR)	현실과 가상이 혼합된 환경을 더욱 실감 나게 체험하게 하는 기술
증강현실 (AR)	현실 세계 위에 디지털로 만든 이미지나 정보를 겹쳐서 보여 주는 기술
혼합현실 (MR)	컴퓨터로 만들어 놓은 가상의 세계를 실제처럼 느끼게 하는 기술
대체현실 (SR)	현재와 과거의 영상이 혼합되어 사용자가 가상 세계를 현실처럼 느끼게 하는 기술

정답 : 1. ❶ 산업 혁명 ❷ 식민지 ❸ 플랫폼 2.

아래 내용이 맞으면 ◯표, 틀리면 ✕표 하세요.

1. 2019년 코로나 팬데믹 상황은 직접 얼굴을 보며 만나지 않고, 온라인으로만 연락하는 대면 상황을 크게 늘렸어요. (　)

2. 3차 산업 혁명을 또 다른 말로 디지털 혁명이라고도 해요. (　)

3. 4차 산업 혁명이 전개되면서 디지털과 온라인 세상이 하나로 융합되는 것을 세계화라고 불러요. (　)

4. 1920년대 미국 재즈 공연장에서 필요한 연주자를 현장에서 그때그때 구해서 함께 연주할 때가 많았는데, 이때 섭외된 공연팀이 하는 공연을 '긱(gig)'이라고 했답니다. (　)

5. 인간의 도움 없이 자동차 스스로 운행하는 차를 독립 운행 자동차라고 불러요. (　)

6. 클라우드는 거대한 저장 능력을 가진 고성능 컴퓨터에 개별 사용자의 데이터를 저장한 뒤 필요할 때마다 꺼내 쓰는 서비스예요. (　)

7. 현실 세계와 마찬가지로 사회·경제·문화 활동이 이뤄지는 3차원 가상 세계를 상상버스라고 해요. (　)

8. 메타버스 생태계의 주인공이자 실질적인 내용을 만드는 사람을 크리에이터라고 해요. (　)

9. 책상, 전등, 창문 등 모든 사물에 통신 기능이 있는 센서를 부착해서 인터넷으로 연결하는 기술을 블록체인이라고 해요. (　)

10. 영국의 역사학자 아놀드 토인비가 처음 쓴 용어로, 발전 혁명은 과학이 발전하면서 인류의 생산 능력이 폭발적으로 증가한 역사적 시기들을 일컬어요. (　)

11. 누군가가 서비스나 재화를 원하면 즉시 제공하는 형태를 온디맨드 경제라고 해요. (　)

정답 : 1.✕ 2.◯ 3.✕ 4.◯ 5.✕ 6.◯ 7.✕ 8.◯ 9.✕ 10.✕ 11.◯

4 흥미진진 퀴즈타임

다음 빈칸에 알맞은 단어를 찾아 ◯로 묶어 보세요.

1 1936년, 영국의 천재 수학자 앨런 튜링이 제2차 세계대전의 적국이었던 독일의 암호를 해독하기 위해 개발한 최초의 컴퓨터는 ◯◯◯◯예요.

2 현실과 가상이 혼합된 환경을 더욱 실감 나게 체험하게 하는 기술을 ◯◯◯◯이라고 불러요.

3 노동자의 기본적 생활을 보장하기 위해 근로 조건의 각종 기준을 정해 놓은 법률을 ◯◯◯◯◯이라고 해요.

4 책상, 전등, 창문 등 모든 사물에 통신 기능이 있는 센서를 부착해서 인터넷으로 연결하는 기술을 ◯◯ ◯◯◯이라고 해요.

사	근	로	기	준	법
물	애	식	민	지	가
인	니	콜	로	서	스
터	악	알	파	고	거
넷	혼	합	현	실	품

정답 : 1. 콜로서스 2. 혼합현실 3. 근로기준법 4. 사물 인터넷

전인구 선생님의 어린이 경제 개념 대백과

글·기획 전인구
구성 남은영
그림 박종호

1판 1쇄 인쇄 2024년 1월 8일
1판 1쇄 발행 2024년 1월 29일

펴낸이 김영곤
이사 은지영
멀티콘텐츠팀 이장건 김의헌 박예진
마케팅영업본부장 변유경
아동마케팅1팀 김영남 정성은 손용우 최윤아 송혜수
아동마케팅2팀 황혜선 이해림 이규림 이주은
아동영업팀 강경남 오은희 김규희 양슬기
e-커머스팀 장철용 전연우 황성진
편집 꿈틀 북디자인 design S 권민지
제작 이영민 권경민

펴낸곳 (주)북이십일 아울북
출판등록 2000년 5월 6일 제406-2003-061호
주소 (우 10881) 경기도 파주시 회동길 201(문발동)
대표전화 031-955-2100
팩스 031-955-2177
홈페이지 www.book21.com

사진출처 공공누리, 국립중앙박물관, 두디피아셔터스톡, 위키미디어, 위키백과

ISBN 979-11-7117-158-3 73320

* 책값은 뒤표지에 있습니다.
* 이 책 내용의 일부 또는 전부를 재사용하려면 반드시 (주)북이십일의 동의를 얻어야 합니다.
* 잘못 만들어진 책은 구입하신 서점에서 교환해 드립니다.

- 제조자명 : (주)북이십일
- 주소 및 전화번호 : 경기도 파주시 회동길 201(문발동) / 031-955-2100
- 제조연월 : 2024. 01
- 제조국명 : 대한민국
- 사용연령 : 3세 이상 어린이 제품